D1924667

v. Buttlar
Reisen in die Ewigkeit

Für Johannes von Guenther –
wo immer er jetzt sein mag!

Johannes v. Buttlar

Reisen in die Ewigkeit

Der Mensch
überwindet Zeit und Raum

Lizenzausgabe 1992 für
Manfred Pawlak Verlagsgesellschaft mbH, Herrsching
© 1973 by Econ Verlag GmbH,
Wien und Düsseldorf
Alle Rechte vorbehalten
Umschlaggestaltung: Bine Cordes, Weyarn
Umschlagmotiv: The Image Bank, München
Gesamtherstellung: Mohndruck, Gütersloh
Printed in Germany
ISBN 3-88199-907-8

Inhalt

Leider! Existiert eine Reihe derart skeptischer Geister, daß sie die Möglichkeit eines Geschehens verneinen, sobald es vom Gewohnten abweicht.
Nicht für d i e schreibe ich.

André Gide: Les Caves du Vatican

Der betrogene Tod

So wach ich jetzt, im Fühlensübermaß
Vom Lebenstraum, wohl auf im Todeswachen.

H. v. Hofmannsthal

[illegible]

[illegible] den Verwandten schließt sich dem Trauerzug an, und die Männer [illegible] sich und schlagen den nackten Oberkörper.

Der Leichnam wird zur Einbalsamierung fortgetragen.

[illegible]

[illegible]

[illegible]

[illegible]

Dann, der Götter folgsam und treu,

Du ewig lebst . . .

[illegible]

Weinend stürzen die Frauen aus dem Haus, Gesicht und Haupt mit Erde bestrichen, denn der Hausherr ist gestorben. Mit geschürzten Röcken laufen sie wehklagend durch die Stadt und schlagen sich auf die entblößte Brust. Alle weiblichen Verwandten schließen sich dem Trauerzug an, und auch die Männer gürten sich und schlagen den nackten Oberkörper.

Der Leichnam wird zur Einbalsamierung fortgetragen.

Mit metallenen Haken wird das Gehirn durch die Nase herausgezogen, die Bauchhöhle mit einem Steinmesser geöffnet und das Eingeweide entfernt. – Beides wird in Kanopen (Steinkrügen) vom Leichnam getrennt beigesetzt.

Nach einer gründlichen Waschung »salzt man den Körper ein«, ein Prozeß, der sich über Wochen erstreckt. Anschließend wird der Körper bis zu siebzig Tagen getrocknet. Jetzt kann er unter Anwendung zahlloser Ingredienzien – Asphalt, Harze, Öle – einbalsamiert werden.

Um die Form zu bewahren, wird er mit Lehm, Sand, Sägespänen und Leinwandballen, die mit aromatischen Stoffen getränkt sind, ausgestopft.

Der Priester legt einen geweihten Kranz auf das Antlitz des Toten, wirft Weihrauch ins Feuer und spricht mit monotoner Stimme:

> Eine Siegeskrone hält TUM für dich in Bereitschaft;
> Auf deine Stirn will er sie setzen,
> Damit den Göttern folgsam und treu
> Du ewig lebest . . .

Nun folgt der endlose Einwicklungsprozeß mit Tüchern und Leinwandbinden.

Schließlich wird der Tote in mehrere ineinander verschachtelte Holzsärge, die den Körperformen angepaßt sind, eingesargt und endlich in einen Steinsarkophag gebettet.

Ägypten – 2000 Jahre vor Christus.

In der Vorstellungswelt der alten Ägypter setzt der Mensch seinen Weg im Jenseits, über den physischen Tod hinaus, bis in alle Ewigkeit fort.

Himmel und Erde sind von den Lebenden bevölkert, wie das jenseitige Land den Toten gehört. – Doch damit nach dem physischen Tod die frei umherschwebende »Seele« – BA – jederzeit den Körper, den sie verließ, wiederfinden kann, ist es unbedingt notwendig, die körperliche Hülle des Verstorbenen zu erhalten. Denn der sterbliche Körper wird als Behausung für seine »geistige Natur« betrachtet.

Auf einer ägyptischen Papyrusrolle ist die Rückkehr des Ba, als beflügeltes Wesen über einem einbalsamierten Körper schwebend, dargestellt.

Wenn der Körper über einige tausend Jahre vor dem Zerfall bewahrt werden kann, ist seine »geistige Natur« in der Lage, wieder in ihn zurückzukehren. Und die Auferstehung der sterblichen Hülle kann sich dann vollziehen.

Heute. 4 000 Jahre danach.

Der bekannte Wissenschaftler Elof Carlsson an der Universität von Kalifornien behauptet, es werde bald möglich sein, die exakte Kopie eines Menschen, der vor 4 000 Jahren mumifiziert wurde, durch Wiedergewinnung der Gene aus dem vertrockneten Gewebe der Mumie, zu erhalten.

Der Kern einer fruchtbaren Eizelle wird entfernt und an seine Stelle der Kern irgendeiner Körperzelle der Mumie eingepflanzt. Die auf diese Weise befruchtete Eizelle wird dann in einer geeigneten Nährlösung aufgebracht. – Schon bald be-

Ba kehrt zu seinem Körper zurück.

Ein Sonnenschiff vom Sarkophag des Seti I. Die Schlange »Urobos« ernährt sich aus ihrem eigenen Schwanz und symbolisiert so die Erneuerung der Natur. Skarabäus, nahe dem Herzen der Mumie, verkörpert den Sonnengott.

ginnt die Zellteilung. Der Vervielfältigungsprozeß setzt sich in neun Monaten bis zur Entwicklung eines menschlichen Säuglings fort. – Die genaue Kopie des vor 4 000 Jahren verstorbenen Ägypters als Säugling entsteht!
Dieses Verfahren wandte John Gurdon, Physiologe in Oxford, erstmalig Mitte der sechziger Jahre an.
Er isolierte in seinen ersten Versuchen Zellkerne aus Froschdarmzellen und verpflanzte diese in Froscheier, deren Zellkerne er vorher durch Strahlung zerstört hatte.
Es gelang ihm, auf diese Weise mehrere Kaulquappen zu züchten, aus denen sich wiederum einige zu gesunden Fröschen entwickelten.
Damit bestätigt sich, daß *jede einzelne* Körperzelle mit der Erbinformation ihres Gesamt-Organismus ausgestattet ist. Die Anwendung einer solchen Methode auf menschliche Eizellen dürfte, nach dem namhaften Biologen Robert Sinsheimer vom California Institute of Technology, noch in diesem Jahrhundert möglich werden. Seiner Meinung nach könnten dann von jedem menschlichen Wesen genetische Kopien in beliebiger Anzahl »hergestellt« werden! –

Die Entdeckung der Erbsubstanz nahm vor rund hundert Jahren ihren Anfang auf Schloß Tübingen.
Der Schweizer Forscher Friedrich Miescher untersuchte im dortigen Laboratorium menschliche Zellkerne und fand darin neben Kohlenstoff, Wasserstoff, Stickstoff und Sauerstoff eine bisher unbekannte Substanz, die er Nuklein nannte.
Nukleinsäuren sind die Speicher unserer Erbanlagen. Sie dirigieren den Stoffwechsel – und damit die Eiweißbildung. Sie beeinflussen unsere ganze Entwicklung.
Jede menschliche Zelle besteht aus 46 mikroskopisch kleinen, stäbchenförmigen Gebilden – Chromosomen genannt –, ausgenommen die Keimzellen mit 23 Chromosomen.

Diese Chromosomen ergänzen sich bei jeder neuen Befruchtung zu kompletten, neuen Chromosomen-Sätzen.
In den Chromosomenstäbchen sind die »Gene« als kleinste Vererbungseinheit eingebettet und die verschiedenen Erbmerkmale jeweils in bestimmten Abschnitten der Chromosomen in den Genen lokalisiert.
1924 identifizierte der Gießener Physiologe Robert Feulgen den chemischen Hauptbestandteil der Chromosomen – die DNS (Desoxyribonukleinsäure).
Erst nach zwanzig Jahren, 1944, kam der Amerikaner Oswald Avery darauf, daß die DNS *Hauptträger* der genetischen Information ist. Die DNS ist der Schlüssel des Lebens überhaupt, da sie für die Vererbung und den Stoffwechsel mit Hilfe von »Botenstoffen« sorgt. Denn diese sogenannten Botenstoffe tragen die Verantwortung für die Programmierung des Aufbaus der Enzyme (Eiweißstoffe) in der Zelle, während die Enzyme wiederum außer ihresgleichen auch alle anderen Eiweißmoleküle, aus denen der Körper besteht, aufbauen.
1953 legten die Engländer J. Watson und F. Crick die räumliche Struktur der DNS – Doppelhelix genannt – fest und erhielten 1962 für diese Forschungsarbeit den Nobelpreis.
Nach Röntgenanalysen der DNS bastelten sie den Doppelhelix in mühsamer Kleinarbeit zusammen.
Seine Grundform gleicht einer verdrehten Strickleiter, deren Holme sich spiralförmig umeinander winden. Sie bestehen aus abwechselnd Zucker- und Phosphatmolekülen. Die Leitersprossen der genetischen Strickleiter verbinden jeweils zwei gegenüberliegende Zuckermoleküle und bestehen aus vier verschiedenen chemischen Stoffen – den Nukleotid-Basen:

Adenin	=	A	Cytosin	=	C
Guanin	=	G	Thymin	=	T

Die vier Nukleotide sind in bestimmten Reihenfolgen am DNS-Strang angeordnet und ergeben einen »Bauplan«, in dem sämtliche Erbinformationen eines Organismus festgelegt sind. Bisher konnte die Forschung nur in einigen wenigen niederen Lebensformen solche Baupläne dechiffrieren.

Als erster veröffentlichte der amerikanische Biochemiker Robert W. Holley 1965 die Entschlüsselung eines genetischen Codes. – Es war ihm gelungen, 77 Bruchteile einer »Übersetzersubstanz« (translation) durch chemische Mittel zu separieren und identifizieren.

Die Übersetzersubstanz verbindet Aminosäuren zu den jeweils benötigten Eiweißen – überträgt also den genetischen Code in die Eiweißsprache. Da die Übersetzer-(oder auch »Dolmetscher«-)substanz der Kopie eines DNS-Abschnittes entspricht, konnte auf diese Weise der genetische Code entschlüsselt werden.

1967 synthetisierte der amerikanische Biochemiker Arthur Kornberg den kompletten DNS-Strang des Virus Phi X 174.

Und 1970 gelang es schließlich dem Inder Gobind Khorana, ein Hefenzellen-Gen aus mehreren Einzelteilen im Reagenzglas nachzubauen.

Erst in jüngster Zeit spürten die amerikanischen Biochemiker H. Temin und D. Baltimore gemeinsam mit dem Japaner S. Mizutani ein Enzym des menschlichen Organismus auf, das für die Genetik von überragender Bedeutung ist. Denn durch dieses Enzym wird die Entschlüsselung des genetischen Codes wesentlich vereinfacht. Es ermöglicht die Rekonstruktion der DNS-Erbsubstanz *direkt* aus den zelleigenen Botenstoffen!

Bisher war man der Ansicht, daß die Botenstoffe den Erbcode in den DNS-Strängen erst kopieren und dann zur Eiweißproduktionsstelle der Zelle weitertransportieren; daß die Übersetzersubstanz den genetischen Code in die Eiweißsprache überträgt und nach diesen Anweisungen die »Bausteine« (Aminosäuren) herbeischafft und unter Enzymhilfe miteinander verbindet.

Von den rund hundert Millionen Genen der menschlichen Zelle konnten bisher nur ungefähr 1 000 lokalisiert werden!

Doch durch die Entdeckung dieses Enzyms wird die Entschlüsselung des genetischen Codes nun viel schneller möglich sein.

Neueste Anhaltspunkte in der Biochemie weisen inzwischen darauf hin, daß *auch* das Altern und der Tod im genetischen Code einprogrammiert sind; daß Altern und Tod eine *erworbene* Beigabe der Höherentwicklung ist und nicht unbedingt naturnotwendig mit organischem Leben verbunden sein muß!

Hat die Natur gar das Sterben programmiert, damit ein stärkerer Wille zum Überleben einen noch fähigeren Nachfolger zeuge, der wieder lebt, zeugt – und stirbt?

Selbst wenn dieses Enzym die Analyse des genetischen Codes erleichtert, wird es doch noch geraume Zeit dauern, bis er vollständig »gelesen« werden kann.

Ist es jedoch eines Tages soweit, dürfte es nicht mehr schwierig sein, mit der Umprogrammierung des genetischen Codes Leben zu verlängern und den natürlichen, physischen Tod auf einen Zeitraum zu verschieben, der uns heute noch ungeheuer und geradezu phantastisch anmutet. Denn dann könnte der Mensch ohne weiteres eine Lebensspanne von 400, 600 oder auch 800 Jahren in geistiger und körperlicher Frische erreichen. – Mit einer Umprogrammierung könnte die Erneuerungseffizienz des menschlichen Organismus verbessert und der Alterungsprozeß weitgehend aufgehalten werden; nachteilige Alterserscheinungen würden eliminiert, und das brächte eine lange – sehr lange, aktive Lebensspanne mit sich.

Auf welche Weise sich diese Möglichkeiten mit der drohenden

Überbevölkerung und Umweltzerstörung unseres Planeten Erde vereinbaren lassen – mit dem ständig wachsenden Perfektionismus unseres Untergangs in Einklang zu bringen sind –, ist allerdings eine andere Frage.
Offensichtlich bedürfen diese Probleme einer vorrangigen Lösung, da eine Lebensverlängerung schließlich nur dann Sinn hat, wenn das Leben wirklich lebenswert ist.
Auf der anderen Seite sind mit der Möglichkeit genetischer Manipulationen natürlich auch große Gefahren verbunden. Denn *wer* entscheidet am Ende *welche* Veränderungen an *wem* vorgenommen werden sollen?!
Und *wie* will man beurteilen, ob solche Eingriffe zum *Vorteil* der Menschheit sind oder nicht?!
Das angestrebte Ziel, einen »perfekten« Menschen zu produzieren, könnte sich unter Umständen verheerend auswirken, da allein schon der *Begriff* »Perfektion« relativ ist.

Geburt, Leben und Tod beherrschen unsere Existenz. Und in dieser kurzen Spanne zwischen Kommen und Gehen unterwerfen wir uns fast alle einer hektischen Geschäftigkeit, um unser Leben zu erhalten und um auch nur ja dieses bißchen Dasein, das uns die Natur auf Erden vergönnt hat, voll auszukosten.
Wenn es einigen endlich gelungen ist, genügend »zusammenzuraffen«, um über den nackten Selbsterhaltungstrieb hinaus Interessen zu entwickeln, sind sie meistens schon vom Zerfall ergriffen, vom Tode gezeichnet. –
Ist es daher verwunderlich, daß die alten Ägypter versuchten, ihre Existenz mit aufwendigen Methoden über den Tod hinaus zu erhalten; genau wie der Mensch heute seine »Auferstehung« vom Tode mit zeitgemäßeren Prozeduren sicherzustellen sucht.

In den USA begann man zuerst damit, Verstorbene mittels flüssigen Stickstoffs auf –196° C einzufrieren. – Denn Veränderungen und Reaktionen des menschlichen Körpers, die sich bei einer Temperatur von 37° C im millionstel Teil einer Sekunde vollziehen, brauchen bei einer Temperatur von minus 196° C ein Milliarde Jahre.

Man geht also von dem Gedanken aus, schon jetzt Leichen schnellstmöglich einzufrieren, um sie für *den* Tag frisch zu erhalten, an dem fortgeschrittene Wissenschaftler der Zukunft sie wieder auftauen und zum Leben erwecken. –

Über das Für und Wider einer solchen Methode haben sich natürlich die Gemüter erhitzt. Und Prof. Robert C. W. Ettinger, von dem das Grundkonzept dieser Idee stammt, ist sich durchaus darüber im klaren, daß durch den Einfrierungsprozeß selbst vorläufig erhebliche organische Schäden verursacht werden.

Inzwischen gibt es nicht nur in Amerika, sondern auch in Europa schon einige dieser »Tiefkühl-Bestattungs-Institute«. Und mittlerweile liegen annähernd hundert Leichen mit Gefriermitteln in den Adern in Aluminiumfolie verpackt in ihren rostfreien, tiefgekühlten Stahlsärgen, um ihre dereinstige Wiedererweckung zu erwarten.

Genau wie im alten Ägypten ist auch heute die Geldfrage ausschlaggebend; eine solche Konservierung ist nicht gerade billig.

Da liegen sie nun.

Die Mumien aus Ägypten, China und Südamerika; »Die Schläfer im Moor«; »Menschen aus der Eisenzeit, die sich durch Moorsäure bis in unsere Zeit in dem Zustand erhalten haben, in dem sie vor 2000 Jahren der Tod ereilte«, und nun auch die »Tiefgekühlten des Atomzeitalters«.

Tote, die wiederkehren wollen.

»... Es gibt keinen einzigen Menschen, der nicht von den Toten zurückgekehrt ist. In der Tat, wir alle sind viele Tode gestorben, ehe wir in dieses Leben traten. Denn was wir Geburt nennen, ist nichts als die andere Seite des Todes, ein anderer Name für denselben Vorgang, vom entgegengesetzten Standpunkt aus gesehen, so wie wir dieselbe Tür als Eingang oder Ausgang bezeichnen, je nachdem wir sie von außen oder vom Inneren eines Raumes oder Hauses betrachten ... ist doch der Körper, nach buddhistischer Anschauung, nichts anderes als materialisiertes, sichtbar gewordenes Bewußtsein ...«, sagt der Lama Govinda in seiner Einleitung zum tibetanischen Totenbuch.

Durch die Ausstrahlung einer bisher unbekannten Energie aller Lebensformen wird nun offenbar, daß Leben noch komplexer ist, als die Wissenschaft bisher annahm.

Die Vorstellung, daß der menschliche Körper von einer Aura umgeben ist, herrscht schon seit Jahrtausenden. Und Mystiker haben stets behauptet, daß eine dem Auge unsichtbare Energiehülle den Menschen umgibt.

Allerdings konnte ein solches Phänomen mit herkömmlichen Mitteln bisher nie nachgewiesen werden.

Seit 1939 ist es nun möglich, diese Aura mit einem Spezialgerät, das von dem russischen Ehepaar Kirlian entwickelt wurde, zu photographieren. – Es war diesen zwei Elektrikern gelungen, mit Hilfe von Hochfrequenzimpulsen in einem Hochspannungsfeld Strahlungsentladungen im sichtbaren und ultravioletten Lichtbereich auszulösen und photographisch festzuhalten. – Inzwischen weiß man, daß alle Lebensformen eine Aura besitzen, und schließt daraus, daß diese einem Energiefeld gleichkommt, das jeden Organismus als Strahlung umgibt.

In ihrer Zusammenarbeit mit der Universität Alma Ata haben die Kirlians durch ihre Kamera nicht nur bewiesen, daß sich die Aura, entsprechend der Gesundheits- oder Gemütsverfassung eines Organismus, in Farbe und Intensität ändert, sie haben auch eine andere eigenartige Nebenerscheinung festgestellt. Reißt man nämlich von einem frischen Blatt ein Stück ab, bleibt die Aura des fehlenden Stückes noch für eine gewisse Zeit »phantomhaft« erhalten.
Erst nach dem Tod verläßt die Aura den Körper ganz.

Erwacht ist noch nicht, wer darum weiß, daß allem Leben Tod innewohnt und allem Tod Leben, oder wer erkannt hat, daß die Wesen sich bei der »Geburt« einkörpern und beim »Tode« ihr Erdengewand wieder ablegen, um dies nach einer Zeit der Sammlung und Reifung und durch unabsehbare Zeitläufe zu wiederholen . . . Denn Diesseits und Jenseits gehören dem Reich der Zweiheit und der Wandlung an, nicht dem der Einheit jenseits von Wandel und Verwandlung. (Laotse)

Wer hat den Grafen von Saint-Germain gesehen?

Ich bin das Heute.
Ich bin das Gestern.
Ich bin das Morgen.
Meine wiederholten Geburten durchschreitend
Bleibe ich kraftvoll und jung . . .

Das Aegyptische Totenbuch

Es [illegible]

[illegible]

[illegible] wird das Dunkle [illegible] die eigene Existenz ganz zu erfassen, diesen fortschreitenden Prozeß des Todes, die Agonie des Alterns, die bereits mit der Befruchtung beginnt – wie uns Wissenschaftler sagen.

[illegible]

[illegible]

[illegible] und auf göttlichen Ursprung zurückgeführt wurde.

In vieler Hinsicht stellt die Alchimie das Fundament moderner Chemie und Physik dar. Denn praktische Versuche mit den verschiedensten Substanzen standen immer in den Bereich naturwissenschaftlicher Forschung.

[illegible]

Es ist doch nur zu natürlich, daß wir das Phänomen Zeit begreifen möchten. Denn erst mit dem Verständnis der Zeit – jener für uns vergänglichen Spanne zwischen Geburt und Tod – wird das Dasein deutbar. Eine Spanne von tragischer Kürze, die uns nicht einmal erlaubt, die eigene Existenz ganz zu erfassen; diesen fortschreitenden Prozeß des Todes, diese Agonie des Alterns, die bereits mit der Befruchtung beginnt – wie uns Wissenschaftler sagen.

Um diesen Prozeß des Sterbens zu verlangsamen, die Lebensspanne damit zu verlängern, bemühen sich heute Biochemiker ebenso intensiv wie früher die Alchimisten, die nach den Zutaten des Lebenselixirs zur Erhaltung der ewigen Jugend suchten.

Es ist schwer zu sagen, wo der Ursprung der Alchimie beheimatet ist. Ägypten, Griechenland und auch China kommen dafür in Frage. Die Alchimisten freilich führen sie auf Hermes Trismegistos zurück, das heißt »der dreimalgrößte Hermes«. Dieser Name entstammt der synkretistischen Geisteswelt des hellenistischen Alexandriens und bezeichnet den Gott der Weisheit, Thoth. Er soll eine Reihe von Schriften über die geheime Wissenschaft (Medizin, Metallscheidekunst und unter anderen Alchimie) hinterlassen haben. Auch die Tabula Smaragdina (Smaragdtafel) wird auf ihn zurückgeführt. Von diesen Schriften existieren nur noch Fragmente.

Tatsache ist, daß in den altägyptischen Priesterschulen Metallurgie und Heilkunde als esoterische Wissenschaft gelehrt und auf göttlichen Ursprung zurückgeführt wurde.

In vieler Hinsicht stellt die Alchimie das Fundament moderner Chemie und Physik dar. Denn praktische Versuche mit den verschiedensten Substanzen kamen immer in den Bereich naturwissenschaftlicher Forschung.

Die philosophische Seite der Alchimie wandte sich allerdings

»Ich auferstehe vom Tode. Ich töte den Tod wie er mich tötet. Ich erneuere die von mir geschaffenen Körper und, lebendig im Tode, zerstöre ich mich selbst. Obwohl ich Gift im Kopf mit mir trage, kann das Gegengift dazu in meinem Schwanz gefunden werden, den ich wütend beiße. Wer immer mich beißt, muß sich zuerst selbst beißen, denn wenn ich ihn beiße, beißt ihn der Tod in den Kopf. Beißen ist das Arzneimittel gegen Bisse«, das sind die erstaunlichen Worte des Alchimisten-Drachens ›Nagari‹.

mit ihrem Veredlungs- und Läuterungsstreben nach und nach der Theosophie und den Freimaurer-Systemen, wie z. B. den Rosenkreuzern, zu.
Sehr oft wird irrtümlich angenommen, daß die Alchimie ihren Hauptzweck in der Kunst des »Goldmachens« sah. Das stimmt nicht. Dieses philosophische Konzept strebte nach Veredelung und Läuterung in Mensch und Natur. Es wurde gleichermaßen auf die Elemente, den Kosmos und auch den Menschen angewandt. – Die Umwandlung von unedlen Metallen in Gold wurde daher *nur* als Teil eines *allgemeinen* Umwandlungsprozesses *aller* Dinge in eine unvergängliche Substanz angesehen. Hauptziel blieb jedoch stets, ein Allheilmittel zu finden – das Elixir des Lebens zu gewinnen.
Was immer man von diesem Lebenselixir halten mag, so ist es doch erstaunlich, daß viele der Alchimisten, die sich damit beschäftigten, ein für die damalige Zeit unverhältnismäßig hohes Alter erreichten. Denn die Durchschnittslebenserwartung lag bei 35 Jahren.
So wurden:

Albertus Magnus	1193–1280	87 Jahre
Roger Bacon	1214–1294	80 Jahre
Raymond Lully	1235–1315	80 Jahre
Arnold von Villanova	1240–1313	73 Jahre
Nicholas Flamel	1330–1418	88 Jahre
Bernhard von Treviso	1406–1490	84 Jahre
John Dee	1527–1607	80 Jahre
Michael Sendivogius	1566–1646	80 Jahre
Saint-Germain	1651–1896 (?)	245 Jahre (?)

Alle erfreuten sich nachweislich bis zu ihrem hohen Alter erstaunlicher Jugendlichkeit und geistiger Frische.

Doch das Rätsel unter ihnen ist der Graf von Saint-Germain. Verschiedene Nachschlagewerke weisen ihn schlicht und einfach als Abenteurer aus.

Die französische Polizei des Jahrhunderts der Aufklärung hielt ihn für einen preußischen Spion.

Die Preußen für einen russischen Agenten.

Und die Engländer verhafteten ihn unter dem Verdacht, Jakobiter zu sein.

Der englische Schriftsteller Horace Walpole schreibt 1745 an einen Bekannten in Italien: »Neulich hat man hier einen sonderbaren Mann unter dem Namen eines Grafen von Saint-Germain verhaftet, der hier seit zwei Jahren ansässig ist. Er weigert sich allerdings zu sagen, woher er kommt und wer er ist, gibt aber unumwunden zu, daß er unter einem angenommenen Namen lebt.«

Lord Holderness schreibt an den britischen Gesandten Mitchell in Preußen: »Seine Überprüfung hat nichts Wesentliches ergeben.«

Das 18. Jahrhundert hat seine Sphinx.

Einen Mann, der nicht nur perfektes Englisch, Spanisch, Portugiesisch, Französisch und das reinste Deutsch spricht, sondern auch die Sprachen des klassischen Altertums in Wort und Schrift beherrscht. Er ist außerdem ein brillanter Erzähler und weiß unbekannte Details aus dem Leben der Cleopatra, des Pontius Pilatus, Heinrichs des Achten, Mary Tudors . . . zu berichten.

Ein unermeßlich reicher, von Geheimnissen umwitterter Mann, der es versteht, Edelsteine und Brillanten von ungewöhnlicher Größe und Reinheit herzustellen – und die verschiedensten Metalle in Gold umwandeln kann. –

Und ebendiese Edelsteinsammlung bringt ihn mehr und mehr in aller Munde und trägt ihm den Ruf eines Alchimisten ein.

So schreibt zum Beispiel der dänische Diplomat Baron Charles Henry de Gleichen in seinen 1813 in Paris veröffentlichten Memoiren »... Er zeigte mir Wunderdinge. Eine große Anzahl farbiger Diamanten und andere Edelsteine von außergewöhnlicher Größe und Vollkommenheit. Ich glaubte, die Schätze der Wunderlampe zu erblicken ...«

Für den Zyniker Voltaire, den wohl größten Geist seiner Zeit, war Saint-Germain »ein Mann, der alles weiß und niemals stirbt«. Und an Friedrich den Großen schreibt Voltaire: »... es ist durchaus möglich, daß dieser Mann Sie in den nächsten 50 Jahren aufsuchen wird.« –

Selbst Ludwig XV. ist von Saint-Germain fasziniert, als ihm dieser im Beisein der Madame Pompadour von Marschall de Belle-Isle vorgestellt wird. – Die Mätresse des Königs beschreibt den Grafen als etwa Fünfzigjährigen, intellektuell, verfeinert, von hinreißender Erzählungsgabe, schlicht, aber mit vorzüglichem Geschmack gekleidet. Neben einigen außerordentlichen Brillantringen trug er eine Tabaksdose und Uhr mit den gleichen Steinen.

Über das Alter des Grafen von Saint-Germain gehen die erstaunlichsten Geschichten um.

So erhielt ein Fremder, der zu seinem Diener Roger gesagt hatte, sein Herr sei ein Lügner, denn er habe behauptet, 4000 Jahre alt zu sein, zur Antwort: »Das weiß ich viel besser, denn als ich vor hundert Jahren meinen Dienst antrat, sagte mir mein Herr, daß er 3000 Jahre alt sei. Vielleicht hat er 900 Jahre vergessen.«

Aber auch in Hofkreisen kursierten ähnliche Berichte.

In Versailles trifft ihn die Gräfin de Gergy und erkennt in Saint-Germain einen Mann, den sie 50 Jahre früher, um 1710, in Venedig kennengelernt hatte, als sie dort Gesandtin war. Sie fragt ihn verwirrt, ob es sein Vater gewesen sein könnte?

»Nein, Madame«, antwortete der Graf ruhig, »ich selbst lebte Ende des letzten Jahrhunderts in Venedig und hatte die Ehre, Ihnen dort zu Beginn des jetzigen vorgestellt zu werden.«
»Aber das ist ganz und gar ausgeschlossen«, unterbrach ihn die Gräfin. »Der Mann, den ich damals kannte, war etwa 50 Jahre alt, und das können Sie heute noch nicht von sich behaupten, denn Sie sind jünger als das!«
»Madame, ich bin in der Tat sehr alt.«
»Aber unter diesen Umständen wären Sie ja fast hundert!«
»Das ist ganz gut möglich«, sagte Saint-Germain.
Dann erinnerte er die ehemalige Diplomatin an gemeinsam geführte Gespräche und erwähnte, wie sehr ihr einige seiner Lieder und Kompositionen gefallen hatten.
»Zweifeln Sie immer noch?«
»Nein, lassen Sie nur, ich bin überzeugt«, unterbrach ihn die alte Dame ... »Sonderbar« ... (Zitation von Touchard la Fosse in seinen »Chroniques de l'oeil boeuf«.)
Und in den Memoiren des Baron de Gleichen heißt es: »... der Komponist Philippe Rameau (1683–1764) und ein Verwandter eines französischen Gesandten in Venedig versicherten, sie hätten Monsieur de Saint-Germain 1701 gekannt, »als er den Eindruck eines Mannes von fünfzig Jahren machte«.

Ab 1701 kann das Leben des Grafen Saint-Germain also mehr oder weniger chronologisch verfolgt werden.

1743 London. Dort lebte er, wie wir von Horace Walpole wissen, zwei Jahre.

1745 wurde er dann als Jakobiter verhaftet. Personalbeschreibung: mittelgroß, dunkelblond, außergewöhnlich gebildet.

1745/ ist er eine der privilegiertesten Persönlichkeiten am Wie-
1748 ner Hof.

1749 auf Betreiben des Marschalls de Belle-Isle erstmalig in Paris.

1756 Begegnung mit dem Begründer der Kolonialherrschaft Robert Clive in Indien.

1758 wieder in Frankreich. Die Hofdame der Madame Pompadour, Madame de Hausset, beschreibt ihn in Versailles als etwa Fünfzigjährigen.

1760 geht er im Auftrag Ludwig XV. nach Den Haag und arrangiert den sensationellen Frieden zwischen Preußen und Österreich. – Allerdings zum Mißvergnügen des Außenministers Choiseul, der ihn des Landesverrats bezichtigt und ihn in die Bastille werfen lassen möchte. – Die von Saint-Germain faszinierten Holländer verweigern jedoch seine Auslieferung.
Er flüchtet nach England, und der London Chronicle befaßt sich in einem Artikel vor allem mit seiner »ewigen Jugend« . . . »Niemand zweifelt inzwischen daran, was anfangs als Phantasterei hingestellt wurde. Man ist vielmehr davon überzeugt, daß er u. a. auch ein Heilmittel gegen alle Krankheiten kennt und das Altern besiegen kann.«

1762 beteiligt er sich am Thronsturz Peters III. in Rußland und verhilft Katharina der Großen zur Herrschaft.

1763 experimentiert er wieder in seinem Labor in Schloß Chambord, das ihm Ludwig XV. im Jahre 1758 zur Verfügung gestellt hatte.

1768 führt seine Spur nach Berlin.

1769 taucht er in Italien auf und errichtet in Venedig eine Fabrik, in der Flachs zu einem seidenartigen Gewebe verarbeitet wird. Gleichzeitig wird er dort als Bildhauer bekannt.

1770 erscheint er in russischer Generalsuniform beim Fürsten Alexei Orlow in Livorno. – Die Brüder Orlow haben immer wieder seine wichtige Rolle in der »Palastrevolution« betont.

In den kommenden Jahren beschäftigt er sich mit seinem Freund und Schüler, dem Landgrafen von Hessen-Kassel, mit Experimenten und den Angelegenheiten der Freimaurer und Rosenkreuzer.

1774 wird seine Anwesenheit in Schloß Triersberg beim Markgrafen Karl Alexander von Ansbach verzeichnet; er nennt sich dort auch Graf Welldone (Weldon).

1776 ist er in Hamburg.

1777 taucht er in Leipzig auf.

1779 nimmt sich Amalie von Preußen, die Schwester Friedrichs des Großen, seiner an.

Zwischen 1776 und 1779 soll er dem Preußenkönig eine Reihe chemischer Verbindungen angeboten haben, die Preußen an die Spitze der industriellen Revolution gestellt hätte, wäre Friedrich der Große daran interessiert gewesen. (?)

Mesmer behauptet, Saint-Germain habe ihn über das Unterbewußtsein aufgeklärt und habe damit den Weg zur modernen Psychologie und Psychiatrie geebnet.

1780 publizierte Walsh in London Saint-Germains Werk für Violine.

1784 ist er wieder in Deutschland und soll im Schloß des Landgrafen von Hessen-Kassel gelebt haben. In Abwesenheit des Landgrafen soll er dort in den Armen von zwei Kammermädchen verstorben sein. Gleichzeitig heißt es in einer Eintragung im Kirchenregister von Eckernförde, daß am 27. Februar der sogenannte Graf von Saint-Germain und Weldon dort verstorben und am

2. März 1784 in aller Stille beigesetzt wurde. Nähere Angaben seien nicht bekannt.

1785 fand am 15. Februar der große Freimaurer-Kongreß in Paris statt. Anwesend waren Mitglieder der Rosenkreuzer, der Kabbalisten, des Illuminaten- und anderer Geheimorden. Aus Freimaurer-Archiven geht eindeutig hervor, daß unter vielen anderen Mesmer, Lavater, St. Martin und auch Saint-Germain teilnahmen, von denen der letztere eine Rede gehalten habe. Auch Katharina die Große soll im Jahre 1785 eine Unterredung mit Saint-Germain gehabt haben.

1793 habe sich Saint-Germain der Madame du Barry auf dem Schafott gezeigt und sei Marie Antoinette im Gefängnis erschienen, um sie auf ihren genauen Todestag und ihre Todesstunde vorzubereiten.

1821 berichtet die Erziehungswissenschaftlerin Madame de Genlis in ihren Lebenserinnerungen über ein Gespräch mit Saint-Germain während des Wiener Abkommens.

Und im gleichen Jahr unterhält sich der französische Gesandte Graf de Chalon mit ihm auf dem Markusplatz in Venedig. –

1842 nennt man Saint-Germain im Zusammenhang mit Lord Lytton, dessen intimer Freund er gewesen sein soll und dem er zu übernatürlichen Kräften verholfen habe. –

1867 findet ein Treffen der großen Loge in Mailand statt, dem Saint-Germain beiwohnte.

1896 schreibt die Theosophin Dr. Annie Besant, sie sei dem Grafen von Saint-Germain begegnet.

Immer wieder versetzt Saint-Germain seine Zeitgenossen mit der Beschreibung von Lokomotiven und Dampfschiffen, die damals noch nicht einmal erfunden waren, in helle Verwunderung. – Und die Gerüchte, daß er den »Stein der Weisen« besitze und aus dem »Jungbrunnen des Lebens« schöpfe, kommen nicht zur Ruhe.

Über seine Zugehörigkeit zu den Rosenkreuzern besteht nicht der geringste Zweifel. Es wird sogar unterstellt, er sei der Gründer dieser Bruderschaft, Christian Rosenkreutz in Person, habe das Geheimnis der Hermetiker und damit die Unsterblichkeit erlangt und kehrte im Verlauf der Geschichte unter anderer Identität wieder und wieder.

Saint-Germain selbst behauptet, 4000 Jahre alt zu sein, und verdanke dies der Entdeckung des Lebenselixirs.

Nach den wiedergegebenen Zeugenaussagen soll der Graf 1701 etwa 50 Jahre alt gewesen sein, hätte also bis 1821 bereits das biblische Alter von 170 Jahren erreicht. 1896 wäre er 245 Jahre gewesen. Eine Lebensspanne, die bei unseren heutigen durchschnittlichen Lebenserwartungen von 70 Jahren absolut phantastisch anmutet! Um wieviel phantastischer muß es damals gewesen sein, wo die Lebenserwartung bei 35 Jahren lag.

Heute existiert nur noch ein Schriftstück, dessen Urheberschaft mit Sicherheit auf Saint-Germain zurückgeht. Neben symbolischen Zeichnungen enthält es einen mysteriösen Text und wird in der Bibliothek von Troyes aufbewahrt. – Der folgende Abschnitt muß für Saint-Germain besondere Bedeutung gehabt haben: »... Wir bewegten uns mit einer Geschwindigkeit durch den Raum, die durch nichts als sich selbst ihre Deutung findet.

Im Bruchteil eines Augenblicks waren die Ebenen drunten außer Sicht, und die Erde wurde zu einer verschwommenen Wolke. Sie hoben mich empor, und in unendlichen Höhen zog ich für geraume Zeit durch das Weltenall. – Himmelskörper drehten sich, und Welten versanken unter mir ...«

Wer Saint-Germain in Wirklichkeit ist, wird wohl immer ein Rätsel bleiben.
Vielleicht war er ein Geheimagent ...
Vielleicht war er das Vorbild aller Hochstapler aller Zeiten ...
Vielleicht ist er, der er vorgibt zu sein – ein Abenteurer im Reich der Zeit. Vielleicht ...
Vielleicht wissen wir mehr, wenn wir eines Tages mehr wissen! –

Tür ins Ungewisse

Das tu auf deine eigne Hand!
Denn wo Gespenster Platz genommen,
Ist auch der Philosoph willkommen.
Damit man seiner Kunst und Gunst sich freue,
Erschafft er gleich ein Dutzend neue.

Goethe FAUST II

[illegible]

[illegible] über Unendliches, Angst und auch Ekstase [illegible] ins Unbewußte immer noch verschließen.

Ganz flüchtig [illegible] neben unserer alltäglichen, sichtbaren Welt [illegible], in der Raum und Zeit eine andere Deutung finden, als wir sie kennen.

[illegible]

[illegible] Gestalt zu [illegible]

Und [illegible]

[illegible] und unheimliche [illegible], ihm zu folgen.

Sie [illegible] ins Dachgeschoß und [illegible] Treppenhaus, das in die anderen Stockwerke führte. Unten, gab es neben dem [illegible]

[illegible]

Schon immer – zu allen Zeiten – wurde der Mensch zwischen Neugier und Furcht vor dem Unerkannten hin und her gerissen. Denn der Schritt »darüber hinaus« ist zwar verlockend, aber Unsicherheit, Angst und auch Intoleranz halten die Tür ins Ungewisse immer noch verschlossen.

Ganz fraglos existiert neben unserer täglichen, sichtbaren Welt noch eine verborgene, in der Raum und Zeit eine andere Deutung finden, als wir sie kennen.

Eine Dimension, aus der hin und wieder zu unserer Verwunderung oder auch zu unserem Entsetzen das Unbekannte zu uns übertritt. Eigentlich paßt es nicht in diese unsere skeptische Welt – sollte man annehmen. Doch eine Vielzahl gut untermauerter Fälle, von denen einige für sich selbst sprechen sollen, zeugen vom Gegenteil.

Joseph Freiherr v. Eichendorff wurde 1788 auf Schloß Lubowitz bei Ratibor in Oberschlesien geboren und verbrachte dort auch seine Jugendjahre. In einem der Nachbarschlösser lebte sein Freund, ein junger Graf. Im Winter traf sich ein Kreis junger Männer entweder auf Schloß Lubowitz oder im Schloß des Grafen zu geselligen Abenden. Dabei kam die Rede immer wieder auf einen »Spuk« in diesem Schloß, bis der junge Graf eines Tages seinen Freunden vorschlug, dieser Sache doch beim nächsten Treffen gemeinsam einmal auf den Grund zu gehen.

Und das geschah an einem stürmischen Abend:

Kurz vor Mitternacht hob Eichendorffs Freund die Tafelrunde auf und bat seine Gäste, ihm zu folgen.

Sie verließen den holzgetäfelten Speisesaal und gingen durch hallende Gänge zum Treppenhaus, das in die anderen Stockwerke führte. Unten gab es neben dem breiten Treppenaufgang eine hohe, eisenbeschlagene Tür, die seit hundert Jahren von Menschenhand nicht mehr geöffnet worden sei, wie der

Graf versicherte. Allerdings öffne sie sich hin und wieder in einer Winternacht, eine schlanke Frauengestalt trete über die Schwelle, eile leichtfüßig die Treppe hinauf und verschwinde oben.

Man könne ja abwarten, ob sich heute etwas ereignen würde, schlug der Graf vor.

Die Gruppe postierte sich zwischen Treppe und Eisentür und unterhielt sich gedämpft im Schein eines Kerzenleuchters, den ein am gleichen Tage neu eingestellter Diener hielt.

Eichendorff, der sich leicht an die Tür gelehnt hatte, spürte, wie diese plötzlich hinter ihm zurückwich. Eine schlanke Frauengestalt in grauem Kleid und Schleier, der das Gesicht verhüllte, trat allen sichtbar heraus, wandte sich zur Treppe und eilte hinauf. Der neu eingestellte Diener, der nichts von dem Spuk wußte, holte sie rasch ein und leuchtete ihr die Treppe hinauf. Da wo sich diese teilte, wollte der Diener links abbiegen, doch eine weiße Hand dirigierte ihn nach rechts. Der Diener folgte der Bewegung, und beide verschwanden aus dem Sichtkreis der Zurückgebliebenen.

Plötzlich gellte ein grauenhafter Schrei durch das Treppenhaus, und der flackernde Kerzenschein wurde von schwärzester Finsternis verschluckt.

Die jungen Männer standen erstarrt vor Grauen am Fuße der Treppe. Eichendorff faßte sich als erster, tastete sich durch die Finsternis zum Speisesaal und holte einen der brennenden Kerzenleuchter. Gemeinsam mit seinem Freund hastete er die Treppe hinauf.

Oben lag der Diener. Tot. Sein Gesicht war in grauenhaftem Entsetzen verzerrt, den Leuchter hielt er immer noch verkrampft in der Rechten.

Sie trugen den Toten hinunter, und im Augenblick, als sie die unterste Stufe erreichten, schloß sich die geheimnisvolle Tür.

Theodor Storm hat dieses Erlebnis von Eichendorff wieder und wieder erzählt und dabei stets hinzugefügt, Joseph v. Eichendorff habe geschworen, es sei die reinste Wahrheit.

Prinz Louis Ferdinand von Preußen fiel am 10. Oktober 1806 in der Schlacht bei Saalfeld.

Sein Adjutant Karl von Nostitz erzählt:

»... Am Vorabend der Schlacht waren alle Offiziere des Generalstabs in einem der Säle des Rudolstädter Schlosses versammelt, um die Rückkehr des Prinzen zu erwarten, der sich am Morgen zur Befehlsentgegennahme zum Herzog von Braunschweig begeben hatte.

Gegen 8 Uhr ritten Pferde in den Schloßhof ein.

›... zu Tisch, meine Herren‹, sagte der Prinz, ›ich habe Ihnen eine Nachricht zu überbringen, die Sie begeistern wird! Morgen beginnen die Feindseligkeiten, und wir werden die Ehre haben, die ersten Kanonenschüsse mit den Franzosen auszutauschen ...‹

Der Prinz war bester Stimmung. Hin und wieder ging er zum Flügel und spielte ein paar Passagen.

Ich war an seiner Seite. ›Lieber Nostitz‹, wandte er sich zu mir, ›wie glücklich ich in diesem Augenblick bin! ... Endlich lichtet unser Schiff die Anker!‹

Die Schloßuhr schlug gerade Mitternacht. Mit dem letzten Schlag veränderte sich das Aussehen des Prinzen ganz merkwürdig. Sein gutgeschnittenes Gesicht wurde wächsern, und die über die Tasten gleitenden Finger versteiften sich wie im Krampf. Er fuhr sich über die Augen, sah mich an, griff hastig nach einer Kerze, stürzte zur Tür und verschwand.

Bestürzt folgte ich ihm über einen langen Korridor, dessen einziger Ausgang, eine kleine Seitentür, auf den Schloßhof führte. Der Prinz war draußen.

Die flackernde Kerze in der Hand, folgte er mit marionettenhaften Schritten einer leuchtendweißen, verhüllten Gestalt, die sich langsam auf das äußerste Ende der Galerie zu bewegte und dort verschwand.

Ich wußte, daß dort keine Tür war.

Aber der Prinz suchte verbissen, ob nicht doch irgendwo eine Geheimtür sei. –

Nichts . . . Es gab keine . . .

Als ich mich dem Prinzen näherte, stieß er erregt hervor: ›Nostitz, hast du sie gesehen?‹

›Ja‹, antwortete ich kaltblütig, ›ich habe eine ganz in Weiß gekleidete Frau gesehen, die Eure Hoheit . . .‹

›Es ist also kein Traum‹, unterbrach er mich, ›ich habe sie gesehen . . . es ist die weiße Frau!‹

Da ich sichergehen wollte, daß der Prinz und ich nicht einer Sinnestäuschung erlegen waren, lief ich zur Wache, um mich zu informieren.

Auf Befragen antwortete der Posten, ein Mann in weißem Umhang sei vorübergegangen, den er passieren ließ, da er ihn für einen sächsischen Offizier gehalten habe und außerdem kein Befehl vorlag, Offiziere anzuhalten.

Damit war jeder Zweifel ausgeschlossen.

Gefaßt befahl der Prinz, strengstes Stillschweigen über den Vorfall zu bewahren.

Am nächsten Morgen bestieg der Prinz sein Pferd.

Die Infanterie befand sich bereits hinter Schwarza, und die Artillerie hatte auf einem Hügel hinter Saalfeld Stellung bezogen.

Louis Ferdinand setzte sich an die Spitze seiner Jäger, die ihn begeistert begrüßt hatten.

Weinende Frauen standen am Wegrand.

Ich folgte dem Prinzen unmittelbar.

Auf einer Erhebung am Wegrand fiel mir eine sonderbare,

hinter einem weißen Schleier verborgene Gestalt auf. Daß Frauen angesichts der Schlacht weinten, war kein Wunder.
Doch die Reaktion des Prinzen war um so erstaunlicher. Er verhielt sein Pferd, drehte sich zu mir um und stieß atemlos hervor, ›Nostitz, wieder diese Frau! ... Die weiße Frau verfolgt mich.‹ Dann jagte er im Galopp davon.
Ich konnte der Sache nicht gleich nachgehen, weil mein Pferd im Gedränge ausbrach. Als ich es wieder unter Kontrolle hatte, ritt ich zu dem Hügel zurück, auf dem ich die verhüllte Frau gesehen hatte.
Der Hügel war leer.
Ich erkundigte mich bei den Soldaten nach ihr. Einer antwortete, man habe viele weinende Frauen gesehen. Doch ein anderer sagte: ›Ja, Lieutenant, aber sie hatte sich keine großen Toilettenunkosten gemacht, sie kam wohl aus dem Bett und hat sich mit dem Laken begnügt ... Sie ist fort ... Wahrscheinlich schämt sie sich ihres Nachtkleides ...‹
Prinz Louis Ferdinand von Preußen fiel im Verlauf der Schlacht, und sein Adjutant Karl von Nostitz wurde schwer verwundet.
(Nach Dr. Hans Wahl, Prinz Louis Ferdinand von Preußen, Weimar 1917)

Ähnliche Erlebnisse kursieren überall in der Welt, und man könnte fast sagen, daß beinah jeder von uns auf die eine oder andere Art mit einer »Gespenstergeschichte« konfrontiert wurde. – Die einfachste Erklärung ist, alles als puren Unsinn abzutun. Aber das wäre tatsächlich zu einfach, da es zu viele verläßliche Zeugen gibt.
Und wie schon Schopenhauer sagte, »durchläuft jedes Problem bis zu seiner Anerkennung drei Stufen:

in der ersten erscheint es lächerlich
in der zweiten wird es bekämpft und
in der dritten gilt es als selbstverständlich«.

Wenn es sich bei diesen Phänomenen nun tatsächlich nicht nur um Sinnestäuschungen handelt, wie ließen sie sich dann erklären? Gibt es ein Leben nach dem Tod? Wenn ja, stammen derartige Erscheinungen aus dem Reich der Toten, und warum erscheinen sie dann überhaupt in »unserer Welt«?
Kommen sie manchmal, um vor einer Gefahr zu warnen, oder sind sie gar Abgesandte eines Empfangskomitees aus einer anderen Dimension?

Heute sind sich inzwischen eine Reihe von Wissenschaftlern ziemlich sicher darüber, daß jede Lebensform außer ihrem physischen Körper noch einen zweiten, normalerweise unsichtbaren Energiekörper (Astralkörper) besitzt. Es ist anzunehmen, daß dieser unbekannte Energiekörper den physischen Zerfall, den medizinischen Tod, überdauert.
Unter diesen Umständen könnte man also zur Annahme kommen, daß solche, meist als weißleuchtend oder phosphoreszierend beschriebene Erscheinungen, Energiekörper Verstorbener sind, die in manchen Fällen dem Tod vorausgehen.

East Grinstead, England, Sommer 1970.
»Wir hatten mit Dick und Moira Aldridge, unseren Freunden, das Wochenende in deren Landhaus verbracht«, erzählt Mr. Richard. »Nach einem späten Abendessen setzten wir uns am Sonntag ins Kaminzimmer, einen großen Raum, dessen drei gläserne Flügeltüren über die Terrasse direkt in den Park führen.
Obwohl der Tag heiß gewesen war und wir beinah den ganzen

Nachmittag im Schwimmbecken verbracht hatten, war es mit Sonnenuntergang kühl geworden.

So verbreitete das Kaminfeuer angenehme Wärme in dem hohen mit Sandsteinplatten ausgelegten Raum.

Die Unterhaltung plätscherte dahin, wie es oft geschieht, wenn man sich nach einem müßigen Tag entspannt in einen bequemen Sessel zurücklehnt.

Nur mein Neffe Chris und Tony, der Sohn unserer Freunde, erhitzten sich über das letzte Cricket Match. Beide besuchen dieselbe Public School.

Es war eine windstille Nacht, und von draußen drang kein Laut herein.

Plötzlich flogen die drei Flügeltüren auf, und ein heftiger Windstoß fegte durch den Raum.

Dick stand auf und ging auf die Terrasse hinaus.

›Merkwürdig, draußen bewegt sich kein Blatt‹, brummte er kopfschüttelnd, ›na, vielleicht braut sich ein Gewitter zusammen‹. Damit schloß er die Türen wieder.

Valery, meine Frau, hatte sich in ihrer Unterhaltung mit Moira nicht stören lassen. – Dick und ich tranken wortlos unseren Whisky.

Da flogen die Türen wieder auf von einem Windstoß.

Nun wurden wir alle aufmerksam.

Dick ging abermals hinaus und kam dann unsicher zurück. ›Ich versteh das nicht, es ist doch absolut windstill, die Luft steht förmlich.‹ Sein nüchterner Verstand fand keine Erklärung für das Phänomen.

Wieder drückte er die Türen ins Schloß.

Inzwischen ging es auf halb ein Uhr zu, und wir mußten an den Aufbruch denken, denn nur die Jungen hatten Sommerferien. Wir waren aufgestanden, um uns zu verabschieden. Da wurden zwei der Türen mit einem Windgeheul zum dritten

Male aufgedrückt. Hinter der letzten aber zeigte sich eine weiße schemenhafte Gestalt, die langsam verschwand, als der Wind verklang.

›Hast du es auch gesehen‹, fragte mich Chris unsicher.

Ich nickte nur. – Bis auf Dick, der mit dem Rücken zur Terrasse stand, hatten es alle gesehen.

Wir fuhren nachdenklich nach Hause.

Am nächsten Morgen rief Dick bei uns an.

Sein Nachbar, Mr. Dellinger, der auch uns bekannt war, hatte in der letzten Nacht gegen dreiviertel eins, nach einem langen Krebsleiden, für immer die Augen geschlossen.«

Doch Erscheinungen aus einer anderen Dimension heißen nicht immer Tod. – Nein, manchmal tauchen sie auf ganz mysteriöse Art aus dem Unbekannten zur Rettung auf, wie der folgende Vorfall zeigt.

... 1828 fuhr der etwa dreißigjährige Schotte Robert Bruce als Steuermann auf einem Handelsdampfer zwischen Liverpool und St. John in Neu-Braunschweig.

Eines Tages, unweit der Küste Neufundlands, beschäftigte er sich in seiner Kajüte, die neben der des Kapitäns lag, mit Kursberechnungen. Unzufrieden damit, rief er zum Kapitän, den er über die Schulter in seiner Kajüte schreiben zu sehen glaubte: »Wie haben Sie es gefunden?«

Da er keine Antwort erhielt, ging er hinüber. Doch als der Schreibende den Kopf hob, sah Bruce in ein völlig fremdes Gesicht, das ihn anstarrte.

Bruce rannte auf Deck und erstattete dem Kapitän Meldung. Eiligst liefen beide nach unten. Aber die Kajüte des Kapitäns war leer. Dagegen stand auf der Schiefertafel des Kapitäns »stear to the North-West« (Steuert nach Nord-Westen) in einer unbekannten Handschrift.

Alle auf dem Schiff, die schreiben konnten, mußten eine

Schriftprobe ablegen. Keine glich der auf der Schiefertafel! Auch die Suche nach einem blinden Passagier mußte ergebnislos abgebrochen werden. – Nun entschloß sich der Kapitän tatsächlich, Kurs Nord-West einzuschlagen, schließlich hatte er nichts als ein paar Stunden zu verlieren. – Und schon bald kam ein völlig vereistes Wrack in Sicht.
Ein Schiff, das auf dem Wege nach Quebec in Seenot geraten war, Passagiere und Mannschaften befanden sich in höchster Lebensgefahr.
Die Schiffbrüchigen wurden an Bord geholt.
Als Bruce unter den Geretteten einen Mann erblickte, der in jeder Beziehung dem glich, den er in der Kajüte des Kapitäns hatte schreiben sehen, wich er erschrocken zurück.
Daraufhin ersuchte der Kapitän den Fremden, auf die Rückseite seiner Schiefertafel zu schreiben »stear to the North-West«. Es war die gleiche Handschrift wie auf der anderen Seite!
Der Kapitän des verunglückten Schiffes aber berichtete, daß der Schreiber gegen Mittag in Tiefschlaf gefallen sei und beim Erwachen gesagt habe: »Heute werden wir gerettet.« – Er habe geträumt, an Bord eines Schiffes gewesen zu sein, das zur Rettung käme. Als dieses Schiff dann tatsächlich auftauchte, habe es jeder sofort erkannt, so genau sei die Beschreibung gewesen. Und der Schreiber selbst erklärte, daß er alles auf dem Schiff wiedererkenne, so deutlich habe er es im Traum gesehen. –
(Aus Footfalls of the boundary of another world von R. Dale Owen, ehemalig amerikanischer Gesandter in Neapel, Philadelphia 1860)

Es wird immer wieder davon berichtet, daß Menschen im Moment ihres Ablebens ihren Angehörigen oder engsten Freunden erscheinen – meistens im Traum.

Ab und zu jedoch verbindet sich mit dem Todesmoment eines Menschen sein Erscheinen in so plastisch-realistischer Form, daß der von dem Erscheinungsbild Betroffene sich des Außergewöhnlichen erst viel später bewußt wird.

Geradezu klassisch dafür ist der McConnell-Fall.

Leutnant David McConnell war britischer Flieger im Ersten Weltkrieg, 18 Jahre alt, und stand kurz vor seiner Beförderung. Am Morgen des 7. Dezember 1918 erhielt er von seinem Vorgesetzten den unerwarteten Befehl, eine »Camel-Maschine« vom Militärflughafen Scampton nach dem ungefähr 60 Meilen entfernten Tadcaster zu überführen.

Um 11 Uhr 30 verabschiedete er sich von seinem Zimmerkameraden Leutnant Larkin und teilte ihm mit, daß er wegen der Überführung eines Flugzeugs nach Tadcaster nicht an den angesetzten Maschinengewehr-Schießübungen teilnehmen könne. Er werde jedoch zur Teezeit zurück sein.

Ein anderer Pilot begleitete ihn in einer zweisitzigen Maschine, um ihn nach der Überführung der »Camel« von Tadcaster wieder nach Scampton zurückzubringen.

Sie starteten bei gutem Flugwetter.

Doch bei Doncaster wurde es neblig, und sie landeten, um telefonisch neue Instruktionen einzuholen. McConnell erhielt die Anweisung, nach eigenem Ermessen zu handeln. – Sie stiegen wieder auf. Der Nebel verdichtete sich, die Begleitmaschine ging in einer Notlandung zu Boden, während McConnell seinen Flug nach Tadcaster fortsetzte.

Er erreichte sein Ziel, ging im Sturzflug herunter und bohrte sich mit dem Propeller voran in den Grund. McConnell wurde nach vorn geschleudert und sein Kopf schlug auf das Maschinengewehr vor ihm auf.

Eine junge Frau, die den Absturz beobachtet hatte, wollte zu Hilfe kommen, fand den Piloten aber bereits tot. Seine Uhr war genau um 15 Uhr 25 stehengeblieben.

Nach vier Tagen fand die Beerdigung statt. Dort erzählte Leutnant Hillman, ein weiteres Mitglied der Einheit, McConnells Vater, daß im Augenblick des Absturzes McConnells Erscheinung von seinem Zimmerkameraden, Leutnant Larkin, gesehen worden sei. Der Vater wandte sich umgehend schriftlich an Larkin und erhielt in einem Brief vom 22. Dezember folgende Antwort:

Am Nachmittag des Tages, an dem McConnell nach Tadcaster geflogen sei, habe er, Larkin, vor dem Kamin gesessen, gelesen und geraucht. – Über den Korridor hätten sich Schritte genähert, und dann habe er die familiären Geräusche vernommen, die zu McConnell gehörten, wenn er eintrat.

Er hörte ihn »Hello boy« sagen und drehte sich halb zur Tür, die etwa zweieinhalb Meter von seinem Platz am Kamin entfernt war. McConnell stand auf der Schwelle, eine Hand auf dem Türknopf, und lächelte. Er trug seine Pilotenausrüstung, hatte jedoch anstatt einer Fliegerhaube seine Marinekappe auf dem Kopf. Eine Gewohnheit, die zu ihm gehörte, da er auf seine Erfahrungen während seiner Zugehörigkeit zum Royal Naval Air Service sehr stolz war.

»Hello, schon zurück?« bemerkte Larkin.

Der, den er für McConnell hielt, antwortete: »Ja, bin dort gut angekommen, hatte einen guten Flug.«

Und nach einer Pause ... »Well, cheerio«, damit ging er und schloß die Tür.

Kurz danach, um 15 Uhr 45, kam Leutnant Garner Smith herein und sagte, er hoffe, daß McConnell rechtzeitig zurückkäme, damit man abends ausgehen könne. Larkin antwortete ihm, McConnell sei bereits zurück und habe das Zimmer gerade wieder verlassen.

Larkin war überzeugt, die Erscheinung zwischen 15 Uhr 15 und 15 Uhr 30 gesehen zu haben. Und Garner Smith bestätigte, es sei 15 Uhr 45 gewesen, als Larkin ihm erzählte, daß McConnell den Raum erst kurz vorher verlassen habe.

Das Erscheinen McConnells war so natürlich gewesen, daß Larkin es zu diesem Zeitpunkt als Tatsache hinnahm. Er hörte erst im Lauf des Abends von McConnells Absturz. Zuerst war er so von McConnells leibhaftiger Gegenwart überzeugt, daß er annahm, McConnell sei aus irgendeinem Grund noch einmal zurückgekommen und dann wieder aufgestiegen. Er habe keine andere Erklärung. Metaphysischen Geschehen gegenüber skeptisch, möchte er sich nur zu gern selbst dazu überreden, zu glauben, daß er McConnell nie gesehen habe! Aber er wisse, daß er ihn sah.

Leutnant Hillman bestätigte, daß Larkin ihm am Morgen nach dem Absturz den Vorfall so geschildert habe, wie er im Brief an McConnells Vater festgehalten sei.

(Aus Psychical Research Today von D. J. West)

So ließe sich ein seltsamer Vorfall nach dem anderen zitieren – weiter und weiter – und damit demonstrieren, daß außer unserer täglichen Existenz mit ihren begrenzten physischen Möglichkeiten eine andere, bodenlos unergründliche Welt existiert, mit anderen Gesetzen und einer anderen, uns unbegreiflichen Wirklichkeit.

Vielleicht ist das, was wir unter Leben verstehen, nur eine kurze Unterbrechung der wirklichen Realität einer bewußten Existenz vor der Geburt und nach dem Tod. Einer Existenz, die Teil eines universellen Geistfeldes oder Weltenbewußtseins ist, in dem alles, was jemals geschah oder geschehen wird, bereits registriert ist. –

»Der Mensch«, sagt Paracelsus, »hat zwei Leiber, den elementarischen und den siderischen, und die beiden Leiber geben einen einzigen Menschen. Der Tod scheidet die beiden Leiber in ihrem Leben voneinander. Also merket auf, daß zwei Seelen im Menschen sind, die ewige und die natürliche; das ist zwei Leben; das eine ist dem Tode unterworfen, das andere widersteht dem Tode, also ist auch im Menschen das, was der Mensch ist, verborgen, und niemand sieht, was in ihm ist, was nur durch die Werke offenbar wird. Im Schlafe, wo der elementare Leib ruht, ist der siderische Leib in seiner Generation, denn derselbe hat keine Ruhe im Schlaf; wenn aber der elementare Leib dominiert und überwindet, dann ruht der siderische.«

Hypnotische Zeitexperimente

Wie wunderbar sind diese Wesen,
Die, was nicht deutbar, dennoch deuten,
Was nie geschrieben wurde, lesen,
Verworrenes beherrschend binden
Und Wege noch im Ewig-Dunkeln finden.

H. v. Hofmannsthal

[illegible]

Stimme [illegible] – Sie sind ganz [illegible]

– [illegible] in einem Schlaf [illegible]

[illegible] Schlaf – [illegible] Schlaf – [illegible]

[illegible] Schlaf – einen [illegible]

[illegible]

»Sie sind müde – sehr müde! Ihre Augen sind geschlossen und müde! – Sie sind völlig entspannt! – Sie fühlen sich wohl und ganz entspannt – ganz entspannt und müde! – Sie denken an nichts! – Hören nur auf meine Stimme – meine Stimme tut wohl! – Sie sind ganz entspannt und sehr müde! – Sie versinken in tiefen Schlaf – in immer tieferen Schlaf – dunklen – tiefen Schlaf – tiefen Schlaf! – Keinen normalen Schlaf – einen tiefen – erholsamen – hypnotischen Schlaf! In tiefen Schlaf! – Sie denken an nichts! – Hören nur meine Stimme – nur meine Stimme und versinken in tieferen – noch tieferen Schlaf! – Sie schlafen einen tiefen – tiefen – erholsamen hypnotischen Schlaf! – Schlaf – Sie schlafen jetzt einen tiefen – sehr tiefen Schlaf.

Wir gehen jetzt in der Zeit zurück. 42 Jahre rückwärts.«

»Heute ist der 14. Januar 1929.«

»Wie heißt du?«

Erwartungsvoll sieht der Hypnotiseur auf die mit geschlossenen Augen daliegende Frau in mittleren Jahren.

»Mary-Anne Hansome.«

»Und wie alt bist du, Mary-Anne?«

»Ich bin neun Jahre«, aus der Mädchenstimme klingt Stolz.

»Sag mir, weißt du, welcher Tag heute ist?«

»Ja, Montag.«

»Was hast du heute gemacht?«

»Och – erst war ich in der Schule.«

»Und was hast du dann getan?«

»Dann hab' ich gemalt.«

»Sehr schön.«

»Aber jetzt gehen wir noch weiter in der Zeit zurück. Drei Jahre weiter zurück. Heute ist der 4. August 1926. Wie alt bist du denn?«

»Sechs.«

»Und wie heißt du?«
»Anne.«
»Weißt du, welcher Tag heute ist, Anne?«
»Mittwoch?« fragt eine unsichere Kinderstimme, dabei nimmt der Gesichtsausdruck der reifen Frau ein verlegenes Lächeln an.
»Und was hast du heute gemacht?«
»In 'n Finger geschnitten.« Gleichzeitig streckt die Liegende dem Hypnotiseur den rechten Zeigefinger hin.
»Wie ist denn das passiert?«
»Och – da war Glas!«
»Wo war Glas?«
»Weißt du das denn nicht?«
»Nein, du kannst es mir ja erzählen.«
»Beim Muschelnsammeln doch!«
»Ach so, du hast Muscheln gesammelt. Wo denn?«
»Na, am Strand – du bist aber dumm.«
»Sehr schön, Anne.« – »Aber jetzt gehen wir noch viel weiter in der Zeit zurück. – Noch einmal drei Jahre zurück.«
»Heute ist der 4. Januar 1923.«
»Wie heißt du?« Die Stimme des Hypnotiseurs ist eindringlich.
Schweigen.
»Na komm, sag mir doch, wie du heißt!«
»Anne.«
»Und wie alt bist du, Anne?«
Zögern. Dann strecken sich dem Hypnotiseur unbeholfen drei Finger hin.
»Und welcher Tag ist heute?« Gespannt sieht der Hypnotiseur auf die Liegende.
Keine Antwort. Die Frau spielt unruhig mit ihren Fingern.
Dann: »Fed (Fred) nimmt immer mein'n Teddy!«
»Und was hast du heute gemacht, Anne?«

»Der nimmt immer mein'n Teddy!«
»Und jetzt gehen wir noch einmal in der Zeit zurück. Noch zwei Jahre weiter zurück.«
»Wie heißt du?« Ein forschender Blick trifft die in tiefer Hypnose liegende Frau. Aber sie schürzt nur die Lippen und formt unverständliche Babylaute.
»Jetzt gehen wir noch weiter in der Zeit rückwärts – vor deine Geburt zurück. – Es ist 1913.«
Angespannt beobachtet der Experimentator sein Medium. Eine erstaunliche Veränderung geht vor sich. Der Babyausdruck im Gesicht der Frau ist verschwunden, es ist nun ausgeglichen und wirkt flächig; sie atmet tief und regelmäßig.
»Wie heißt du?« Die Stimme des Hypnotiseurs drängt in unterdrückter Erregung.
»Es ist hell – ganz hell«, die Stimme der Frau klingt normal, aber weit entfernt.
»Sag mir, wer du bist.«
»Ich fließe – fließe«, die Stimme verhaucht.
»Das genügt«, bricht der Hypnotiseur ab, er ist beunruhigt. »Sie schlafen tief und entspannt. Wir gehen jetzt langsam und schrittweise wieder in der Zeit vorwärts. Und jetzt ist es wieder 1971. Sie sind wieder 51 Jahre alt. Sie fühlen sich ganz ausgeruht und entspannt – und hören nur auf meine Stimme.«
»Wie heißen Sie?«
»Ich bin Mrs. Warden.«
»Wie alt sind Sie, Mrs. Warden?«
»Ich bin 51 Jahre alt.«
»Gut. Und jetzt werden Sie langsam wach – und wenn ich mit den Fingern schnippe, sind Sie hellwach – völlig ausgeruht und entspannt. – Jetzt – sind Sie wach!«

Experimente dieser Art wurden sehr oft ausgeführt. Und gewöhnlich sind eine Reihe Sitzungen notwendig, um ein Tiefenstadium in der Hypnose zu erreichen, das ein Zurückgehen in der Zeit – eine Regression – ermöglicht.

Auf den ersten Blick muß es erstaunlich erscheinen, daß im Hypnosestadium lang vergessene Kindheitserinnerungen so leicht an die Oberfläche dringen. Vorfälle, an die man sich unter normalen Umständen niemals erinnern würde. Aber man bedenke, daß durch Hypnose das Unterbewußte erschlossen werden kann.

Tatsächlich wird der menschliche Geist sehr oft mit einem Eisberg verglichen, dessen Spitze über dem Wasser das Bewußtsein darstellt. Der weit größere Teil unter der Oberfläche stellt dann das Unterbewußte dar. Hier, in den Tiefen unseres Geistes, sind alle vergessenen Einzelheiten unserer Vergangenheit gespeichert. C. G. Jung, der vom kollektiven Unbewußten sprach, war überzeugt, daß wir alle Erinnerungen in uns tragen, die bis zum Beginn der menschlichen Rasse zurückführen.

Hypnotisierte erinnern sich in beeindruckenden Experimenten an frühere Leben und zeigen damit zu einem gewissen Grad, daß etwas von uns den Tod überdauert und wiedergeboren wird. Unter diesen Umständen müßten also auch Erinnerungsspuren einer früheren Existenz im Unterbewußten eines jeden vorhanden sein.

Das einzige Problem dabei ist, zwischen den tatsächlich echten Erinnerungen aus einem früheren Leben und den wirklich nur vergessenen Einzelheiten des gegenwärtigen Daseins zu unterscheiden.

Wenn sich z. B. eine Hypnotisierte zurückerinnert, im Mittelalter Näherin gewesen zu sein, können wir nicht mit absoluter Sicherheit sagen, ob sie sich vielleicht nicht aus Versehen mit einer Romanfigur identifiziert, an die sie sich nicht mehr erinnert.

Wie aber läßt es sich erklären, wenn eine unmusikalische Frau, die niemals ein Instrument auch nur berührt hat, unter Hypnose auf einmal sehr gut Orgel spielt? In der Hypnose erinnert sie sich an ein früheres Leben, als Organistin in einer Kleinstadt in einem fremden Land gelebt zu haben, und sie benutzt sogar die Sprache, die in jenem Land zu jener Zeit gebräuchlich war.

Sobald wir die Möglichkeit einer Reinkarnation akzeptieren, müssen wir daraus folgern, daß Geist eben doch mehr bedeutet als nur das Resultat biochemischer Reaktionen in unseren Gehirnzellen. Und hier beginnen dann die Schwierigkeiten. Gibt es denn unabhängig vom Gehirn ein »Ich bin«? Existieren wir *nur* durch die Leistung unseres Organismus? Wenn das der Fall sein sollte, müßten alle Beweise so vieler, außerordentlich gut fundierter Experimente darüber, daß menschlicher Geist über Materie triumphieren kann, zurückgewiesen werden.

Wie läßt sich weiterhin erklären, daß Gehirnoperationen, bei denen das Gehirn teilweise entfernt wurde, keine geistigen Störungen verursachten.

Ein Phänomen ergab sich bei der Leichenöffnung des berühmten Architekten Karl Friedrich Schinkel, der von einem Tag zum anderen bei nahezu vollem Bewußtsein starb. Sein Schädel war leer – bis auf die Gehirnhäute, das berichtete der Anatom Berthold C. Beneke seinen Studenten in Berlin!

Ebenso bemerkenswert erscheint, daß sehr oft Geisteskranke, die beinah ihr ganzes Leben in geistiger Umnachtung zugebracht haben, angesichts des Todes plötzlich ganz »normal« werden.

Anfangs haben wir nun verfolgt, daß die unter Hypnose stehende Frau die verschiedenen Stufen ihrer Kindheit in der Regression erlebte. Aber nicht nur das, ihr Verstand schien sich automatisch den Lebensphasen des Kindes, das sie einst war, anzugleichen. Sie sprach wie eine Neunjährige, Sechsjährige, wie ein Kind mit etwa drei Jahren und benimmt sich schließlich genau wie ein Säugling. Doch sobald sie über ihre Geburt hinaus zurückgeht, äußert sie sich wieder mit dem Verstand einer Erwachsenen.

Es ist, als müsse sich der wiedergeborene Geist erst langsam aufs neue an die Hindernisse und Beschränkungen des Körpers gewöhnen. So, als müsse er diesen erst ausprobieren, mit ihm experimentieren. Er muß langsam wieder lernen, den Körper zu bewegen – *nur* durch den Mund zu sprechen, um sich auf diese körperliche Art verständlich zu machen.

Wie aktiv und aufnahmefähig der Geist eines Neugeborenen in Wirklichkeit ist, veranschaulicht am besten folgendes Experiment. Der Bostoner Psychologe Dr. K. Lyons hatte Loulie, die fünfzehnjährige Tochter der bekannten Yoga-Lehrerin Marcia Moore, unter Hypnose bis zu ihrem vierten Geburtstag zurückgeführt. Loulie erinnerte sich an eine Geburtstagsfeier. Dann ging Dr. Lyons noch weiter mit ihr in die Vergangenheit, zu Ereignissen, an die sie sich normalerweise überhaupt nicht erinnern konnte.

Loulie sah in der Hypnose helle Lichter und geschäftiges Durcheinander einiger Leute in einem Raum, in dem sie selbst ganz nah bei ihrer Mutter war. Es ergab sich, daß Loulie ihre eigene Geburt miterlebt hatte, denn ihre Mutter bestätigte, daß auch sie sich an die hellen Lampen im Kreißsaal erinnere.

Einer der meistpublizierten hypnotischen Regressions-Fälle im Zusammenhang mit einem früheren Leben ist der Fall Virginia Burns Tighe.

Virginia Burns Tighe wurde im April 1923 in Madison, Wisconsin, USA, geboren. Ihr Vater, George Burns, ließ sich schon sehr früh von ihrer Mutter scheiden, und so wurde Virginia bereits im Alter von drei Jahren von einer Tante, Mrs. Myrthe Grung, in Chicago aufgenommen.

Nach einer ganz normal verlaufenen Kindheit besuchte Virginia für eineinhalb Jahre die Northwestern Universität und heiratete dann. Ihr Mann fiel im Zweiten Weltkrieg. Sie zog nach Denver um und lernte dort Brian Tighe, ihren zweiten Mann, kennen. Virginia und Brian Tighe lebten schließlich mit ihren drei Kindern in Pueblo.

Durch Zufall machten die Tighes hier die Bekanntschaft eines erfolgreichen, nüchternen Geschäftsmannes mit Namen Morey Bernstein.

Seit Bernstein 1942 einer Hypnosesitzung beigewohnt hatte, war sein Interesse an Trance-Phänomenen erwacht, und er wandte sich neben seiner geschäftlichen Laufbahn der Hypnose zu. Er studierte therapeutische Hypnose, wurde Amateur-Hypnotiseur und arbeitete in einer Reihe medizinischer Fälle mit qualifizierten Ärzten zusammen. Sein Hauptinteresse galt vor allen den Problemen der parapsychologischen Phänomene, die er zu untersuchen begann.

Seiner Meinung nach war es nur allzu natürlich, durch die Erforschung des Parapsychologischen auf die Wiedergeburt zu stoßen. Der Beweis war allerdings nur durch eine passende Versuchsperson zu erbringen, die er durch Hypnose in ein früheres Leben zurückversetzen konnte.

Aus einigen Versuchen hatte sich nun ergeben, daß Virginia Tighe, außergewöhnlich sensibel und auf Hypnose ansprechbar, für ein solches Experiment durchaus geeignet erschien.

Sobald sie in tiefe Hypnose versetzt war, erzählte sie auf Befragen zuerst von ihrer Kindheit. Als Bernstein sie dann über ihre eigene Geburt hinaus in die Vergangenheit zurückversetzte, berichtete sie unter der Hypnose von Irland. Virginia Tighe behauptete, Bridey Kathleen Murphy zu sein; die Tochter des protestantischen Rechtsanwalts Duncan Murphy und seiner Frau Kathleen und sei 1798 in Cork, Irland, geboren. Sie sprach von ihrem Bruder Duncan Blane Murphy und einem zweiten Bruder, der schon im Kindesalter gestorben sei. Sie berichtete von ihrer Schule, deren Leiterin eine Mrs. Strayne gewesen sei, und deren Tochter Aimee, die ihren Bruder Duncan geheiratet habe.

Als sie selbst zwanzig Jahre alt war, sei sie mit dem Sohn eines katholischen Anwalts, Sean Brian Joseph McCarthy protestantisch getraut worden. Sie, Bridey, und ihr Mann Brian McCarthy seien nach Belfast gezogen, wo Brian die Schule besuchte. Schließlich habe Brian, wie Virginia (Bridey) in Hypnose aussagte, an der Queen's University Rechtswissenschaften gelehrt. Eine zweite katholische Hochzeitszeremonie habe der Pater John Joseph Gorman von der St.-Theresien-Kirche vollzogen. Bridey und Brian seien kinderlos geblieben. Und 1864 sei Bridey in Belfast begraben worden; für begraben gebrauchte sie den Ausdruck »ditched«, um den es dann noch heftige Kontroversen gab.

Weder Virginia Burns Tighe noch ihr Mann sind jemals in Irland gewesen. Viele Dinge, die Virginia unter Hypnose aussagte, konnte sie normalerweise gar nicht wissen, besonders Dialektausdrücke, die später durch Historiker als zu dieser Zeit noch gebräuchlich identifiziert worden sind.

Unter dem Titel »The Search for Bridey Murphy« wurde über diesen Fall ein aufsehenerregendes Buch veröffentlicht. Artikel erschienen, und der Meinungsstreit des »Für« und »Wider« führte zu Exzessen, die Virginia Burns Tighe und ihre Familie zwangen, Pueblo zu verlassen, um in Ruhe leben zu können.

Die heftigsten Angriffe erfolgten von »Life« und »American«. Hier wurde nichts unversucht gelassen, um Virginia Burns Tighe der Fehlinformation zu überführen. Die fraglichen Einwände konnten jedoch leicht zerschlagen werden.

Ein »Metallbett«, von dem Bridey als Kind Farbe abgekratzt haben will, soll es nach »Life« zur damaligen Zeit noch gar nicht gegeben haben. Doch der britische Forscher Dr. E. J. Dingwall wies nach, daß in Cork um 1830 Metallbetten von den Hive Iron Works in Zeitungsanzeigen angeboten wurden. Die auf Tonband aufgenommenen Aussagen der Virginia Tighe waren sehr leise und zum Teil schwerverständlich. Das führte zu Mißverständnissen, wie sich bei einer wiederholten Überprüfung der Bänder herausstellte.

Aus Nachforschungen des Redakteurs und Reporters William J. Barker der angesehenen »Denver Post« ergab sich, daß die von »Life« beanstandeten Ausdrücke tup (abfälliger Ausdruck für ein männliches Wesen), linen (Taschentuch), brate (kleine Tasse) noch Anfang 1880 in Cork durchaus gebräuchlich waren. –

Bridey hatte behauptet, das Buch »The Sorrows of Deidre« gelesen zu haben. »Life« bestritt dies, da der Titel erst 1905 von Synge veröffentlicht worden sei. Auch hier bewies Barker, daß bereits 1808 von Bolton eine Buchbroschüre unter dem Titel »The Sorrows of Deidre and the Death of the Sons of Usnach« erschienen war.

Alles in allem wurden die meisten der Hypnose-Aussagen von Virginia Burns Tighe als korrekt überprüft und stimmten mit dem Leben der Bridey Murphy überein.

Sie nannte zum Beispiel die zwei einzigen Lebensmittelhändler ihrer Nachbarschaft zur Zeit ihres Todes (Brideys Tod) namentlich – »Farr's and Carrigan's«. Sie erwähnte neben anderen zur Zeit üblichen Zahlungsmitteln eine Twopence-

Münze, die nur zwischen 1795 und 1850 im Umlauf war. – Die Queen's University existierte tatsächlich und wurde 1850 in Belfast gegründet.

Der für Begräbnisse angeblich ungebräuchliche Ausdruck (Life) »ditched« wurde von Prof. Seanus Kavanaugh, Dozent für Linguistik an der Universität Cork, als zwischen 1854–56 nach der großen Hungersnot noch weit verbreitet, identifiziert. Es handelte sich dabei um eine Abwandlung von to bury (beerdigen).

Da in Irland bis 1864 keine öffentlichen Einwohnerregister geführt wurden, konnte weder der Name Bridey Murphy noch der ihres Mannes McCarthy in irgendeiner Eintragung gefunden werden. Zwar gab es einen Angestellten John McCarthy an der Queen's University, ob es sich dabei aber um Brideys Ehemann handelte, war nicht nachzuweisen.

Auch Dr. Lyons gehörte zu denen, die den Fall Virginia Tighe Bridey Murphy widerlegen wollten. Statt dessen erkannte er dann diesen Fall als authentischen Regressions-Beweis an. Ebenso wie Dr. Lyons befaßte sich auch der ausgezeichnete Journalist Jess Stearn mit dem Phänomen der Repression, Er bat den bekannten Hypnotiseur Joseph Lampl, Begründer der Akademie für angewandte Geisteswissenschaften in New York, ihn nach Kanada zu begleiten.

In Orillia, Ontario, lebte ein siebzehnjähriges Mädchen, das angeblich früher schon einmal gelebt hatte.

Lampl sollte sie fachmännisch unter Hypnose in frühere Leben zurückführen.

Lampl hypnotisierte nun Joanne McIver und versetzte sie in das Leben der Susan Garnier-Marrow zurück. In diesem Leben war Susan (Joanne) 1832 geboren. Ihr Vater war Farmer, und sie erinnerte sich an die Namen verschiedener Nachbarn. Sie erlebte ihre Hochzeit mit dem Farmer Thomas Marrow und dessen Tod bei einem Unfall auf der Farm. Susan führte danach als junge Witwe ein erbärmliches Leben in einer einsamen Hütte.

Jess Stearn schrieb, »wie sehr er von der Wirklichkeitsnähe, mit der dieses siebzehnjährige Mädchen das Dasein der Susan Garnier-Marrow nachvollzog, beeindruckt war«.

Schon beim ersten Hypnoseversuch ihres Vaters war Joanne McIver zur zehnjährigen Susan Garnier geworden, die aus einem heimlichen Versteck in ihres Vaters Obstgarten die Umarmungen ihres Bruders und seiner Freundin beobachtete. Während der Hypnose durch Lampl veränderte sich ihr Ausdruck zusehends. Eigentümlich schrägstehende Augen standen in einem hageren Gesicht, so, als gehöre zu dieser anderen Psyche auch ein anderer Körper.

Sie nannte unter Lampls Hypnose-Befragungen die genauen Preise aller möglichen Lebensmittel und Gebrauchsgüter, für die diese Ware vor hundert Jahren gehandelt wurde. Ihre Sprachmelodie nahm einen bestimmten Rhythmus an, der auf die französisch-kanadische Herkunft in ihrem früheren Leben schließen ließ. Susan Garnier-Marrow starb 1903 und (Joanne) beschrieb unter Hypnose ihre eigene Beerdigung und sogar die Stelle, an der sie beigesetzt wurde: hinter einer Kirche. Heute befinde sich dort ein großer eingezäunter Panzerübungsplatz der Armee. Joannes Angaben stimmten. Der von ihr bezeichnete Landstrich war vor dem Zweiten Weltkrieg, bevor Joanne geboren wurde, an die Armee übergeben worden.

Auf Antrag erhielten Jess Stearn, Dr. Lampl und Joanne McIvers die Genehmigung, in diesem besonderen Fall den Übungsplatz zu besuchen. Ein Major Malone übernahm die Führung, und schon bald stritt sich Joanne mit dem Offizier über die Lage des von ihr im Unterbewußten ermittelten Friedhofs und die zugehörige Kirche.

Der Major berief sich auf Zusicherungen gegenüber der damals ausgesiedelten Bevölkerung, alle Gräber zu erhalten, und versicherte anhand von Lageplänen und amtlichen Karten, daß sich an der von Joanne bezeichneten Stelle weder je ein Friedhof noch eine Kirche befunden habe.
Doch unbeirrt suchte Joanne das durch die Hypnose ermittelte Gebiet ab und fand tatsächlich unter Schutt und Trümmern in einem von Panzern verwüsteten Boden Fragmente alter Grabsteine in einem Friedhofsbereich mit dem dahinter liegenden Platz, auf dem einstmals die Kirche stand.
Doch es bedarf nicht immer der Hypnose, um die Erinnerung an ein früheres Leben zu erwecken. Es gibt viele Fälle, in denen das Wissen um eine frühere Existenz ohne größeren Anstoß zum Vorschein kommt. Insbesondere Kinder erinnern sich manchmal an Einzelheiten und Erlebnisse, die über die Geburt hinausgehen.
Der zweijährige Imad Elawar geht mit seiner Tante auf der Dorfstraße seines Heimatdorfes Kornayel im Libanon spazieren. Ein Fremder begegnet ihnen. Das Kind läuft auf den Mann zu und umarmt ihn. Sichtlich erstaunt fragt ihn der Unbekannte: »Ja, kennst du mich denn?« »Ja, du warst mein Nachbar«, antwortet der Kleine.
Imad Elawar kam im Dezember 1958 in Kornayel in der Nähe von Beirut zur Welt. Seine ersten deutlichen Worte sind »Jamile« und »Mahmoud«. Doch in seiner eigenen Familie gibt es diese Namen nicht. Sobald er richtig sprechen kann, erzählt er von der schönen Jamile und vergleicht sie kritisch mit seiner Mutter. Immer wieder nennt er Namen und spricht von Ereignissen, auf die sich seine Eltern keinen Reim machen können. Er erzählt von einem Mann, dem beide Beine von einem Lastwagen abgefahren wurden und der deswegen sterben mußte.

Imad behauptet, er gehöre zur Familie Bouhamzy und stamme aus Khriby. Aber dieses Dorf liegt etwa 30 Kilometer von seinem Heimatdorf Kornayel entfernt und ist nur über einen Bergpaß zu erreichen. Imad betont immer wieder, wie sehr er sich darüber freue, daß er laufen könne. Ständig liegt er seinen Eltern in den Ohren, mit ihm doch nach Khriby zu fahren und geht besonders seinem Vater mit seinen Geschichten auf die Nerven.

Noch heute leben in einigen Dörfern Israels, Syriens und im Libanon Nachkommen der Drusen. Diese islamitische Sekte bezieht die Reinkarnation in ihren Glauben ein. Die Eltern Imads verstehen daher sehr gut, was der Junge meint. Aber schließlich werden seinem Vater die »Geschichten« zuviel, und er verspricht Imad eine Tracht Prügel, wenn er nicht mit seinen »verdammten Lügen« aufhört.

Nach dieser Drohung erzählt der Junge nur noch seiner Mutter und seinen Großeltern von seinen früheren Erlebnissen.

Als sich dann aber herausstellt, daß der Fremde, den der Kleine umarmt hatte, aus Khriby stammt, wird Imads Vater nachdenklich.

Die Eltern hatten den kindlichen Erzählungen keine weitere Bedeutung beigelegt und schon gar nicht daran gedacht, etwa nachzuforschen. Sie machten sich ihr eigenes Bild über die von Imad genannten Namen und waren der Ansicht, daß Imad glaubte, Mahmoud Bouhamzy gewesen zu sein und daß Jamile seine Frau war.

Im Dezember 1963 nahm Imads Vater den fünfjährigen Jungen zum ersten Mal mit nach Khriby. Bei diesem Besuch in dem Nachbardorf nahm Vater Elawar keinen Kontakt zu den Bouhamzys auf.

Mitte März 1964 kam Prof. Ian Stevenson, ehemaliger Chef der psychiatrischen Abteilung der Virginia-Universität, in Kornayel an. In einem arabischen Empfehlungsschreiben an seinen dort lebenden Bruder hatte ein junger Libanese gebeten, Prof. Stevenson, den er 1962 in Brasilien kennengelernt hatte, mit Informationen über Reinkarnationsfälle behilflich zu sein. Leider war der Adressat nach Beirut verzogen.

Als Prof. Stevenson den Grund seines Besuches erwähnte, erzählte man ihm von Imad Elawar. Natürlich schlug Stevenson einen sofortigen Besuch mit dem Jungen in Khriby vor. Und nun stellte sich heraus, daß alle Namen, die Imad genannt hatte, stimmten. Die Leute lebten sogar teilweise noch. Der 1943 von einem Lastwagen überfahrene Said Bouhamzy hatte beide Beine gebrochen und war nach der Operation verstorben. Alles übrige stimmte nicht mit Saids Leben überein, auch nicht das Haus, von dem der Junge ständig gesprochen hatte.

Aber alles paßte zu einem Ibrahim Bouhamzy, dem Vetter und Freund des verstorbenen Said, dessen Haus nur etwa 100 Meter von Saids Haus entfernt war. Jamile war Ibrahims sehr schöne Geliebte gewesen. Sie hatten zum Ärger des Dorfes in wilder Ehe gelebt. 1949 war Ibrahim im Alter von 25 Jahren an Tuberkulose gestorben. Am schlimmsten hatte er darunter gelitten, daß er das letzte halbe Jahr bettlägerig verbringen mußte und nicht mehr laufen konnte. Darüber hatte er sich immer wieder bitterlich beklagt. Ein Onkel Ibrahims hieß Mahmoud. Genau wie sein Vetter Said war auch Ibrahim Lastwagenfahrer gewesen und in Unfälle verwickelt.

Alle Namen, die der kleine Imad genannt hatte, hingen mit Ibrahims Familie zusammen. Und der Fremde, den der Junge auf der Dorfstraße umarmt hatte, war Ibrahims Nachbar gewesen.

Am 19. März besuchte Prof. Stevenson mit Imad und dessen Vater das seit vielen Jahren leerstehende Haus des toten Ibrahim. Es wurde eigens für diesen Besuch geöffnet.

Imad kannte die ganze Inneneinrichtung und konnte auf Fragen, wie es zur Zeit des Ablebens von Ibrahim ausgesehen habe, genau antworten.
Woher stammten seine Kenntnisse?
Es wurden auch gewisse übereinstimmende Charaktereigenschaften zwischen Imad und Ibrahim festgestellt. Dessen Jagdleidenschaft deckte sich mit dem außergewöhnlichen Interesse eines Fünfjährigen für alles, was mit Jagd zusammenhing. Imad sprach für sein Alter erstaunlich gut Französisch, während in seiner eigenen Familie diese Begabung völlig fehlte. Ibrahim war Angehöriger der französischen Armee gewesen und sprach fließend Französisch. Beide waren unbeherrscht und streitsüchtig. Und Imad hatte bis zu seinem fünften Lebensjahr panische Angst vor Lastwagen und Omnibussen.

Da Träume eine ständige Informationsquelle des Unterbewußten sind, könnte Traumforschung im Hinblick auf Reinkarnation vielleicht aufschlußreiche Resultate bringen.
Die wenigsten beschäftigen sich leider mit ihren Träumen oder messen ihnen besondere Bedeutung bei. Deswegen fallen ungewöhnliche Aspekte des Traumgeschehens kaum auf.
Die Freudsche psychoanalytische Traumdeutung *allein* genügt nicht. Denn daß Träume darüber hinaus auch andere Bedeutung haben, steht außer Zweifel.
Träume machen uns fraglos zu Zeitreisenden.
Sie sind der Schlüssel zu einer (in Ermangelung eines besseren Ausdrucks) entkörperten Existenz.
Einer der einzigartigsten Reinkarnationsfälle wurde von dem Briten Dr. Arthur Guirdham in allen Einzelheiten untersucht. Seine Patientin, eine »Mrs. Smith«, sah sich im Wachzustand, aber vor allem in Träumen in ihr früheres Leben im 13. Jahrhundert zurückversetzt.

Dr. Guirdham, skeptisch von Natur und als Mediziner und Psychiater geschult, Phantasie und Wirklichkeit voneinander zu trennen, befaßte sich in aller Sorgfalt mit diesem Fall.
In der Überprüfung von Mrs. Smith's Aussagen beschränkte er sich vorwiegend auf die Rolle eines Amateur-Historikers und nahm keinen aktiven Anteil als Psychiater. Er konsultierte Kapazitäten internationalen Formats, u. a. Prof. Nelli von der Universität Toulouse, und kam schließlich nach eingehendsten Überprüfungen der Fakten zum Schluß, daß es sich hier um einen nachweislich echten Reinkarnationsfall handelte. Diese Frau war im Frankreich des 13. Jahrhunderts Ketzerin gewesen. Sie schrieb Geschehnisse, Orte, historische Einzelheiten, damalige Kleidung und vieles mehr, aus dieser Zeit nieder.
Es gelang Dr. Guirdham nicht nur, den genauen Tag zu ermitteln, an dem diese Frau vor siebenhundert Jahren zur Inquisition zitiert wurde, sondern auch den Namen ihrer früheren Familie und ihre Kollaborateure herauszufinden.
Ihre Angaben wurden nach langwierigen Nachforschungen und Studien bekannter Historiker schließlich als korrekt bestätigt.

Geträumte Zukunft

Ich möchte sie gern befragen
und werde doch immer gestört,
ob sie vor meiner Geburt schon
wo meinen Namen gehört.
Sie ist eine alte Sybille
und kennt sich selber kaum;
sie und der Tod und wir alle
sind Träume von einem Traum.

Gottfried Keller

[illegible]

[illegible] Psychologen und Entwicklungspsychologen [illegible]

[illegible]

[illegible]

[illegible]

[illegible]

Der Beweis einer körperlosen, nicht greifbaren Natur unseres Seins, die über Geburt, Tod und Wiedergeburt hinausgeht, ist höchstwahrscheinlich in unserem Unterbewußtsein verborgen, wenn nicht sogar unlösbar damit verbunden.

Das Geheimnis, das sich hinter dem menschlichen Leben verbirgt, zeigt ein außerordentlicher Vorfall, der französische Psychologen und Parapsychologen zur Zeit in Atem hält. Es geht um den vierjährigen Philipe Levuelle aus Marseille, der seit einer Operation auf Leben und Tod durch Dr. Charles Tallreux plötzlich übersinnliche Fähigkeiten entwickelte.

Seit dieser Operation lebt der Junge sozusagen ein Doppelleben. Philipe hatte vor seinem Elternhaus in der Nähe des Marseiller Hafens in einer Sandkiste gespielt. Als ihn sein kleiner Freund Jean auf der anderen Straßenseite zum Spielen hinüberrief, rannte Philipe spontan los, wurde von einem Lastwagen erfaßt und meterweit fortgeschleudert.

Trotz seiner lebensgefährlichen Verletzungen gelang es den Ärzten unter Leitung von Dr. Tallreux, den Jungen in einer $2^1/_4$stündigen Operation zu retten.

Er war bereits zwei Monate wieder zu Hause, als er über Schmerzen im Kehlkopf klagte. Wie sich herausstellte, war dort eine Verletzung übersehen worden, und das Kind mußte ein zweites Mal auf den Operationstisch. Ein schwieriger Eingriff, wie der Arzt den Eltern gesagt hatte. Der Kehlkopf mußte teilweise entfernt und durch Knorpelgebilde ersetzt werden. Nach anfänglich gutem Verlauf traten Schwierigkeiten ein. Das Herz des Jungen stand still. Die Operation mußte unterbrochen werden.

Philipe war bereits klinisch tot. Dr. Tallreux gelang es trotzdem, Philipe durch Wiederbelebungsversuche ins Leben zurückzurufen. Aber es blieb leider nicht dabei, insgesamt holte Dr. Tallreux das Kind sechsmal ins Leben zurück.

Nach vier Stunden war die Operation endlich vorüber, und Dr. Tallreux teilte den Eltern erschöpft mit: »Gelungen. Aber noch so eine Operation, dann verliere ich den Verstand.«
Nach drei Wochen hatte sich Philipe so weit erholt, daß er aus dem Krankenhaus entlassen werden konnte. Doch er hatte sich psychisch merkwürdig verändert. Das hatten nicht nur seine Eltern, sondern auch die Ärzte und Schwestern bemerkt. Für sein Alter war er viel zu ernst und still.
Eines Tages fragte der Kleine dann seine Schwester, ob sie schon einmal tot gewesen sei. Er wäre schon ein paarmal tot gewesen, aber Dr. Tallreux habe ihn immer wieder ins Leben geholt. »Es ist nicht schön, tot zu sein«, meinte er. »Überall ist es so finster, und so laute Musik spielt. So viele unheimliche Gesichter starren.« Woher wußte der Vierjährige, daß er schon einige Male tot war? Niemand hatte dem Kind davon erzählt.
Seine Eltern suchten Rat bei Dr. Tallreux, der sofort einen Kollegen der psychiatrischen Abteilung zuzog.
Aus Unterhaltungen mit dem Jungen fand dieser heraus, daß das Kind alles über seine Operation wußte und sich sogar an Bemerkungen der Ärzte und Schwestern während des Eingriffs erinnerte. Im Lauf der Zeit stellten die Eltern dann geradezu unheimliche Fähigkeiten des Kleinen fest.
Eines Tages auf dem Weg zu einem Bauernhof, wo der Junge reiten durfte, fragte er im Wagen plötzlich aus dem Blauen heraus: »Fährt Dr. Tallreux auch zu dem Bauernhof?« Als ihn seine Mutter erstaunt fragt, wie er denn auf die Idee käme, sagt er: »Weil Dr. Tallreux doch hinter uns herfährt.« Die Mutter will ihm begreiflich machen, daß das Unsinn ist. Aber der Junge bleibt dabei, daß er wisse, daß Dr. Tallreux kommt. An der nächsten Verkehrsampel hält tatsächlich der Wagen des Arztes neben ihnen. Und im gleichen Augenblick sagt der

Vierjährige: »Ach, jetzt weiß ich, Dr. Tallreux holt seine Freundin zum Schwimmen ab.«

Es stimmte.

Ein anderes Mal wollte der Junge unbedingt und sofort zu dem Arzt, um ihn zu trösten, denn es sei etwas Schreckliches passiert. Endlich gaben die Eltern dem Jungen nach und trafen den Arzt in dem Augenblick, als er gerade in tiefster Depression die Klinik verließ. Eine Operation war mißlungen. Im Moment, als Dr. Tallreux das festgestellt hatte, war Philipe weinend vom Spielen aufgesprungen.

»Seit der Operation und seiner Rettung durch Dr. Tallreux ist der Junge anscheinend unbewußt so mit diesem verbunden, daß er dessen Leben mitlebt«, meinte ein Pariser Psychologe.

Eines Abends wurden die Eltern durch einen markerschütternden Schrei aus Philipes Schlafzimmer aufgeschreckt. Weinend klagte der Junge über furchtbare Schmerzen in der rechten Schulter und bedauerte dabei unentwegt Dr. Tallreux. Als der Junge sich nicht beruhigen konnte, riefen die Eltern schließlich Dr. Tallreux an.

Der Arzt entnahm den Angaben der Mutter, daß der Junge in dem Moment, als er sich selbst die rechte Schulter stark verletzt hatte, einen Weinkrampf bekam. Der Arzt litt selbst unter starken Schmerzen, die der Vierjährige durch seine telepathischen Fähigkeiten miterlebte.

Später brach sich Dr. Tallreux dann bei einem Autounfall die linke Hand. Zu dieser Zeit befand sich Philipe mit seinen Eltern bei einer Tante in der Nähe von Marseille. Wieder geriet das Kind außer sich und jammerte, daß ihm die linke Hand schrecklich weh tue. Erst nach Stunden besserte sich der Zustand des Kleinen.

Auf Wunsch von Dr. Tallreux steht Philipe nun unter der Betreuung einiger Psychologen und Parapsychologen. Der Arzt

hofft, daß sich die übernatürlichen Fähigkeiten des Jungen mit der Zeit geben.
Dieser Fall zeigt eindeutig, daß im menschlichen Geist eine Art Überbewußtsein vorhanden sein muß, das sein Schicksal mit einem anderen verbinden kann.
Es gibt genügend Beweismaterial dafür, daß sich der Geist über Zeit und Raum durch Gegenwart und Vergangenheit projizieren kann. Das gleiche trifft auf die Zukunft zu.
Es mag paradox erscheinen, daß für uns noch nicht eingetretene, zukünftige Ereignisse vorausgesehen werden können. Dennoch zeigt uns die Geschichte, daß der Glaube an die Prophezeiungen zukünftiger Ereignisse in der Vergangenheit eine große Rolle spielte.
In diesem Zusammenhang nahmen Träume schon immer eine Schlüsselposition ein.
Das etwa viertausendjährige Gilgamesch-Epos des alten Babylon enthält wohl die ältesten, uns von der Geschichte überlieferten Träume und ihre Deutung:

Ehe von jenem Berg du gekommen
Sah Gilgamesch Träume von dir in Uruk.

Auf stand Gilgamesch, erzählt den Traum
Und sprach zu seiner Mutter:
»O Mutter, der Traum, den ich heute nacht sah:
Kraftgeschwellt ging ich fürbaß unter den Mannen;

Da sammelten sich um mich die Sterne des Himmels -
Wie die *Feste* des Anu stürzt' *es* auf mich herab;
Heben wollt' ich's, da war mir's zu schwer,
Bewegen wollt's ich's und konnt's nicht bewegen!

Uruk-Land sammelte sich herzu,
Die Mannen küßten die Füße ihm;
Da lehnt ich *mich* dagegen, sie *standen* mir bei.
Und ich hob es auf und trug's hin zu dir.«

Gilgameschs Mutter, der alles kund ist, sprach
zu Gilgamesch:
»Vielleicht, Gilgamesch, wurde einer wie du
in der Steppe geboren,
Heranwachsen ließ das Gebirge ihn –
Siehst du ihn, so wirst du Freude haben;
Die Mannen küssen die Füße ihm!
Du wirst ihn umarmen, ihn zu mir führen!
Der starke Engidu ist's,
Ein Gesell, der dem Freund aus der Not hilft!
Der Stärkste im Land ist er, Kraft hat er,
Gleich der Feste des Anu gewaltig ist seine Stärke!
Wie auf ein Weib hast du dich auf ihn gelegt,
. . . er aber wird dich immer wieder *erretten.*«

Er legte sich schlafen und sah einen anderen Traum;
Zu seiner Mutter sprach er:

»O Mutter, ich sah einen anderen Traum;
. . . *suchte* ich: auf der Straße von Uruk-Markt
lag eine Axt da, die man umstand,
Es drängte herzu das Volk:
Diese Axt sah *unheimlich* aus!
Da nun ich sie erblickte, wurde ich froh,
Gewann sie lieb; wie auf ein Weib
Lege ich *mich* auf sie!
Ich nahm sie und legte an meine Seite sie an.«

Die Mutter Gilgameschs, die weise, alles Wissens kundig,
Sprach zu ihrem Sohn,
Ninßun, die weise, alles *Wissens* kundig,
Sprach zu Gilgamesch:
»Die Axt, die du sahst, ist ein Mann!
Wie ein Weib wirst du über ihm flüstern,
Und ich werde ihn mit dir gleichstellen.
Er wird zu dir kommen,
Der Gesell, der dem Freund aus der Not hilft!
Gleich der *Feste* des Anu gewaltig ist seine Stärke!«
Nochmals sprach Gilgamesch zu seiner Mutter:
»Auf Befehl des großen Beraters Enlil möge es
eintreffen:
Möcht' einen Freund ich gewinnen, einen Berater,
Ja, möcht' einen Freund ich *haben,* einen Berater!«
Und seine Träume *erzählte* er, *Gilgamesch*. –

Und Gilgameschs Träume erfüllten sich!
Wie seine Mutter gedeutet hatte, traf er Engidu, der in der Steppe geboren war, und sie wurden enge Freunde.
Erstaunlich ist nur (oder auch nicht), daß die Interpretation der Traumsymbolik durch Gilgameschs Mutter sich in mancher Hinsicht mit moderner psychoanalytischer Ausdeutung deckt.
So deutet sie z. B. die Axt als männliches Symbol. Und Freudsche Anhänger würden sie wahrscheinlich als Phallussymbol auslegen.
Für die Griechen gab es zwei nebeneinanderliegende Welten gleicher Bedeutung: eine rationale Welt der plastischen Formen und des logischen Verstandes und eine zweite, chaotische, die in unheimlichem Dunkel lag mit ihrem Dämonen. Diese dionysische Welt beschwor auch die Toten.

Apollonius von Tyana, einer der berühmtesten Propheten des Altertums, der die Zukunft vorausgesagt, Kranke geheilt und Tote zum Leben wiedererweckt haben soll.

Zwar vermischten sich in den Träumen der Griechen die Vorstellungen der dionysischen Welt mit dem Tagesgeschehen. Aber in der Hauptsache waren Träume für sie eine Offenbarung der Götter und Zukunftsvorboten kommender Ereignisse im Guten und Bösen.

Viele Traumboten verbreiteten Angst und Schrecken. So war z. B. der ziegenhufige, gehörnte Pan der Herr der Alpträume. Eine große Rolle spielten die Poseidontempel. Bevor die Seefahrer ausliefen, verbrachten sie eine Nacht im Tempel des Meeresgottes, um von ihm einen prophetischen Traum zu erbitten, der über den Verlauf der Reise Auskunft gab.

Die Tempel des Gottes der Heilkunde, Asklepios (Äskulap), waren von besonderer Bedeutung. Denn dort erträumten die Gläubigen ihre Heilmittel während des Schlafes. Die asklepiadischen Träume wurden sogar zur Basis der griechischen Heilkunde, da man alle erfolgreichen Heilungen mit der zugehörigen Krankheitsgeschichte und den göttlichen Traumverordnungen in die Tempelwände einritzte. So sammelte sich im Verlauf der Jahrhunderte eine stattliche Reihe therapeutischer Träume an, die zuverlässig zur Heilung benutzt werden konnten.

Hippokrates' Kenntnisse der Heilkunst sollen zum Beispiel von Tempelaufzeichnungen aus Kos, seiner Heimatstadt, stammen.

Es wird berichtet, daß der Traum einer Frau einmal Athen vor einer Seuche gerettet hat.

In ihrem Traum erschien ein toter Skythe, der ihr den Rat gab, man solle alle Straßen und Gassen Athens mit Wein besprengen. Die Athener richteten sich nach dem Traum der Frau. Die Seuche wurde vertrieben, denn der Wein desinfizierte die verpestete Luft.

Ganz gleich, ob Staatsmänner, Offiziere oder Feldherren, sie alle wurden in die Tempel geschickt, um aus Träumen zu erfahren, wie sie nach dem Willen der Götter ihre Aufgaben erfüllen sollten und was sich aus ihren Handlungen ergeben würde.

Traumdeutung spielte eine wichtige Rolle, und ein guter Traumdeuter war ebenso hoch angesehen wie bezahlt.

Im zweiten Jahrhundert n. Chr. verfaßte Artemidoros Daldianos ein Buch über die Traumdeutung, das bald weitverbreitet war und berühmt wurde.

Er war der Ansicht, daß viele Träume Bilder zukünftiger Ereignisse sind. In vielen Träumen gibt es nur Symbole, deren Bedeutung ermittelt werden muß. Ein Traumdeuter sollte erst alle Einzelheiten kennen, bevor er den Traum deutet. Sobald der Anfang eines Traumes unklar ist, sollte man am Ende beginnen und dann erst die Quelle erforschen. Gleiche Träume verschiedener Menschen lassen nicht auf die gleiche Bedeutung schließen und sollten nur den Lebensumständen eines jeden einzelnen entsprechend ausgedeutet werden.

Immer wieder wird von prophetischen Träumen berichtet.

Wer kennt nicht die sieben fetten und sieben mageren Jahre aus Josephs Traum.

Und wer Plutarch las, weiß von Calpurnias Traum, der dritten Frau Cäsars. In der Nacht vor Cäsars Tod träumte sie von seiner Ermordung. Aber sie beschwor ihn vergebens, nicht in den Senat zu gehen.

Genau wie Cäsar den Wahrtraum seiner Frau Calpurnia und die Prophezeiungen der Wahrsager, die seine Ermordung vorausgesehen hatten, ignorierte, setzte sich auch John F. Kennedy über ähnliche Vorauswarnungen hinweg.

So träumte unter Tausenden auch Jackie Joyce, die Vorführdame einer Kranbau-Firma, von der Ermordung des amerikanischen Präsidenten.

Kurz vor dessen Amtsübernahme sah sie in allen Einzelheiten den Tod des Präsidenten drei Jahre vorher, im Dezember 1960, in einem Traum voraus. Zuerst erschien Präsident Eisenhower in ihrem Traumerlebnis. Er hielt mit besorgter, mitgenommener Miene eine Rede vor einer Anzahl von Mikrofonen. Die Träumende sah noch auf Eisenhower, als sich das Bild plötzlich zu einer Art Operationssaal verwandelte, in dem ein Mann auf einem schmalen Tisch lag. Sein Gesicht war undeutlich, nahm aber nach und nach die Züge des Präsidenten John F. Kennedy an. Er lag bewegungslos da. Einige Leute beugten sich über den schrägstehenden Tisch mit dem Präsidenten. Seine Gesichtszüge wurden plötzlich ganz deutlich erkennbar. Seine Hautfarbe verdunkelte sich, bis sie blutrot war.

Im Traum wußte Jackie Joyce ganz genau, daß der Präsident erschossen worden war.

Sie erzählte ihr Traumerlebnis am nächsten Morgen unter einigen Bekannten auch ihrem Chef. Auch während des Tages verließ sie das Traumgeschehen nicht und beunruhigte sie zutiefst. Mit der Zeit verblaßte die Erinnerung daran.

Als nach drei Jahren die Reise des amerikanischen Präsidenten nach Dallas in Texas bekannt wurde, stellte sich Jackie Joyces Unruhe im Zusammenhang mit dem Präsidenten und ihrem Traum vor drei Jahren wieder ein.

Am Mordtag schlief sie, denn sie war vor Unruhe die ganze Nacht wach geblieben.

Ein Aufruf riß sie aus dem Schlaf. Ihr Arbeitgeber teilte ihr mit, daß der Präsident ermordet worden sei. »Ihr Traum hat sich bewahrheitet«, sagte er.

Sie stürzte zum Fernseher. Präsident Eisenhowers erschüttertes, ernstes Gesicht zeigte sich am Bildschirm. Inmitten einer Batterie von Mikrofonen hielt er eine Konferenz.

Ähnliche Warnträume sagten die Ermordung Abraham Lincolns hundert Jahre früher voraus. Lincoln selbst hatte seinen Tod auch in einem Traum vorhergesehen.
Geradezu erschreckende, nachdenklich stimmende Parallelen zwischen Lincolns und Kennedys Schicksal stellt Jess Stearn fest (»Geheimnisse aus der Welt der Psyche«).
». . . beide kämpften für die Bürgerrechte der Farbigen; beide wurden an einem Freitag ermordet und waren nur durch nachlässige Schutzmaßnahmen gesichert; beide wurden durch einen Kopfschuß getötet, und bei beiden war die Ehefrau Zeuge des Ereignisses; Kennedy wurde am hundertsten Jahrestag von Lincolns Proklamation der Emanzipation ermordet. Ebenso wie Lincoln davor gewarnt worden war, sich öffentlich im Theater zu zeigen, war Kennedy vor der Reise nach Dallas gewarnt worden.
Doch gab es noch weitere auffallende Parallelen. Beide hatten einen Vizepräsidenten namens Johnson, der vorher im Senat gewesen war; und der zweite Johnson – Lyndon – wurde als erster Südstaatler Präsident, seit der erste Johnson – Andrew – auf die gleiche Weise Präsident geworden war. Lincolns Mörder John Wilkes Booth wurde im Jahre 1839 geboren, Lee Harvey Oswald 1939. Booth erschoß Lincoln im Theater und lief in ein Kaufhaus; Oswald erschoß Kennedy aus einem Kaufhaus und lief in ein Theater. Beide wurden vor ihrem Prozeß selbst niedergeschossen. Lincoln und Kennedy hatten beide zwei Kinder verloren, eines vor ihrem Einzug in das Weiße Haus und eines während ihrer Präsidentenschaft. Kennedy hatte einen Sekretär mit Namen Lincoln und Lincoln einen mit Namen Kennedy.
Um die Parallelen weiterzuführen: Andrew Johnson wurde 1808 geboren, Lyndon Johnson 1908. Die Namen Lyndon Johnson und Andrew Johnson haben beide 13 Buchstaben,

die Namen John Wilkes Booth und Lee Harvey Oswald je 15. Beide Präsidenten heirateten in ihrem vierten Lebensjahrzehnt eine 24jährige brünette Frau, die fließend Französisch sprach. Beide Präsidenten gehörten einer Minorität an. Beide wurden erst im Jahre 47 ihres Jahrhunderts in den Kongreß gewählt; beide fielen bei ihrer ersten Nominierung zum Vizepräsidenten im Jahre 56 ihres Jahrhunderts, jeweils vier Jahre vor ihrer Nominierung zum Präsidenten, durch. Beide hatten nahe Verwandte, die Botschafter in England waren: Kennedys Vater Joseph P. Kennedy, Lincolns Sohn Robert . . .«

England
Times, 16. August 1829
Bericht von H. Tucker, Trematon-Castle
In der Nacht zum 11. Mai 1812 träumte mein Schwiegervater Mr. Williams of Scorrierhouse bei Rebruth in Cornwall, er befinde sich in der Halle des »House of Commons« und erlebe, wie ein Fremder einen soeben eintretenden Herrn mit der Pistole niederschieße.
Auf Befragen erfahre er, daß dieser Herr der Schatzkanzler Lord Spencer Perceval sei.
Dieser Traum wiederholte sich noch zweimal in der gleichen Nacht. Am nächsten Morgen erzählte Mr. Williams unter anderen auch mir seinen Traum, der ihn sehr mitgenommen hatte.
Ich antwortete jedenfalls, daß es nur im Traum möglich sei, den Herrn Schatzkanzler das Unterhaus betreten zu sehen, denn in Wirklichkeit sei das ausgeschlossen.
Mich hatte allerdings überrascht, mit welcher Genauigkeit mein Schwiegervater Lord Spencer Perceval, den er nie gesehen, und das Unterhaus, das er nie betreten hatte, beschrieb.
Am Vormittag des 12. Mai wurden wir von der Ermordung

des Schatzkanzlers unterrichtet. Der Doppelagent John Bellingham hatte ihn am Vorabend in der Halle des Unterhauses niedergeschossen. –

Träume. Was sind Träume?
Ein Anhänger Sigmund Freuds sagte einmal: »Träume sagen dir nicht, was geschehen wird, sondern was du tun wirst.« Es ist allerdings fraglich, ob der Begründer der modernen Psychoanalyse mit dieser Ausdeutung gänzlich einverstanden gewesen wäre.
Sigmund Freud hielt in der Clark-Universität Worester in Massachusetts, USA, eine Reihe von Vorträgen, in denen er auch das Thema Träume behandelte. Er sagte etwa folgendes: Die Interpretation von Träumen ist in der Tat der königliche Weg der Erkenntnis des Unterbewußtseins. Sie ist die sicherste Grundlage der Psychoanalyse und das Gebiet, auf dem jeder Forschende seine Überzeugung finden und Übung suchen muß.
Wenn ich gefragt werde, wie man Psychoanalytiker wird, kann ich nur antworten, durch das Studium der eigenen Träume. Jeder Gegner der Psychoanalyse hat bisher – mit höflicher Ablehnung – entweder die Interpretation von Träumen erst gar nicht in Erwägung gezogen oder glaubte, sie mit oberflächlichen Gegenargumenten abtun zu können.
Wenn man aber, ganz im Gegenteil dazu, die Lösungen des Traumlebens akzeptieren kann, wird das Neue, mit dem die Psychoanalyse den Geist konfrontiert, keine Schwierigkeiten mehr bereiten.
Man darf nicht vergessen, daß Träume, die wir nachts produzieren, einerseits eine äußere Ähnlichkeit und innere Verwandtschaft mit Geisteskrankheiten haben, andererseits aber mit völlig gesundem Wachleben vergleichbar sind ...

Ich möchte Sie jetzt einladen, mich auf einem kurzen Ausflug durch die Regionen von Traumproblemen zu begleiten.
Im Wachen haben wir die Angewohnheit, Träume mit der gleichen Voreingenommenheit zu behandeln, mit dem Patienten ihre Beziehungen zu einem Psychoanalytiker betrachten. Sie werden in der Regel durch schnelles, totales Vergessen genauso beiseite geschoben. Unsere schlechte Meinung von Träumen beruht auf ihrem zweifelhaften Charakter, selbst über solche Träume, die weder sinnlos noch konfus sind – nur durch die offensichtliche Absurdität und den Unsinn anderer Träume. Wir schieben sie wegen ihrer hemmungslosen Schamlosigkeit und »Unmoral«, die sich in manchen Träumen zur Schau stellen, fort.
Es ist wohlbekannt, daß das Altertum diese abfällige Meinung über Träume nicht teilte. Ebensowenig wie der unverbildete Mensch unserer eigenen Gesellschaft Zweifel über den Wert von Träumen hat, akzeptiert auch er, wie die Menschen des Altertums, Träume als Blick in die Zukunft. Ich gestehe, daß es wohl kaum notwendig ist, die Lücke unseres gegenwärtigen Wissens mit mystischen Vorstellungen zu füllen. Entsprechend war es mir auch niemals möglich, etwas zu finden, das die prophetische Natur von Träumen bewiesen hätte. Es gibt genügend andere wunderbare Dinge, die man darüber sagen kann.
Nun sind nicht alle Träume für den Träumenden konfus, unverständlich oder fremdartig. Inspiziert man die Träume sehr kleiner Kinder, etwa vom achtzehnten Monat an, wird man feststellen, wie vollkommen einfach und leicht sie zu erklären sind. Kleine Kinder träumen stets von der Erfüllung von Wünschen, die im Lauf des vorangegangenen Tages unerfüllt blieben. Es bedarf keiner großen Interpretationskunst, diese recht einfache Lösung zu finden. Man braucht ein Kind nur über

seine Erlebnisse während des vergangenen Tages zu befragen (der Traum-Tag). Natürlich wäre es nun die einfachste Lösung, wenn sich auch Träume Erwachsener so leicht wie Kinderträume entwirren ließen. Erfüllung von Wunschimpulsen, die im Verlauf des Traum-Tags auftauchen. Und das ist tatsächlich der Fall . . .

Im übrigen darf ich noch erwähnen, daß sich aus der Traumanalyse deutlich ergibt, wie sich das Unterbewußtsein bestimmter Symbole bedient, ganz besonders im Zusammenhang mit Sexualproblemen. Hier unterscheidet sich der Symbolismus von Individuum zu Individuum. Teilweise stellt er sich in typischer Form dar und scheint mit Symbolen übereinzustimmen, die unseren Mythen und Sagen zugrunde liegen. Möglicherweise finden deren Entstehung durch den Volksmund eine Erklärung in Träumen . . .

Wie wir sehen, lehnt Sigmund Freud zwar die prophetische Bedeutung von Träumen ab, aber an anderen Begriffen des Altertums, die gewissen Traumsymbolen eine besondere Bedeutung geben, hält er fest.

Für Freuds Anhänger folgt zum Beispiel aus dem Traum einer Frau von einem rauchenden Schornstein, daß es sich um ein Phallussymbol handeln muß. Und für einen Mann, der von einer Apfelsine träumt, »verkleidet« sich so der weibliche Busen.

Freud betrachtet Träume als Hüter des Schlafes. Das heißt: Unsere Bedürfnisse treten in maskierter Gestalt auf, damit unser zartes Gewissen keinen Schaden leidet und wir nicht vor Schreck aufwachen.

Es gibt natürlich auch noch andere Schulen der Traumanalyse. Aber im wesentlichen stützen sie sich alle auf die Freudschen Grundlagen. So akzeptiert die Psychologie im großen ganzen, daß unsere Träume eine Mischung aus Sinneseindrücken, freudigen oder sorgenvollen Tagesereignissen und unterdrückten Wünschen sind, die einer Zensur unterliegen, um unseren Schlaf nicht zu stören.

Es ist hier nicht beabsichtigt, diese Traumdeutungen in Bausch und Bogen abzulehnen, denn zweifellos trifft ein großer Teil der Freudschen Erklärungen zu. Schwer zu akzeptieren ist allerdings die Ansicht, daß *das* alles sein soll, was es mit den Träumen auf sich hat.

In Verteidigung der Psychologie muß allerdings Carl Gustav Jung (1875–1961) erwähnt werden, der in Träumen weit profundere Aspekte sah. Für Jung sind enorme Aufzeichnungen der Menschheitsmythe im kollektiven Unbewußten begraben. Raum- und Zeitschranken überschreitend, kommen sie in unseren Träumen an die Oberfläche. Und die menschlichen Instinkte sind ein wertvoller Bilderspeicher aus den Tiefen der Zeit, der auf das Schicksal eines jeden Individuums ebensoviel Einfluß hat wie seine eigenen Aktionen.

Es hat sich sehr oft bewiesen, daß Träume auch als »Fühler« zukünftiger Ereignisse auftreten. Genau wie sie Abbildungen der Vergangenheit zeigen können, bringen sie auch Bilder zukünftigen Geschehens.

Die prophetische Natur von Träumen wird sehr oft mit der Begründung zurückgewiesen, daß dadurch unterstellt würde, die Zukunft stehe bereits fest und alles sei vorbestimmt. Und daraus ergäbe sich dann die Konsequenz, daß weder freier Wille noch freie Wahl existiert.

Aber es stimmt doch, daß ein Ereignis ein zweites nach sich zieht, eine Aktion eine andere auslöst: wir also deswegen von einem bestimmten Geschehen der Vergangenheit auf ein bestimmtes Geschehen der Zukunft schließen können. Oder auch umgekehrt: daß wir von einem bestimmten Geschehen der Zukunft auf ein bestimmtes Geschehen der Vergangenheit

rückschließen können. Es besteht also eine direkte Verbindung zwischen dem Vergangenen und dem Zukünftigen.
Von diesem Standpunkt aus betrachtet sind unser freier Wille und unsere freie Wahl begrenzt.
Wenn wir nämlich eine Aktion auslösen, sind wir beim besten Willen nicht mehr in der Lage, irgendeine Reaktion zu vermeiden. Wie der Volksmund sagt: Wenn man etwas ins Rollen bringt, kann man es nicht mehr aufhalten. Wenn man sich mit dem Hammer auf den Finger schlägt, ist es nicht schwer zu prophezeien, daß der Finger hinterher weh tut. Oder etwa nicht?
So wie Träume tief in die Vergangenheit greifen, führen sie vielleicht von vergangenen zu kommenden Ereignissen. Wahrscheinlich, weil das Unterbewußtsein (Unbewußte) instinktiv erfaßt, welches zukünftige Geschehen einem vergangenen oder gegenwärtigen notwendigerweise folgen muß.
Es gäbe aber auch noch eine andere Möglichkeit, daß nämlich Ereignisse tatsächlich bereits in der Zukunft festgelegt sind und nur darauf warten, von uns ausgelöst zu werden.
Vergleichen wir beispielsweise Geschehnisse mit Stimmgabeln. Eine angeschlagene Stimmgabel kann eine gleichgestimmte zum Schwingen bringen.
Wie gewöhnlich, so hielt sich der Bischof Josef von Lanyi auch am 28. Juni 1914 in Großwardein auf. (Heute Hauptstadt der rumänischen Region Crisana und sechs Kilometer von der ungarischen Grenze entfernt.)
Gegen halb vier Uhr morgens wurde er durch die Intensität eines Traumes aus dem Schlaf gerissen: Im Traum hatte er gerade seine Morgenpost erhalten, auf der zuoberst ein Brief mit schwarzem Rand und Siegel lag. Als Sprachlehrer des österreichischen Thronfolgers erkannte der Bischof sofort dessen Handschrift und Wappen.

Er öffnete den Brief und sah am Briefkopf das farbige Bild eines Autos, in dem deutlich erkennbar das Kronprinzenpaar und diesem gegenüber zwei hohe Offiziere saßen. Plötzlich sprangen aus der Zuschauermenge zwei Männer heraus und schossen auf das Thronfolgerpaar.
Der Wortlaut des Traumbriefes war:

Euer Bischöfliche Gnaden! Lieber Doktor Lanyi!
Teile Ihnen hierdurch mit, daß ich heute mit meiner Frau in Sarajewo als Opfer eines politischen Meuchelmordes falle. Wir empfehlen uns Ihren frommen Gebeten und heiligen Meßopfern und bitten Sie, unseren armen Kindern auch fernerhin in Liebe und Treue so ergeben zu bleiben wie bisher.
Herzlichst grüßt Sie
Ihr Erzherzog Franz

Bischof Lanyi zeichnete den Brief um halb vier Uhr morgens und alle Einzelheiten des lebhaft in seiner Erinnerung gebliebenen Traumerlebnisses auf. Am Morgen erzählte er dann seiner Mutter und dem Kammerfräulein davon.
Das Attentat auf das österreichische Thronfolgerpaar folgte dem Traum zwölf Stunden später. Der Erste Weltkrieg brach aus.

Iserlohn 1849
Im Iserlohner Anzeiger Nr. 46 vom 7. Juni 1848 stand folgende Aufforderung:
Wie ich vielseitig höre, bezeichnet man mich für den Mann, der in jüngster Zeit das sinnlose Gerücht verbreitet, als sollte am Himmelfahrtstag ein gräßliches Morden und Blutvergießen stattfinden. Ich erkläre hiermit, daß ich solches nie gedacht noch ausgesprochen habe, und verspreche demjenigen

eine gute Belohnung, der mir den, der dieses Gerücht als von mir ausgehend verbreitet hat, so anzeigt, daß ich ihn gerichtlich verfolgen kann.
Lips, Hauderer (Kutscher) in Letmathe.

Am Himmelfahrtstag, dem 17. Mai 1849, ein Jahr nachdem die Anzeige in Iserlohn erschienen war, gab es in Iserlohn, der damals bedeutendsten Stadt der alten Grafschaft Mark in Westfalen, ein furchtbares Blutvergießen. Innerhalb kurzer Zeit starben vierzig Menschen und viele wurden verwundet.
Das Volk hatte sich auch in Iserlohn, wie in vielen anderen Städten, gegen die absolute Herrschaft des brandenburgischen Regimes erhoben. Darum marschierten am Himmelfahrtstag 1849 preußische Truppen in der aufrührerischen Stadt ein.
Nach anfänglicher Ruhe wurde unerwartet der von seinen Truppen herreitende Oberstleutnant Schrötter durch zwei Schüsse eines Heckenschützen getötet. In ihrer Wut stürmten darauf die Soldaten die Häuser und hinterließen bei ihrer Suche nach Waffen und Bewaffneten ein Blutbad.
Man kann die Zukunft auch mit einer Landschaft vergleichen, in der es zahllose Ortschaften gibt, und jede einzelne repräsentiert ein bestimmtes Ereignis. Und viele Wege führen zu den verschiedenen Orten. Doch obwohl wir die freie Wahl haben, den einen oder anderen Weg einzuschlagen, können wir auf einem bestimmten Weg unserer Wahl befindliche Orte nicht umgehen. Natürlich zweigt von jedem eingeschlagenen Weg wieder ein anderer ab, aber auch diese Wege führen uns immer wieder zu bestimmten anderen Ortschaften – oder Ereignissen.

Am ersten Oktober 1850 sollte wieder eine Parforcejagd stattfinden. Da sich Prinz Kraft zu Hohenlohe/Ingelfingen nicht wohl fühlte, sagte er ab und legte sich am Abend des 30. Septembers frühzeitig zu Bett.

Mitten in der Nacht schreckte er plötzlich aus einem Traum auf. Auf der Jagd war ihm sein Pferd durchgegangen, er schlug mit dem Kopf an einem Baum auf und lag mit gebrochenem Schädel am Waldboden.

Hier erwachte er.

Mit offenen Augen sah er sich selbst am Fußende des Bettes mit blutendem Gesicht am Boden liegen.

Hohenlohe setzte sich ungläubig im Bett auf und starrte hellwach auf sein Ebenbild am Fußende des Bettes, bis es langsam verschwand.

Im Zimmer war es stockdunkel.

Der Traum beunruhigte den Prinzen zwar, aber noch mehr verursachte ihm die Tatsache Unbehagen, daß er überhaupt beunruhigt war. Endlich schlief er wieder ein.

Wieder erwachte er, wieder betrachtete er im Wachzustand sein blutendes Ich vor dem Bett. Und wieder verschwand die Vision nach geraumer Zeit. Inzwischen sah er in der Morgendämmerung deutlich alle Einrichtungsgegenstände seines Schlafzimmers. Seinem Unbehagen zum Trotz beschloß er, nun gerade an der Jagd teilzunehmen. Und wenn auch nur aus dem Grund, »um sich von seinem Aberglauben zu heilen«.

Die Jagdteilnehmer trafen sich am Stern, und hier erzählte der Prinz seinem Bruder Friedrich Wilhelm sein Traumerlebnis. Beide lachten darüber.

Die Jagd begann, und sofort ging das Pferd des Prinzen durch, scheute im immer dichter werdenden Wald, bis sich der Prinz an einem Baum den Kopf aufschlug. Als er aus seiner Ohnmacht kurz zu sich kam, lag er auf dem Waldboden. Seine rechte Gesichtshälfte war völlig aufgerissen, und aus dem Auge floß Blut, sein Schädel war teilweise skalpiert und ge-

brochen. Das Pferd mußte ihn im Steigbügel mitgeschleift haben.
Prinz zu Hohenlohe/Ingelfingen wurde gefunden und in die Potsdamer Wohnung seines Bruders transportiert. Er kam erst nach drei Tagen wieder zu Bewußtsein.
Als er einen Spiegel verlangte, stellte er fest, daß seine Verletzungen unter dem Verband genau mit denen identisch waren, die er in der Nacht vom 30. September zum 1. Oktober im Traum- und Wachzustand an sich selbst gesehen hatte.
(Nacherzählt aus: »Denkwürdiges aus meinem Leben«, Band I, 1897 von General Prinz Kraft zu Hohenlohe/Ingelfingen.)

Aber nicht nur drastische Erlebnisse im Zusammenhang mit Tod und Blutvergießen werden vorausgesehen oder vorausgeträumt, sondern oft auch ganz banale, alltägliche Ereignisse. In seinem »Versuch über Geistersehen und was damit zusammenhängt« erzählt der Philosoph Arthur Schopenhauer (1788–1860):
Endlich werden aber auch andere, mitunter ziemlich geringfügige Begebenheiten von einigen Menschen haarklein vorhergeträumt, wovon ich selbst durch eine unzweideutige Erfahrung mich überzeugt habe. Ich will diese hersetzen, da sie zugleich die strenge Notwendigkeit alles Geschehenden, selbst des allerzufälligsten, ins hellste Licht stellt.
An einem Morgen schrieb ich mit großem Eifer an einem langen und für mich sehr wichtigen englischen Geschäftsbrief; als ich die dritte Seite fertig hatte, ergriff ich statt des Streusandes das Tintenfaß und goß es über dem Brief aus: vom Pult floß die Tinte auf den Fußboden.
Die auf mein Schellen herbeigekommene Magd holte einen Eimer und scheuerte damit den Fußboden, damit die Flecke nicht eindrängen. Während dieser Arbeit sagte sie zu mir:

»Mir hat diese Nacht geträumt, daß ich hier Tintenflecke aus dem Fußboden ausriebe.«
Worauf ich: »Das ist nicht wahr!«
Sie wiederum: »Es ist wahr, und ich habe es nach dem Erwachen der anderen, mit mir zusammen schlafenden Magd erzählt.« Jetzt kommt zufällig diese andere Magd, etwa siebzehn Jahre alt, herein, die scheuernde abzurufen. Ich trete der Eintretenden entgegen und frage: »Was hat der da diese Nacht geträumt?«
Antwort: »Das weiß ich nicht.«
Ich wiederum: »Doch, sie hat es dir ja beim Erwachen erzählt.«
Die junge Magd: »Ach ja, ihr hatte geträumt, daß sie hier Tintenflecke aus dem Fußboden reiben würde.«
Diese Geschichte, welche, da ich mich für die genaue Wahrheit derselben verbürge, die theorematischen Träume außer Zweifel setzt, ist nicht minder dadurch merkwürdig, daß das Vorhergeträumte die Wirkung einer Handlung war, die man unwillkürlich nennen könnte, sofern ich sie ganz und gar gegen meine Absicht vollzog und sie von einem ganz kleinen Fehlgriff meiner Hand abhing; dennoch war diese Handlung so streng notwendig und unausbleiblich vorbestimmt, daß ihre Wirkung, mehrere Stunden vorher, als Traum im Bewußtsein eines anderen stand. Hier sieht man aufs deutlichste die Wahrheit meines Satzes: Alles, was geschieht, geschieht notwendig ...

Wie exakt Ereignisse vorausgesehen werden können, zeigt das folgende, unter der Aufsicht des holländischen Professors W. H. C. Tenhaeff von der Universität Utrecht ausgeführte Experiment: Der berühmte Sensitive (Medium mit übersinnlichen Fähigkeiten) Gerard Croiset gab dafür am 19. Oktober 1949 in Groningen, zwei Stunden vor Beginn eines Demonstrationsabends, einen eindringlichen Beweis. Im Verlauf des Experiments sagte er aus: »Ich sehe eine Dame mit Hochfrisur auf dem vierten Platz von links in der dritten Reihe sitzen. Sie ist etwa 55 Jahre alt und trägt eine feingliedrige Metallkette mit einem Anhänger. Sie hat Schmerzen im rechten großen Zeh. Der Schuh drückt. Eines ihrer drei Kinder will nach Amerika auswandern. Es taucht eine Mauer auf. Es muß eine Klostermauer sein. Mir drängt sich ein Bild auf. Die Dame spielt dort als Kind mit Murmeln. Sie bekommt furchtbaren Streit mit einem Jungen.«

Nach zwei Stunden bestätigen sich Croisets Aussagen. Eine ihm nachweislich unbekannte Dame setzte sich auf den vorausgesagten, ihr vom Schicksal »vorbestimmten« Platz.

Die von Croiset beschriebenen Einzelheiten bewahrheiteten sich bis ins Kleinste.

1927 veröffentlichte der Engländer J. W. Dunne ein vieldiskutiertes Buch, das heute noch genauso aktuell ist wie damals; sein Titel: »An Experiment with Time« (Ein Experiment mit der Zeit). Dieses Buch resultiert aus Traumanalysen und Experimenten, in denen Dunne nachweist, daß praktisch jeder Mensch zukünftiges Geschehen in Träumen vorauserlebt.

Meistens sind allerdings die in Träumen vorausgegangenen künftigen Ereignisse so trivialer Natur, daß man sich bei ihrem tatsächlichen Eintritt nicht mehr daran erinnert. Es sind fast immer nur die drastischen Geschehnisse, die man mit einem vorangegangenen Traumerlebnis in Verbindung bringt.

J. W. Dunnes Interesse an diesem Phänomen erwachte, als er durch eigene Träume auf diese Tatsache stieß. So schreibt er u. a.: »Im Frühling 1902 befand ich mich im Lager der sechsten Kompanie des berittenen Infanterie-Regiments in der Nähe der Ruinen von Lindley im damaligen Orange Free State (Oranjefreistaat – eine der Burenrepubliken). Wir hatten die Ochsenwagen gerade verlassen und das Lager aufgeschlagen. Post und Neuigkeiten erreichten uns selten.

Eines Nachts hatte ich einen eindringlichen und ziemlich unangenehmen Traum.

Ich schien mich auf einer Anhöhe zu befinden. Auf den obersten Abhängen eines Hügels oder Gebirgsvorsprungs. Die Bodenformation sah sonderbar weiß aus und wurde hie und da durch schmale Spalten aufgerissen, aus denen Dampfwolken aufstiegen.

In meinem Traum erkannte ich eine Insel, von der ich schon früher geträumt hatte. Eine Insel, die ein Vulkanausbruch bedrohte. Als ich die Dämpfe vom Grund aufsteigen sah, stieß ich hervor: »Großer Gott, das ist die Insel! Sie wird im nächsten Augenblick in einem Vulkanausbruch explodieren.« Denn ich erinnerte mich in meinem Traum daran, über Krakatoa gelesen zu haben (vulkanische Insel in der Sudanstraße zwischen Sumatra und Java). – Dort hatte sich das Meer durch eine Spalte im Seeboden seinen Weg in das Herz eines Vulkans gebahnt und eine Sprengwirkung verursacht, die den ganzen Berg in die Luft jagte. (Vulkanausbruch von 1883.)

Ich war daher von dem fanatischen Wunsch besessen, die viertausend ahnungslosen Inselbewohner, ich kannte die Zahl, zu retten.

Offensichtlich bestand nur die eine Möglichkeit, sie durch Schiffe von der Insel abzutransportieren.

Es folgte das aufreibende Erlebnis, wie ich auf einer anderen, benachbarten Insel die skeptischen französischen Autoritäten zu überzeugten suchte, Schiffe, gleich welcher Art, für die Evakuierung der Inselbevölkerung bereitzustellen. – Ich wurde von einer Dienststelle zur anderen abgeschoben.

Plötzlich sah ich mich angeklammert an die Köpfe eines Pferdegespanns, das einen »Monsieur le Maire« in der Kutsche zum Essen fuhr. Auf mein Drängen bestellte er mich für den nächsten Tag in sein Büro. Während des ganzen Traumes quälte mich die große Anzahl der sich in Gefahr befindlichen Menschen. Und ich wiederholte die Zahl jedem, den ich im Verlauf des Traumes traf. Von meinen strapaziösen Traumbemühungen und mit den Worten »Hören Sie doch, 4 000 Menschen werden sterben«, erwachte ich ... Ich weiß nicht mehr, wann wir unsere nächste Post und Zeitungen erhielten. Jedenfalls befand sich der »Daily Telegraph« darunter. Als ich das Mittelblatt aufschlug, sprangen mich die Schlagzeilen an:

VOLCANO DISASTER
in
MARTINIQUE
Town swept away
AN AVALANCHE OF FLAME
probable Loss of over
40 000 Lives
British steamer burnt

(Vulkankatastrophe in Martinique. Stadt weggefegt. Eine Flammenlawine. Wahrscheinlicher Verlust an Menschenleben über 40 000. Britischer Dampfer brannte.)
»Einer der grauenhaftesten Unglücksfälle in den Annalen der Geschichte hat die einst blühende Stadt St. Pierre, Handelsmetropole der französischen Insel Martinique in den Westindischen Inseln, heimgesucht. Am Donnerstag um 8 Uhr früh brach der für ein Jahrhundert ruhende Vulkan Mont Pelée aus ...«

J. W. Dunne ist der Ansicht, daß Zeit mehr als eine Dimension hat und wir deshalb Zukünftiges vorausträumen.
Ein Ereignis kann also in der einen Zeitdimension bereits passiert sein, während es in einer anderen Zeitdimension noch kommen wird. Im Traum wird demnach ein Ereignis gezeigt, das in dieser Zeitdimension bereits eintrat, während dasselbe Ereignis in der anderen Zeitdimension erst noch zu erwarten ist.
Übrigens ist eine Zeitdimension nach Dunne für jeden Beobachter eine Dimension, in der alle Geschehnisse, die er erlebt, in einer bestimmten Sequenz zu folgen scheinen – eine Dimension, in der ein Beobacher (oder seine Beobachtung) sich nicht rückwärts bewegen, um dadurch nicht die Reihenfolge von Ereignissen zu stören.
Doch im Lauf der Zeit haben sich schon viele den Kopf über das Phänomen Zeit zerbrochen.

Zeitreisen

»Gescheite Leute«, sagte der Zeitreisende, »wissen ganz genau, daß Zeit nur eine Art Raum ist.«

H. G. Wells

[illegible]

[illegible]

[illegible]

[illegible]

[illegible]

[illegible]

[illegible]

[illegible]

Der Mensch hat sich, seit in ihm das Bewußtsein erwachte, Gedanken über die Zeit gemacht.
Sein Erleben von Licht und Dunkel, Schmerz und Wohlbefinden, Kummer und Freude, Geburt und Tod hat ihm die Unentrinnbarkeit der Zeit offenbart. Durch sein Erinnerungsvermögen wurde er an die Vergangenheit erinnert, durch die Notwendigkeit, für Unterkunft und Nahrung zu sorgen, wurde er an die Zukunft gemahnt.
Denn in ewig sich wiederholendem Zyklus folgt die Nacht dem Tage, folgt eine Jahreszeit der anderen, reiht sich ein Jahr an das andere.
Kalender wurden erstellt, um die stets wiederkehrenden Zeitabschnitte festzuhalten.
Dabei war niemand so von Zeit besessen wie die Mayas. Für sie war Zeit eine Art Zauberkreis, der sich aus immer wiederkehrender Pflichterfüllung zusammensetzte. Befahl es ihr Kalender, wurden Bauten errichtet, nicht weil es notwendig war. Leben und Wissenschaften, alles wurde diesem erstaunlich exakten Kalender und den Sternen untergeordnet. Denn das Wichtigste im Leben der Mayas war eine ständig wiederkehrende Vergangenheit. Sie glaubten, die Geschichte wiederhole sich in einem 260jährigen Zyklus bis in alle Ewigkeit. So schlossen sich für sie Vergangenheit, Gegenwart und Zukunft in einem stetig kreisenden Ring.
Für die Babylonier stand die Zeit in festem Zusammenhang mit Sonne, Mond- und Planetenbewegungen. Leben und Schicksal der Menschen hing von den Sternen ab.
Die Griechen, besonders die Stoiker, nahmen an, daß Zeit vom Geschick des Kosmos abhängig sei. Das Universum würde zwar untergehen, aber genauso wie es war wieder entstehen mit allem, was jemals gelebt hatte.
Mit der Christenheit gewann dann der Begriff einer linear fort-

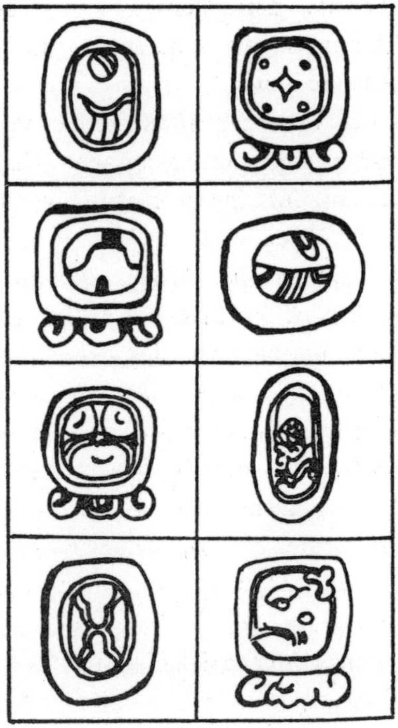

Maya-Kalender

schreitenden Zeit Gestalt. Denn das Grundkonzept der christlichen Weltanschauung läßt keine Wiederholungen zu. Alles läuft auf einen einzigen Punkt hinaus – den Jüngsten Tag.

Während des ganzen Mittelalters waren die Meinungen über die Beschaffenheit der Zeit geteilt. Die einen glaubten an zyklische Wiederholungen, die anderen an eine linear kontinuierlich fortschreitende Zeit.

Galilei spricht sich in seinen 1638 erschienen »Unterhaltungen und Beweisführungen über zwei neue Wissenszweige« in seiner Zeitauffassung für eine geometrisch gerade verlaufende Linie aus und nicht für ein Zeitrad.

Der englische Mathematiker Isaak Barrow (1630–1677), Lehrer von Isaak Newton, betrachtete Zeit als notwendigermaßen mathematisches Konzept, das einer Linie in vieler Hinsicht gleicht. Denn diese besteht nur aus Länge, ist in allen Teilen gleich und kann entweder als einfache Addition aneinandergereihter Momente oder als ununterbrochener Verlauf eines Augenblicks angesehen werden. Ferner glaubte Barrow, daß unabhängig davon, ob sich etwas bewegt oder stillsteht, ob wir schlafen oder wachen, Zeit ihren ununterbrochenen Verlauf fortsetzt.

Und Isaak Newton, sein Nachfolger, vertritt die Ansicht in seinem 1686 erschienenen »Philosophiae Naturalis Principia Mathematica«, daß Zeit absolut ist wie auch Raum.

Er schreibt, absolute Zeit bleibt aufgrund ihrer Natur, ohne Bezug auf und unabhängig von Materie, immer gleich.

Doch bereits sein eigenes Gesetz der Klassischen Mechanik beschränkte Newtons absoluten Raum und seine absolute Zeit.

Läßt zum Beispiel der Steward eines Ozeanriesen in der Messe einen Teller fallen, fällt dieser mit der gleichen Geschwindigkeit senkrecht zu Boden wie der Teller, den ein Ober im Hiltonhotel in New York fallen läßt.

Es spielt dabei keine Rolle, daß sich der Passagierdampfer rasch durch die Wellen bewegt, während das Hiltonhotel unbeweglich auf seinem Platz steht.

Innerhalb des Schiffes gibt es nichts, das seine Bewegung durch die Wellen beweisen könnte (wenn man nicht hinausschaut).

Die Begriffe absoluter Raum und absolute Zeit treffen im Grunde nicht zu. Denn erst Objekte und ihre physikalischen Gesetze bestimmen Raum und Zeit.

1905 begann Albert Einstein (1879–1955) sich mit dem Begriff Zeit auseinanderzusetzen.

Zuerst einmal versuchte er, die elektromagnetische Theorie der Lichtwellen des englischen Physikers James Clerk Maxwell (1831–1879) mit der übrigen Physik, die sich auf Newtons Klassische Mechanik stützte, in Einklang zu bringen.

Als man entdeckte, daß sich Licht wellenförmig fortbewegt und diese Lichtwellen verschiedene meßbare Längen und Frequenzen haben, verglich man sie mit Schallwellen.

Da Schallwellen ein Medium zur Fortbewegung brauchen, wie z. B. Wasser, Luft oder feste Materie, setzte man voraus, daß es sich mit Lichtwellen genauso verhalten müsse.

Aber Licht bewegte sich auch durch ein Vakuum vorwärts, folglich mußte dieses Medium auch im Vakuum existieren.

Man suchte lange, aufwendig und erfolglos nach diesem »Äther« genannten Medium.

Um den Nachweis von Äther zu erbringen, vermaßen die amerikanischen Physiker A. Michelson und E. Morley 1887 die Lichtgeschwindigkeit gleichzeitig nach zwei verschiedenen Richtungen. Sie waren der Ansicht, wenn die eine Richtung ebenso verläuft wie die der Erde um die Sonne und die andere im rechten Winkel dazu, müßten sich die zwei Ergebnisse für die Lichtgeschwindigkeit unterscheiden, wenn Äther vorhanden wäre.

Aber die erhaltenen Ergebnisse waren absolut identisch.
Auch andere Experimente bewiesen, daß Lichtgeschwindigkeit eine universale Konstante ist. Insbesondere bestätigte das Studium von Doppelsternsystemen die Konstanz der Lichtgeschwindigkeit.
Denn Doppelsterne umkreisen ein gemeinsames Gravitationszentrum. Während sich nun der eine Stern von uns entfernt, kommt uns der andere näher. Schließlich tritt das Gegenteil ein. Der erste Stern bewegt sich wieder auf uns zu, und der zweite entfernt sich.
Der springende Punkt dabei ist, daß das Licht beider Sterne die gleiche Zeit braucht, um die Erde zu erreichen, ganz egal, in welcher Richtung sich die Sterne bewegen.
Nach letzten Messungen legt das Licht $2{,}99793 \times 10^8$ m/sek. zurück. Das bedeutet einen abgerundeten Wert von etwa 300 000 km/sek. im Vakuum.
Die Theorie war also bestätigt, daß die Lichtgeschwindigkeit von der Geschwindigkeit der Lichtquelle selbst absolut unabhängig ist.
Nachdem sich nun Albert Einstein 1905 mit den Experimenten im Zusammenhang mit dem Ätherproblem beschäftigt hatte, legte er seine Spezielle Relativitätstheorie fest. Er folgerte darin erstens, daß der Nachweis von Äther nicht erbracht werden kann. Zweitens kam er zu dem fundamentalen Schluß, daß Lichtgeschwindigkeit relativ zum Beobachter immer gleich ist.
Um Einsteins erstes Prinzip zu erklären, wollen wir im Geist eine Reise in den Raum antreten. Wir besteigen ein Raumschiff und verlassen die Erde mit einer stetigen Geschwindigkeit von 50 000 Stundenkilometern. Die Erde ist lange hinter uns und nichts als das Weltraumdunkel um uns.
Plötzlich nähert sich uns ein Licht. Hinter uns holt ein ande-

res Weltraumschiff sichtlich auf und zieht an uns vorbei. Dabei erreicht uns über Funk die Frage des anderen Raumschiffkapitäns: »Was ist denn los, warum steht ihr still, ist etwas passiert?«

Wir wissen natürlich, daß sich unser Raumschiff fortbewegt. Aber beweisen können wir es nicht.

Nachdem das andere Raumschiff vorbeizog und bereits wieder im Dunkel verschwunden ist, wird zwar offensichtlich, daß es viel schneller sein muß als wir. Außerdem läßt sich anhand unserer Instrumente leicht errechnen, daß die Geschwindigkeit des anderen Schiffs in bezug auf unser eigenes 10 000 Stundenkilometer beträgt. Aber das ist auch alles. Da unsere eigene Geschwindigkeit beim Start von der Erde 50 000 Stundenkilometer betrug, können wir nur vermuten, daß das andere Raumschiff mit 60 000 Stundenkilometern durch den Raum zieht, uns also mit 10 000 Kilometern in der Stunde überholte. Aber ob das stimmt, ist die zweite Frage. Es wäre genauso möglich, daß wir uns – in bezug auf die Erde – mit 10 000 und das andere Schiff sich mit 20 000 Stundenkilometern entfernen. Aber ebenso könnte es sein, daß das andere Schiff stillsteht, während wir uns der Erde rückwärts mit 10 000 Stundenkilometern nähern.

Wir würden also in unserem Raumschiff ohne ein stationäres Bezugsobjekt nie erfahren, wer sich fortbewegt, wir oder die anderen. Und falls überhaupt eines von beiden Raumschiffen stillsteht – welches? Auch die besten Instrumente können da nicht helfen.

Es ist beim besten Willen nicht möglich, von absoluter Bewegung zu sprechen, sondern nur von Bewegung relativ zu etwas anderem. Auch ein Beobachter kann keine eigene Ruhestellung voraussetzen.

Und auf diesem Grundsatz, daß alle Bewegung relativ ist, beruht die Einsteinsche Relativitätstheorie.

Im Universum bewegt sich alles. Die Erde dreht sich um sich selbst und zieht in ihrem Kreislauf um die Sonne. Diese bewegt sich wiederum relativ zu anderen Sternen innerhalb unserer Milchstraße, die auch rotiert und sich relativ zu anderen Sternensystemen bewegt. Alles bewegt sich also relativ zueinander. – Es gibt daher keinen Himmelskörper, der uns als stationäres Bezugssystem dienen könnte.

Falls es also Äther gäbe, könnte er nicht festgestellt werden. Denn stationärer Äther wäre dann das einzige Bewegungslose im Universum, weil er sich in absoluter Bewegung befände.

Da sich aber nur relative Bewegung bestimmen läßt, kann Äther nicht nachgewiesen werden.

Erinnern wir uns noch einmal an unser Schiffsexperiment. Innerhalb eines Schiffes läßt sich nicht feststellen, ob es sich fortbewegt oder stillsteht.

Und ebensowenig läßt sich feststellen, ob sich die Erde durch Äther (falls er existieren würde) bewegt oder nicht.

Das folgende Beispiel zeigt die revolutionäre zweite Einsteinsche Schlußfolgerung.

Ein Polizeiwagen verfolgt Bankräuber mit hundert Stundenkilometern. Dabei schießen die Polizeibeamten auf die Reifen der Gangster, und ihre Kugeln verlassen die Revolver ebenfalls mit beispielsweise hundert Stundenkilometern.

Relativ zu den Polizisten entfernen sich also die Kugeln mit 100 Stundenkilometern. – Aber relativ zum Boden beträgt die Geschwindigkeit der Kugeln 200 Stundenkilometer, denn ilre Geschwindigkeit wird durch die Fahrtgeschwindigkeit verdoppelt.

Danach sollte man eigentlich annehmen, daß die Lichtwellen einer sich uns nähernden Lichtquelle schneller sein müßten als die einer entweichenden. Aber das stimmt nicht, wie die Spezielle Relativitätstheorie beweist.

Wir wissen, daß sich eine Lichtwelle mit rund 300 000 km/sek, relativ zum Beobachter, fortbewegt. Ob sich Beobachter oder Lichtquelle dabei aufeinander zu- oder voneinander wegbewegen, spielt nicht die geringste Rolle. Die Geschwindigkeit des Lichts bleibt unverändert.

Durch die Relativitätstheorie wurde Newtons Mechanik verändert. Für Newton waren Zeit und Raum zwei getrennte Begriffe, die ihn zum Konzept einer realen Ewigkeit führten.

Dagegen beweist die Relativitätstheorie, daß Zeit und Raum, genau wie Masse und Energie, praktisch immer nur in enger Verbindung miteinander Gültigkeit haben.

Das zeigt, daß keine einzelne Dimension absolut ist, sondern immer nur das Ganze.

Die Länge eines sich schnell bewegenden Objekts verkürzt sich, beziehungsweise schrumpft für den Beobachter.

Das ist ein Grund für die Konstanz der Lichtgeschwindigkeit.

Kommen wir noch einmal auf unsere Raumschiffe zurück. Beide, Raumschiff A und Raumschiff B, sind zwanzig Meter lang. Wenn sie nun mit der gleichen Geschwindigkeit nebeneinander herfliegen – also relativ zueinander stehen –, würden die Raumschiffskapitäne die gegenseitige Länge ihrer Schiffe auch mit zwanzig Metern vermessen.

Beschleunigt sich nun Raumschiff B von A mit 150 000 km/sek fort (halbe Lichtgeschwindigkeit), würde Raumschiff-A-Kapitän feststellen (wenn er vermessen könnte), daß Raumschiff B nur noch 17 Meter lang ist.

Beschleunigt nun Raumschiff B auf $^{9}/_{10}$ der Lichtgeschwindigkeit = 270 000 km/sek gegenüber A, würde B für A nur noch zehn Meter messen.

Mißt allerdings jeder Kapitän sein eigenes Raumschiff, bleibt es bei jeder Geschwindigkeit unverändert zwanzig Meter lang. Aber für den Beobachter verkürzt sich ein Objekt bei zunehmender Geschwindigkeit mehr und mehr und wird bei Annäherung an die Lichtgeschwindigkeit für diesen unendlich kurz. Tatsächlich ist auch ein Kilometer bei 150 000 km/sek kürzer als ein stationärer Kilometer – ein weiterer Grund für die Konstanz der Lichtgeschwindigkeit –, da in der Relativitätstheorie absoluter Raum nicht existiert.

Die Zunahme der Masse eines sich fortbewegenden Objekts für den Beobachter ist ebenfalls Voraussetzung der Speziellen Relativität.

Das heißt, bei Annäherung an die Lichtgeschwindigkeit wird die Masse eines Raumschiffes zum Beispiel für den Beobachter immer massiver, um mit der Lichtgeschwindigkeit unendlich massiv zu werden.

Diese Relation bestätigte sich in Experimenten an schnellfliegenden Elektronen.

Auch Zeit wird durch Bewegung beeinflußt, denn für ein sich schnell fortbewegendes Objekt vergeht die Zeit langsamer. Es wurde immer als selbstverständlich angenommen, daß Zeit für alles und überall im Universum gleichmäßig abläuft.

Doch auch diese Ansicht wurde durch die Relativitätstheorie revidiert. Denn für zwei Beobachter, die sich relativ zueinander bewegen, vergeht die Zeit unterschiedlich.

Und noch einmal zurück zu unseren Raumschiffen.

Wenn diese nämlich mit hoher Geschwindigkeit aneinander vorbeifliegen, vergeht paradoxerweise die »Eigenzeit« der Insassen eines jeden Raumschiffes schneller als die der Insassen des anderen Raumschiffes.

Auch diese Tatsache wurde in Experimenten nachgewiesen.

In der natürlichen Höhenstrahlung finden sich sogenannte Mesonen (mittelschwere, nach kurzer Lebensdauer zerfallen-

de Elementarteilchen), deren Lebensdauer länger ist als die der im Labor künstlich erzeugten Mesonen gleicher Art.
Dafür fand man erst eine Erklärung, als sich herausstellte, daß sich die Mesonen der Höhenstrahlung gegenüber den experimentell erzeugten mit beinahe Lichtgeschwindigkeit fortbewegen.
Erst durch die Relativitätstheorie war es möglich zu errechnen, daß die Höhenstrahlenmesonen zwar in der »Laborzeit« 100mal länger lebten, in ihrer »Eigenzeit« aber die gleiche kurze Lebensdauer hatten wie die langsameren, experimentell erzeugten Mesonen.
Das gleiche trifft auf die Insassen der beiden aneinander vorbeifliegenden Raumschiffe zu.
Durch ein weiteres Experiment – ein Uhrenparadoxon – soll die Zeitverschiebung noch einmal verdeutlicht werden.
Kürzlich umflogen zwei amerikanische Physiker, J. Hafele und R. Keating, unseren Planeten zweimal in verschiedener Richtung, ostwärts und westwärts.
Bewaffnet mit vier äußerst genau gehenden Atomuhren, wollten sie der Zeit zu Leibe rücken. Durch dreizehn Landungen und Wiederaufstiege summierte sich, relativ zur Erde, eine ganz beträchtliche Beschleunigung.
Wie sich herausstellte, liefen die Uhren oben tatsächlich anders als unten. In östlicher Richtung ließen sie sich Zeit und gingen 50 Nanosekunden (1 Nanosekunde = 1 milliardstel Sekunde) nach. In westlicher Richtung beeilten sie sich dafür um so mehr und gingen 140 Nanosekunden vor. Offensichtlich spielt hier auch die Erdrotationsbewegung eine Rolle.
Könnten sich nun die Effekte der Relativitätstheorie etwa vorteilhaft auf irdische Zukunftsprojekte der interstellaren Raumfahrt auswirken?
Es ist durchaus möglich, daß Wissenschaft und Technologie

eines Tages in der Lage sind, alle Probleme zu lösen, die mit der Konstruktion eines Raumschiffes, das annähernd Lichtgeschwindigkeit erreicht, zusammenhängen.

Unternehmen wir bis dahin erst einmal eine gedankliche Zeitreise in die Zukunft.

Ingenieure haben den interstellaren »Ramjet« entwickelt. Dieser Ramjet ist äußerst genügsam und braucht kaum Treibstoff mitzunehmen. Denn unterwegs findet er überall seine stetig »fließende« Tankquelle – interstellare Wasserstoffatome. Davon gibt es genug. Nach Schätzungen sind auf je ein cm^3 je ein Wasserstoffatom im interstellaren Raum verteilt. Hinzu kommt die Ansammlung der vielen, weit dichteren Wasserstoffwolken. Ausreichend, um den Ramjet bei Annäherung an die Lichtgeschwindigkeit ständig mit diesem dünnen Gas zu versorgen.

Der Ramjet selbst ist das Zentrum einer elektromagnetischen Feldstörung, die sich über hundert oder tausend Kilometer radial um ihn ausbreitet.

Während des Fluges wird interstellares Gas ionisiert und durch das magnetische Feld zu einem Reaktionsbereich innerhalb oder in der Nähe des Ramjet abgelenkt.

Durch Fusion wird also Energie erzeugt.

Die nicht umgewandelte Masse wird durch die freigegebene Energie nach rückwärts beschleunigt. So wird der Rückstoß produziert. Da dieser Rückstoß konstant ist, kann die notwendige Geschwindigkeit für interstellare Raumfahrt erreicht werden.

Dieser Ramjet steht also jetzt auf der Startrampe.

Die letzten Vorbereitungen für die Reise zum rund 11 Lichtjahre entfernten Stern Epsilon Eridani sind abgeschlossen.

Das Durchschnittsalter der Besatzung ist 30 Jahre.

Wenn das Ziel erreicht ist, hoffen die Astronauten einen von intelligentem Leben besiedelten Planeten des Epsilon Eridani zu finden.

Auf einem gleißenden Strahl hebt sich der Ramjet in den Nachthimmel und ist bald den Blicken entschwunden.

Durch die konstante Beschleunigung erreicht das Raumschiff schon nach acht Tagen eine Reisegeschwindigkeit von 20 Millionen Stundenkilometern. Und die Erde liegt bereits mehr als fünf Milliarden Kilometer zurück.

Ende des achten Monats fliegt der Ramjet bereits mit $^2/_3$ der Lichtgeschwindigkeit. Und da beginnen die Astronauten an ihren Navigationsinstrumenten zu zweifeln.

Denn sie stellen zu ihrem Erstaunen fest, daß sie in diesen acht Monaten bereits ein Viertel der Gesamtentfernung hinter sich gebracht haben.

Epsilon Eridani ist anscheinend nicht 11 Lichtjahre von der Erde entfernt, sondern nur achteinviertel. Aber wieso betrug die Entfernung von der Erde aus 11 Lichtjahre?

Die Astronauten sind so verwirrt, daß sie ihre Ergebnisse wiederholt überprüfen und sofort ihre genaue Entfernung von der Erde feststellen.

Aber damit wird das Durcheinander nur noch größer.

Denn sie sind nicht etwa, wie sich aus den Entfernungsberechnungen zu Epsilon Eridani ergeben müßte, zweidreiviertel Lichtjahre von der Erde entfernt, sondern nur ein Viertel *der* Strecke, die sie in acht Monaten zurückgelegt haben müßten. Die Erde ist viel näher als erwartet.

Der vor dem Reiseantritt feststehenden Entfernung zum Hohn, hat sich diese um ein Viertel verkürzt!

Schließlich fällt den Astronauten die Relativitätstheorie ein, nach der Raum nicht absolut ist.

Die festgestellte Verkürzung der Entfernung muß danach mit der Geschwindigkeit des Ramjet, in bezug auf die Erde und Epsilon Eridani, zusammenhängen.

Modell eines Photonenraumschiffs Erreicht annähernd Lichtgeschwindigkeit.

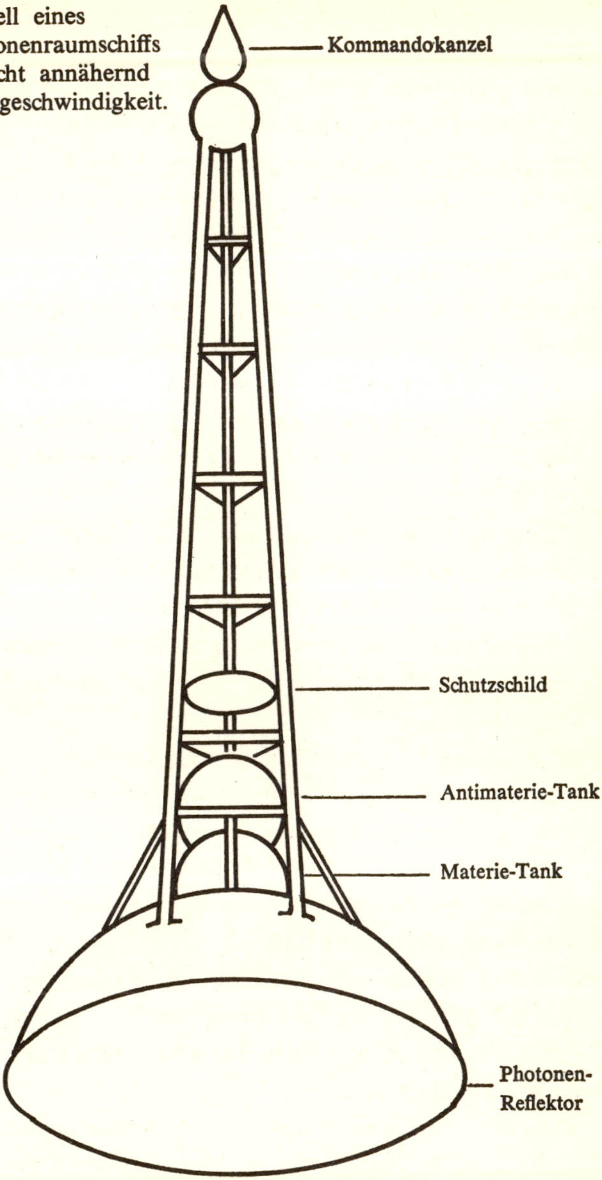

Da der Ramjet nach acht Monaten $^2/_3$ der Lichtgeschwindigkeit erreicht hat, verkürzt sich die Entfernung um $^1/_4$.
Nach weiteren vier Monaten nähern sie sich durch die ständige Beschleunigung der Lichtgeschwindigkeit, und nun wirkt sich die Raumkontraktion dermaßen aus, daß sich die Entfernungen im Kosmos praktisch auf Null verkürzen.
Im Zeitraum eines Jahres wird der Ramjet dann abgebremst, um auf einem (hypothetischen) Planeten des Epsilon Eridani landen zu können.
Die ganze Reise zu diesem rund 11 Lichtjahre entfernten Stern hat also nur zwei Jahre gedauert. Ein Jahr zur Beschleunigung auf annähernd Lichtgeschwindigkeit und ein weiteres zum Abbremsen. Zu ihrer Enttäuschung finden die Astronauten an ihrem Bestimmungsort kein Leben vor und kehren deshalb sofort wieder um in Richtung Erde.
Sie beschleunigen ihren Ramjet über ein Jahr wieder bis auf beinah Lichtgeschwindigkeit und bremsen ihn über ein weiteres ab, um wieder auf der Erde landen zu können.
Alles in allem waren sie rund vier Jahre von zu Hause fort und sind nun inzwischen 34 Jahre alt. Froh, endlich wieder Frau und Kinder zu sehen, verlassen die Astronauten den gelandeten Ramjet. Aber alles ist anders. Sie kennen nichts wieder, und niemand kennt sie. Frau und Kinder sind längst verstorben, und die Ur-Ur-Enkel . . . kennen sie nicht.
Im Raumschiff lief die Zeit langsamer ab, so haben sie gegenüber den auf der Erde Zurückgebliebenen von der Zeitdilatation profitiert und landeten deshalb bei ihrer Rückkehr in der Zukunft. Je mehr sich ein Raumschiff der Lichtgeschwindigkeit nähert, desto größer wird die Differenz zwischen Erdzeit und Raumschiffzeit. So wird eine irdische Stunde in einem Raumschiff, das sich mit 96% der Lichtgeschwindigkeit fortbewegt zu 17 Minuten; bei 97% zu 15 Minuten; bei 98% zu

12 Minuten und bei 99% der Lichtgeschwindigkeit zu 6 Minuten.

Wenn auch die Astronauten in unserem vorhergehenden Beispiel kein außerirdisches Leben fanden, so bedeutet das nicht, daß die Chancen dafür gering sind.

Genau das Gegenteil ist der Fall.

Aber es hat lange gedauert, bis die Wissenschaft diese Erkenntnis eingestand.

Die Gelehrten sahen 1 500 lange Jahre in der Erde den Mittelpunkt des Universums. Dann mußten sie die Tatsache anerkennen, daß die Erde die Sonne umkreist und hatten sich damit ein neues Zentrum des Universums geschaffen. Aber auch dabei blieb es nur so lange, bis sich zeigte, daß unsere Sonne nur *ein* Stern unter vielen *Milliarden* Sternen in unserer Milchstraße ist. Nicht genug damit, ist unser Sternensystem auch nur eines unter vielen Milliarden im Universum.

Die Illusion, daß wenigstens unsere Sonne Mittelpunkt der Milchstraße ist, nahm uns dann vor etwa 50 Jahren der Harvard-Astronom Harlow Shapley. Er degradierte unser Sonnensystem ganz einfach zu einem unbedeutenden Vorort der Milchstraße, der etwa 30 000 Lichtjahre vom Zentrum entfernt ist.

Unsere Milchstraße hat etwa die Größe von 80 000×100 000 Lichtjahren. Sie ist linsenförmig, und ihre längst vermuteten Spiralarme konnten erst durch die Radioastronomie nachgewiesen werden. An der Kante eines solchen Spiralarms befindet sich unser Sonnensystem und umkreist das galaktische Zentrum einmal in 225 000 000 Jahren. Heute weiß man mit ziemlicher Sicherheit, daß unter den ca. 150 Milliarden Sternen in unserer Milchstraße viele Planeten führen, die von einer lebensfördernden Temperaturzone (Oekosphäre) umgeben sein müssen. So untersuchte beispielsweise der amerikanische Astronom

Peter van de Kamp 60 unserer Nachbarsterne auf Unregelmäßigkeiten. Unter den 60 Sternen fand van de Kamp sieben mit dunklen Begleitern – Planeten. Und der sechs Lichtjahre entfernte Barnard-Stern wird von dem kleinsten der bisher entdeckten Planeten (1,6 Jupitermasse) umkreist.

Aber nicht nur Planeten, sondern auch die »Bausteine des Lebens« wurden im Kosmos entdeckt.

Aminosäuren, Ammoniak, Formaldehyd, Ameisensäuren, Kohlenwasserstoffe ... Zyano-Azethylen z. B., eine Substanz, die alle Voraussetzungen zur Lebensbildung mitbringt, wurde in der Gaswolke B 2 im Sternbild Schütze durch Radioastronomen des Green-Bank-Observatoriums in Virginia gefunden. 1971 fand Dr. Cyril Ponnamperuma vom NASA Ames Research Center in Kalifornien im sogenannten Murchison-Meteoriten, der in Südaustralien niederging, 17 außerirdische Aminosäuren, die sogenannten Bausteine des Lebens.

Ende 1972 gelang dann vier australischen Wissenschaftlern eine aufsehenerregende Entdeckung. 30 000 Lichtjahre von uns entfernt, in der Nähe des Zentrums unserer Milchstraße, fanden sie in einer Gaswolke Hinweise auf außerirdisches Leben.

Mit dem computerisierten Radioteleskop in Parkes, New South Wales, spürten die Forscher das rare chemische Formaldimin auf – das zur Entwicklung tierischen und pflanzlichen Lebens auf der Erde beitrug.

Wenn sich nun solche chemische Substanzen bereits in den Gaswolken befinden, die sich zu Planetensystemen kondensieren, dann müßte Leben in den verschiedensten Entwicklungsphasen in unserem Sternensystem weitverbreitet sein.

Aus all diesen Entdeckungen geht einwandfrei hervor, daß Leben im Universum keine Ausnahme, sondern eine Regel ist. Die Vorstellung, außerirdische Intelligenz habe der Erde im

Verlauf ihrer Geschichte Besuche abgestattet, ist also nicht unbedingt abwegig.

Doch diejenigen, die eine solche Möglichkeit überhaupt nur in Erwägung ziehen, werden entweder als Spinner abgetan oder mit gehässiger Vehemenz angegriffen.

Qualifiziertere Gegner warten gewöhnlich mit dem Argument auf, daß die Chancen, eine fortgeschrittene Zivilisation zufällig in einem Planetensystem innerhalb eines Radius von 10 Lichtjahren von uns entfernt anzutreffen, gleich Null sind.

In diesem Bereich befinden sich etwa 10 Sterne, unter denen tatsächlich nur Alpha Centauri (wenn überhaupt) ein Planetensystem führen könnte.

Weiterhin wird argumentiert, daß nach der Wahrscheinlichkeitsrechnung die nächste technische Zivilisation vielleicht 300 oder auch 1 000 Lichtjahre von uns entfernt ist.

Wie könnte also jemand eine solche Entfernung zurücklegen, wo wir selbst nicht einmal in der Lage sind, unseren nächsten Nachbarstern (etwa 4,3 Lichtjahre entfernt) zu erreichen!

Nach dieser Logik existiert unsere Saturnrakete überhaupt nicht, denn die Kopfjäger in Neuguinea haben sie noch nicht gebaut!

Lassen wir also aus dem Spiel, was eine um einige Jahrhunderte fortgeschrittenere Zivilisation als wir, in der Lage zu tun ist.

Bei all diesen Argumenten wird nämlich ein wichtiger Punkt immer übersehen:

Seit sich unser Sonnensystem vor rund fünf Milliarden Jahren bildete, zog es mehr als zwanzig Mal um das Zentrum unserer Milchstraße. Während dieser Zeit wanderte es zwischen zahllosen Sternen. Und Tausende verschiedener Sterne waren seine Nachbarn im Weltraum.

Vor einer Million Jahren zum Beispiel waren innerhalb des

Radius von zehn Lichtjahren andere Sterne als heute die Nachbarn unseres Sonnensystems.

Der Engländer G. V. Foster hat sogar berechnet, daß seit der Entstehung des Sonnensystems ungefähr 192 000 verschiedene Sterne innerhalb des Umkreises von zehn Lichtjahren kamen und gingen. Und der Wissenschaftler Oort stellte eine Berechnung auf, nach der einmal in ungefähr elf Millionen Lichtjahren ein Stern sich der Sonne bis auf $^{3}/_{4}$ Lichtjahr nähert!

Das alles in Rechnung gestellt, ist die Chance dafür, daß in der Vergangenheit ein Planetensystem mit intelligentem Leben in die Nähe unserer Sonne geriet, sehr groß. Für eine hochentwickelte außerirdische Kultur war es dann nicht allzu schwer, die Erde zu besuchen.

Die Existenz außerirdischer Zivilisationen vor Millionen oder auch Milliarden Jahren kann nicht ausgeschlossen werden. Denn das Alter der Milchstraße wird auf nicht weniger als 13 Milliarden Jahre geschätzt.

Falls solche außerirdischen Besucher irgendwelche künstlichen Gegenstände sozusagen als »Visitenkarte« auf der Erde hinterlassen haben, wären diese durch Witterungseinflüsse zerstört worden oder aber durch Erd- und Gesteinsbewegungen begraben.

Intelligenz muß forschen. Und der Drang, ins All aufzubrechen, um andere Welten aufzuspüren, Erfahrungen auszutauschen, ist daher nur allzu natürlich.

Prof. Wheeler von der Princeton Universität, Miterfinder der Wasserstoffbombe und Träger der Albert-Einstein-Medaille, hat eine geradezu verblüffende Möglichkeit gefunden, um die phantastischen Entfernungen im Universum zu überbrücken. Wheeler vergleicht das Universum mit einem Kranz, auf dessen Oberfläche alle Himmelskörper verteilt sind, während im

Kranzloch ein anderes Universum, eine Art Superraum existiert.

Diese zwei Welten liegen Seite an Seite.

Im Superraum jedoch haben, im Gegensatz zu unserem Universum, Zeit und Geschwindigkeit ihren Wert verloren.

»Im Superraum ist es sinnlos zu fragen, was geschieht danach? Worte wie vorher, nachher, hinterher haben hier keine Bedeutung mehr. Und das Wort Zeit im normalen Sinn steht nicht mehr zur Debatte«, sagt Wheeler, einer der wenigen, wirklichen Kenner der Relativitätstheorie.

Trifft nun das Wheelersche Modell zu, kann uns der Superraum durchaus dazu dienen, im Bruchteil eines Augenblicks – viel schneller als das Licht – von einem Teil des Universums zum anderen zu gelangen.

Unsere Raumschiffe würden ganz einfach in den Superraum eintauchen, um an ihrem Bestimmungsort, in einem anderen Sonnensystem wieder im Normalraum aufzutauchen.

Gerade mit dieser Hypothese eines »Hyperraums«, wie sie ihn nennen, haben sich Science-Fiction-Schriftsteller schon seit Jahren beschäftigt.

Natürlich wird auch die mögliche Existenz des Wheelerschen Superraums von vielen heftig angegriffen.

Das notwendige Bindeglied in der Weiterführung Einsteinscher Ideen über Raum und Zeit lieferte der bedeutende Mathematiker Hermann Minkowski (1864–1909) in seinem berühmten Vortrag auf der 80. Naturforscherversammlung 1908 in Köln.

Er vereinte die Raumdimension mit der Zeitdimension zu einer sogenannten vierdimensionalen Raum-Zeit-Geometrie – das Raum-Zeit-Kontinuum.

Minkowskis Raum-Zeit kann als eine Art Hyper- oder Superraum interpretiert werden, in dem sich Geschehnisse nicht

ereignen, sondern wir diesen bereits existierenden Geschehnissen nur begegnen.
(Dieses Modell würde auch erklären, warum man Geschehnisse voraussehen oder vorausträumen kann.)
Unter Zugrundelegung der Minkowski-Ideen kam Einstein zum notwendigen Schluß, daß die objektive physikalische Welt von vierdimensionaler Struktur ist – und seine drei Raum- und eine Zeitdimension nicht für alle Beobachter das gleiche bedeuten. ». . . Es ist viel natürlicher, die physische Realität einer vierdimensionalen Existenz als die einer dreidimensionalen zu akzeptieren . . .« sagte Einstein.
Bisher stand für die moderne Physik die Lichtgeschwindigkeit als Grenzgeschwindigkeit fest. Denn kein Objekt, das sich langsamer als Licht fortbewegt, kann mit endlichem Energieaufwand die Lichtgeschwindigkeit überschreiten.
Doch schon seit einiger Zeit gibt es erregte Diskussionen, nicht nur in der Fachwelt, über die Existenz überlichtschneller, sogenannter Tachyonen.

Ausgelöst wurde die Debatte durch die Arbeiten von Olexa-Myron Bilaniuk, V. K. Deshpande, E. C. George Sudarshan und schließlich Gerald Feinberg.
Der Streit geht darum, ob sie – falls sie existieren – aufgrund der Relativitätstheorie überhaupt Daseinsberechtigung hätten. Sie haben! Jedenfalls nach der speziellen Relativitätstheorie, denn:
Nimmt man an, daß Tachyonen sich immer und in jedem Inertialsystem mit Überlichtgeschwindigkeit fortbewegen, ergeben sich keine Widersprüche. Ein Inertialsystem ist ein Bezugssystem, in dem keine Trägheitskräfte auftreten, in dem also ein kräftefreier Massenpunkt in Ruhe bleibt oder sich geradlinig mit konstanter Geschwindigkeit bewegt.

Die Probleme beginnen erst mit unserer geläufigen Auffassung von Ursache und Wirkung.
Beim Überschreiten der Lichtgeschwindigkeit läuft die Zeit sozusagen rückwärts.
Durch die Tachyonen könnte also unser ganzes physikalisches Weltbild auf den Kopf gestellt werden:
In einem Gedankenexperiment sendet der Wissenschaftler D. J. Thouless mit Hilfe von Tachyonen um 10 Uhr über die Relaisstation einer sehr schnellen Rakete eine Nachricht an sich selbst ab.
Aber schon um 9 Uhr 59 – eine Minute bevor er sie absendet, kommt sie bei ihm an. Er erfährt dadurch, was er eine Minute später tun wird! –
Angespornt durch die mögliche Existenz der Tachyonen haben G. A. Benford, D. L. Book und W. A. Newcomb sich mit der Idee eines Telefons zur Vergangenheit befaßt. Mit Hilfe eines kontinuierlichen Tachyonenstrahls läßt sich nämlich (hypothetisch) eine Verbindung zur Vergangenheit herstellen:
Hätte beispielsweise Richard Wagner zur Zeit, als er an seiner Oper »Götterdämmerung« arbeitete, seinem Schwiegervater Franz Liszt darüber am Tachyonentelefon zur Vergangenheit erzählt – hätte Franz Liszt die »Götterdämmerung« für Klavier bearbeiten können, *bevor* sie von Wagner komponiert wurde.

Nur weil uns diese Umkehrung von Ursache und Wirkung widersinnig und unglaubhaft vorkommt, weil wir normalerweise nicht damit konfrontiert werden, bedeutet das nicht, daß eine solche Situation nicht möglich wäre.
Im Moment erscheint uns die Idee, Zeitreisen in die Vergangenheit zu unternehmen, absurd.
Aber sollte sich die Tachyonen-Hypothese eines Tages als

richtig herausstellen, rücken die Möglichkeiten einer Reise in die Vergangenheit näher.

Es wird allerdings nicht leicht sein, die damit zusammenhängenden Widersprüche einfach hinzunehmen:

Würde z. B. jemand in die Vergangenheit, in das Jahr 1938 zurückreisen und Hitler erschießen, wäre dann der Zweite Weltkrieg durch Hitler trotzdem ausgelöst worden?

Die logischste Antwort ist »Ja«.

Denn, so paradox es auch erscheint, der Zeitreisende hätte Hitler zwar erschossen, aber sobald der Zeitreisende in seine eigene Zeit zurückkehrt, hätte der Vorfall nie stattgefunden. Hitler wäre in seiner Eigenzeit nie erschossen worden.

H. Schwegler, Physikprofessor an der Universität Bremen, sagt: »... die bisher angestellten Experimente haben keinen Hinweis auf die Existenz der Tachyonen gebracht. Um die Tachyonen-Idee auf jeden Fall zu retten, könnte man noch annehmen, daß Tachyonen nicht mit gewöhnlicher Materie in Wechselwirkung treten können und deshalb in den von Menschen angestellten Experimenten nicht nachweisbar sind. Eine solche Annahme würde natürlich auch die Kausalitätsparadoxien beseitigen. Aber solche Tachyonen würden als Objekte physikalischer Forschung ausscheiden. Es wäre dasselbe, als wenn es sie nicht geben würde.«

Man versuchte bisher durch zwei verschiedene Methoden, den indirekten Nachweis der überlichtschnellen Tachyonen zu erbringen. In einem Versuch z. B. durch die Cerenkovstrahlung, die, wie manche Wissenschaftler vermuten, von den Tachyonen ausgestrahlt werden müßte, wenn sie elektrisch geladen sind. Die bläulich schimmernde Cerenkovstrahlung ist das optische Gegenstück zum akustischen Knall beim Durchbruch der Schallmauer.

Die Suche nach den Tachyonen geht jedoch weiter. Eine andere

Methode, sie aufzuspüren, liegt in der möglichen Wechselwirkung der Tachyonen mit anderen Elementarteilchen.

Falls diese Tachyonen existieren, könnte man sich vorstellen, daß über riesige Entfernungen getrennte Intelligenzen mit Hilfe der Tachyonen interstellare »Telefongespräche« führen.

Mit der Lichtgeschwindigkeit der Radiowellen kommt eine Verbindung zwischen zwei, durch 100 Lichtjahre getrennte »Gesprächspartner« erst nach 200 Jahren zustande.

Unter Anwendung der Tachyonen aber käme dasselbe Gespräch *noch* schneller zustande, als hier eine Verbindung zwischen z. B. Berlin und London.

Weiter. – Setzen wir einmal eine hochentwickelte Kultur irgendwo im Kosmos voraus.

Diese ruft eine andere, über Tausende von Lichtjahren entfernte Zivilisation über das »Tachyonentelefon« an, um ihr mitzuteilen, wie sie eine bestimmte Apparatur bauen soll. Denn durch diese Apparatur wird sich ein, in einen Tachyonenstrahl umgewandelter Astronaut, der zu ihr gesandt wird, wieder materialisieren . . .

. . . Der Zeitreisende nahm seinen reservierten Platz wortlos ein. Wie immer, lächelte er still.

»Wo ist mein Hammelfleisch?« sagte er. »Welche Genugtuung, die Gabel wieder in das Fleisch zu stecken!«

»Erzähle«, rief der Redakteur.

»Zum Teufel mit der Erzählerei«, sagte der Zeitreisende, »ich möchte essen. Kein Wort, bevor ich nicht meine Adern mit Pepton gefüllt habe. Danke. Und das Salz.«

»Nur ein Wort«, sagte ich. »Sind Sie in der Zeit gereist?«

»Ja«, sagte der Zeitreisende mit vollem Mund und nickte dazu – . . .

Aus: The Time Machine von H. G. Wells.

Interstellares Telefon

Wir Gewaltsamen, wir währen länger
Aber wann, in welchem aller Leben
Sind wir endlich offen und Empfänger.

R. M. Rilke

Tachyonen sind bisher leider nur theoretisch existent, und bis wir sie gefunden haben, wird höchstwahrscheinlich noch eine Weile vergehen. Vom Tachyonentelefon sind wir also im Augenblick noch weit entfernt.
Inzwischen fand im September 1971 im astrophysikalischen Observatorium Bjurakan, Sowjetarmenien, eine Konferenz auf höchster Ebene statt. In dieser CETI-Konferenz, gleichbedeutend mit Communication with Extraterrestrial Intelligence (Kommunikation mit außerirdischer Intelligenz), diskutierten die namhaftesten internationalen Wissenschaftler die Möglichkeit einer Kontaktaufnahme mit außerirdischer Intelligenz. Mit den Worten: »Es scheint uns absolut notwendig, daß sich an der Suche nach außerirdischem Leben Angehörige aller Nationen beteiligen«, einigten sich die Delegierten der Russen, Ungarn, Tschechen, Amerikaner und Briten in ungewohnter Übereinstimmung.
Die Ansichten westlicher Wissenschaftler über außerirdische Lebensformen sind gewissermaßen jedermann zugänglich. Aber die genauso interessanten Meinungen der Fachleute des Ostblocks dringen nur ganz selten an die breite Öffentlichkeit des Westens.
Die Vorbereitungen der CETI-Konferenz durch das Organisationskomitee schlossen eine Reihe Fragen an die Prominenz der wissenschaftlichen Welt ein.
Hier die Antworten der sowjetischen Spitzenwissenschaftler aus der Astrophysik und angrenzenden Wissenschaften:

1. Frage: Was verstehen Sie unter einer außerirdischen Zivilisation?

L. M. Gindilis: Ein komplexes, hoch organisiertes System, der Welt außerhalb und sich selbst gegenüber aktionsfähig und zu abstraktem Denken fähig.

F. A. Tsitsin: Eine Gemeinschaft aufeinander einwirkender Wesen, die an ähnlichen Gesellschaftsformen interessiert sind.
V. G. Kurt: Eine Gesellschaft urteilskräftiger Wesen mit technischen Fertigkeiten / Anlagen (im Sinne der Ortsveränderung, Speicherung und Ausstrahlung von Informationen).
I. S. Shklovskiy: Der irdischen Zivilisation ähnliche, doch nicht unbedingt anthropomorphisch (menschlicher Gestalt). Aber in technischer und wissenschaftlicher Fortentwicklung in völlig anderem Stadium.
S. A. Kaplan: Jedes Stadium der Materie, das fähig ist, vernünftige Informationen über das eigene Sonnensystem hinaus auszustrahlen.
I. A. Novikov: Eine komplexe Organisation (eine »Maschine« in kybernetischem Sinne), die sich ihrer Umgebung aktiv bewußt und abstrakten Denkens fähig ist.

2. Frage: Existiert außer der irdischen eine andere Zivilisation?

E. A. Dibay: Unsere Zivilisation ist nicht einzigartig, und ich nehme an, daß es einige andere gibt.
W. L. Ginzburg: Ich habe keine Veranlassung, die Möglichkeit der Existenz anderer Zivilisationen anzuzweifeln, aber es könnte sich herausstellen, daß sich in unserer Milchstraße keine weitere befindet.
L. M. Gindilis: Es geht hier um eine Hypothese, allerdings eine sehr wahrscheinliche für mich. Ich glaube kaum, daß unsere Zivilisation einmalig ist, aber doch ein rares Phänomen darstellt.
N. S. Kardashev: Ich glaube, daß es im Universum sehr viele Zivilisationen gibt.
S. B. Pikel'ner: Ich nehme an, daß unsere nicht die einzige Zi-

vilisation in unserer Milchstraße ist, schon allein deswegen nicht, weil grundlegende organische Verbindungen in interstellaren Staubwolken gefunden wurden.
I. S. Shklovskiy: Ich halte es für möglich, daß unsere Zivilisation die einzige innerhalb unseres Beobachtungsbereiches im Universum ist.

3. Frage: Halten Sie Kontakt zu einer außerirdischen Zivilisation für möglich?

S. A. Kaplan: Ich halte es absolut für möglich; ich sehe weder physikalische, technische oder semantische Probleme.
V. A. Ambarzumjan: Ich sehe keinen Grund, der einen solchen Kontakt verhindern könnte.
N. S. Kardashev: Es gibt keine Begrenzungen in der Kontaktaufnahme. Anfangs könnte man sich auf die Anwendung elektromagnetischer Wellen konzentrieren.
N. P. Petrovich: Ich halte Kontaktaufnahme absolut für möglich, denn die Gesetze der Physik sind im Universum überall gleich, genau wie die Entstehung des Lebens.
I. S. Shklovskiy: Ich halte Kontaktaufnahme zwar für möglich, aber für viel komplexer als die Leute denken.
V. S. Troitskiy: Kontaktaufnahme ist möglich, am wahrscheinlichsten durch elektromagnetische Wellen.

4. Frage: Ist es im Prinzip möglich, in außerirdischen Signalen enthaltene Informationen zu verstehen?

V. A. Ambarzumjan: Prinzipiell müßte es möglich sein, mathematische und logische Beziehungen zwischen Objekten zu übertragen, aber es können Schwierigkeiten in der Interpretation auftreten.

E. A. Dibay: Ich beziehe mich auf die Geschichte, die bewiesen hat, daß die Wissenschaft jede Information entschlüsseln kann.

B. N. Panovkin: Es ist im Prinzip unmöglich, den Informationsinhalt von Signalen, die andere Systeme ausgestrahlt haben, auszusortieren.

S. B. Pikel'ner: Interpretation von Signalen ist wahrscheinlich sehr kompliziert, aber prinzipiell müßte sich ein Weg finden.

5. Frage: Welche Methoden werden zur Suche nach außerirdischen Signalen benötigt? Genügen gewöhnliche astronomische und radioastronomische Untersuchungen?

V. A. Ambarzumjan: Bevor wir nicht die Art der Signale kennen, hat eine Suche keinen Sinn. Wenn es brauchbare theoretische Ideen gibt, könnte und sollte man eine Suche riskieren. Eine Ausdehnung radioastronomischer Beobachtungen von Signalen natürlicher Herkunft könnte zu einer zufälligen Entdeckung künstlicher Signale führen.

V. L. Ginzburg: Ein auf breiter Basis angelegtes internationales Unternehmen sollte für die Installation einzigartiger, riesiger Radioteleskope sorgen. Selbst wenn die Suche nach Signalen fruchtlos verliefe, würden solche Anlagen der radioastronomischen Wissenschaft immer noch von Nutzen sein.

N. T. Petrovich: Einige Erweiterungen bereits existierender radioastronomischer Einrichtungen, die über einen langen Zeitraum ununterbrochen eingesetzt würden, sollten wohl in der Lage sein, ein solches Programm durchzuführen . . .

S. B. Pikel'ner: Die Wahrscheinlichkeit, solche Signale zu entdecken, ist gering.

V. S. Troitskiy: Gewöhnliche radioastronomische Prozesse, Methoden und Ausrüstungen genügen für einen solchen

Zweck nicht. Sowohl eine Spezialausrüstung als auch ein Spezialprogramm sollten angewandt werden.

6. Frage: In welcher Richtung sollte nach außerirdischen Zivilisationen gesucht werden?

N. S. Kardashev: Den optimalen Wellenbereich für Signale festlegen. Ein Netzwerk fortwährender Überwachung von Signalen im Millimeter-, Zentimeter- und Dezimeterwellenbereich aufbauen. Studium von Radio- und Röntgen-Ausstrahlung von hundert sonnenähnlichen Sternen.
N. I. Petrovich: Den Kontakt zweier interstellarer Zivilisationen durch 2 Computer simulieren, um daraus zu entnehmen, welche Signale geeignet erscheinen . . .
A. D. Sakharov: Wir müssen sowohl unsere Anlagen als auch unsere Kenntnisse erweitern; wir haben wahrscheinlich noch nicht den Wissensstand erreicht, d. h. in der Art von Strahlung, die andere Zivilisationen vielleicht erwarten. Wir müssen die Empfindlichkeit unserer Instrumente erhöhen und die Methoden erweitern.
V. S. Troitskiy: Wenn wir nach Signalen suchen wollen, müssen wir die Radioausstrahlung der nächsten Sterne bis zu 1 000 Lichtjahren Entfernung untersuchen. Denkt man über das Hauptproblem nach, muß die Lebensdauer einer technisch fortgeschrittenen Zivilisation in Rechnung gestellt werden.
I. S. Shklovskiy: Eine ernste theoretische Analyse des Problems und seiner philosophischen, biologischen, futuristischen und anderen Aspekte ist dringend notwendig. – Außerdem müssen wir Spezialapparate und ein Beobachtungsprogramm entwickeln, eine weitere Schwierigkeit bleibt dann die Entschlüsselung der Signale.

7. Frage: Was sind die möglichen Konsequenzen einer Kontaktaufnahme?

V. L. Ginzburg: Mögliche schädliche Einflüsse kommen mir zu phantastisch vor. Andere Auswirkungen würden von der Entfernung abhängen, d. h. die Reisezeit der Signale.
V. A. Ambarzumjan: Es würde zwar nicht mit einem Schock beginnen, aber in ferner Zukunft würde ein solcher Kontakt ungeheure Auswirkungen auf die menschliche Gesellschaft haben . . .

Doch die Suche nach außerirdischen Signalen hatte bereits 1960 mit dem Projekt OZMA in Amerika begonnen, das Prof. F. Drake unter der Schirmherrschaft des prominenten russisch-amerikanischen Astronomen Otto Struve (1897–1967) ins Leben gerufen hatte.
In den frühen Morgenstunden des 8. April 1960 begann Drake mit seiner Suche nach Signalen außerirdischer Herkunft. Er und seine Kollegen benutzten das Radioteleskop des Green-Bank-Observatoriums in Westvirginia, USA, um nacheinander die Sterne TAU CETI und EPSILON ERIDANI anzupeilen. Sie hofften, über die 21-cm-Welle fremde Signale aufzufangen. Diese 21-cm-Welle ist die natürliche Frequenz der Strahlung von Wasserstoffatomen und würde daher von fortgeschrittenen Zivilisationen wahrscheinlich als Sendefrequenz benutzt werden, glaubte Drake.
Schon vor dem Beginn des Unternehmens hatte Drake errechnet, daß eigentlich nur *solche* Signale aufgefangen werden könnten, die von irgendeinem Planeten der beiden über 11 Lichtjahre entfernten Sterne über einen 200-m-Spiegel mit einem 1-Million-Watt-Sender ausgestrahlt würden.

Die Chancen für das Gelingen waren also von vornherein gleich Null, denn das Green-Bank-Radioteleskop ist für ein derartiges Unternehmen nicht empfindlich genug. –

Nach 150 Stunden angestrengten, ununterbrochenen Lauschens, wurde das Projekt dann auch vorerst abgebrochen.

Drake argumentiert nun, daß die Entwicklung technologischer Fähigkeiten auf der Erde bisher nur eine ganz geringe Zeitspanne einnahm.

Weiter: Um es von völliger Unkenntnis auf dem Gebiet elektromagnetischer Kommunikation bis zur Perfektion zu bringen, benötigt eine Zivilisation nur etwa hundert Jahre.

Im Verhältnis zu einem Menschenleben ist das natürlich eine lange Zeit. Aber in der kosmischen Zeitskala ist es sehr kurz, tatsächlich nur 10^{-8} der Lebensdauer eines Sternensystems. Da allein der kosmische Zeitablauf zählt, würde – damit verglichen – ein Planet vom Stadium totaler Unwissenheit auf technologischem Gebiet mit einem Sprung absolute Beherrschung erreichen.

Hat eine Zivilisation eine solche Stufe wissenschaftlicher Erkenntnis eingenommen, kann sie nun beginnen, über interstellare Entfernungen hinweg mit ähnlichen Zivilisationen Kontakt aufzunehmen. Die Erde hat dieses Stadium schon erreicht.

Im Hinblick auf die ständige Entstehung von Sternen, sollten dementsprechend auch technologisch versierte Zivilisationen auftauchen.

Es darf ohne weiteres angenommen werden, daß die meisten Zivilisationen im Kosmos fortschrittlicher als wir sind. Allerdings könnte die Anwendung der Technologie auf einem Planeten aus verschiedenen Gründen aufhören, entweder durch Selbstzerstörung oder durch eine kosmische Katastrophe. Vielleicht auch durch einen Umschwung in der Lebensphilosophie, die ohne Technik auskommt.

Die Anzahl der Radiowellen benutzenden Zivilisationen in einem Sternensystem hängt offensichtlich mit der Zahl jährlich neu auftauchender Zivilisationen zusammen. Dazu kommt die durchschnittliche Lebensdauer von Zivilisationen in einem technologischen Stadium, das elektromagnetische Kommunikation anwendet. Bei kurzer Lebensdauer tritt eine Verbindungsaufnahme mit einer solchen intelligenten Zivilisation auch entsprechend selten auf. Bei uns sieht es augenblicklich so aus, als würden wir unsere Langlebigkeit durch Selbstzerstörung in Frage stellen.
»Die Anzahl erreichbarer Zivilisationen im Kosmos hängt also nicht nur davon ab, wie viele Planeten existieren, sondern von einer weit wichtigeren Frage: Gibt es intelligentes Leben auf der Erde? Laßt uns optimistisch sein und annehmen, es sei der Fall. Dann gibt es auch intelligente Gemeinschaften im Kosmos«, meint Drake.

Inzwischen ist unsere Technologie soweit fortgeschritten, daß wir bis zu 100 Lichtjahren Entfernung Signale ausstrahlen oder auch empfangen können. Kalkuliert man die zusätzlichen Möglichkeiten durch Raumstationen oder Installationen auf dem Mond ein, könnte dieser Radius sogar bis auf mehrere tausend Lichtjahre erweitert werden.
Sinn hätte das allerdings nur für die Suche nach Signalen, also deren Empfang. Eine gegenseitige Kommunikation wäre ganz einfach durch das Zeitproblem illusorisch. Denn ein solcher Prozeß könnte sich unter Umständen über Tausende von Jahren erstrecken.
Wie schon früher erwähnt, ist die günstigste Frequenz für ein solches Unternehmen die 21-cm-Welle, und in diesem Frequenzbereich wäre auch am ehesten mit einem Erfolg zu rechnen.

Niedere Frequenzen innerhalb 500 MHz (60 cm Wellenlänge) werden durch die natürliche Radiostrahlung der Milchstraße gestört. Und die hohen Frequenzen über 6 000 MHz (5 cm Wellenlänge) unterliegen den Störungen der Erdatmosphäre. Die Frage einer möglichen »kosmischen Nachricht« suchte der Elektro-Ingenieur Bernard Oliver zu lösen. Nach einem Grundkonzept F. Drakes baute er das Muster eines Rufkodes auf, der als Nachricht einer entfernten Zivilisation denkbar wäre. Diese Information käme über die 21-cm-Welle in einer Reihe unregelmäßiger Impulse.

Eine bildliche Übertragung ergäbe erst einmal ein scheinbar sinnloses Muster von 1 271 schwarzen Punkten und weißen Leerstellen. Jedoch die Zahl 1 271 ist das Ergebnis der Primzahlen 31 x 41.

Es gibt nun zwei Möglichkeiten, diese schwarzen Punkte und weißen Leerstellen in einem Rechteck anzulegen:

Entweder teilt man das Rechteck in 31 Linien mit je 41 Punkten und Leerstellen auf oder in 41 Linien mit entsprechend je 31 Punkten und Leerstellen.

Nun ergibt das in 31 Linien aufgeteilte Rechteck mit seinen schwarzen Punkten und weißen Leerstellen ein recht sinnvolles Muster oder Bild.

Offensichtlich würde eine Zivilisation zuerst einmal eine Beschreibung über seine äußere Erscheinung ausstrahlen. Wir Menschen also wären Geschöpfe mit zwei Armen und zwei Beinen männlichen und weiblichen Geschlechts und Kindern. Wenn man also das beschriebene Muster entsprechend in schwarze Punkte und weiße Leerstellen aufteilt, lassen sich (wie bei einem Legospiel) Figuren darstellen: also Mann, Frau, Kind, Sonne und Planeten – welcher Planet der Sonne bewohnt ist und vieles andere mehr.

Seit der Entwicklung dieses Kodes haben inzwischen die Russen Computer programmiert, um solche Binär-Kode, wie man sie nennt, sobald sie empfangen werden sollten, zu entziffern. Man kann also mit Hilfe mathematischer Symbole, Gleichungen, Fernsehbildern oder des Binär-Kodes eine interstellar verständliche Sprache schaffen.

Der holländische Professor H. Freudenthal, Utrecht, entwickelte z. B. eine Spezialsprache »Lincos« (lingua cosmica) und führte damit die logistische Sprache der Philosophen Bertrand Russell und Alfred Whitehead so weiter, daß sie für intelligente Wesen verständlich wäre, selbst wenn diese außer der Intelligenz nichts mit uns gemeinsam hätten. Freudenthal zog in Erwägung, daß eine solche Sprache für den kosmischen Gedankenaustausch vielleicht sogar schon existiert.

Obwohl wir bis jetzt noch keine außerirdische Nachricht aufgefangen haben, ist es trotzdem möglich, daß in unserem Milchstraßensystem ununterbrochen interstellare Gespräche hin und her schwirren.

Der bekannte amerikanische Exobiologe (Exobiologie = Erforschung außerirdischen Lebens) Professor Carl Sagan sagt dazu: »Wir sind vielleicht mit den Bewohnern eines abgeschnittenen Tales in Neuguinea zu vergleichen, die sich mit den Nachbardörfern im nächsten Tal durch Trommeln und Boten verständigen, ohne zu wissen, daß es einen ausgedehnten internationalen Radioverkehr um sie herum, über ihnen und durch sie hindurch gibt.«

Nun, außer Kontaktsignalen gäbe es aber auch noch die Radio- und Fernsehprogramme außerirdischer Zivilisationen, die wir anzapfen könnten.

Der Futurologe Robert Jungk meint dazu: »Man mag sich fragen, ob wir nicht näherliegende Sorgen auf dieser, durch soziale Ungerechtigkeit und fehlende Vorausplanung gefährdeten Erde haben.« Die Befürworter einer Kontaktaufnahme antworten jedoch: »Gerade weil uns Probleme von so ungewohnter Schwere bedrängen und wir sie bisher nicht lösen konnten, sollten wir Ratschläge aus dem Kosmos als eine langfristige Chance wahrnehmen.«

Die ersten Schritte zu einer Kontaktaufnahme mit mehr Aussicht auf Erfolg wurden bereits eingeleitet.

Mit der Fertigstellung des Radioteleskops der Cornell-Universität, dessen Durchmesser 300 m beträgt, können Signale aus einer Entfernung aufgefangen werden, die bisher noch »in den Sternen« lag. Dieses Höhrrohr ins All wurde in der Nähe von Arecibo in den Gebirgen von Puerto Rico installiert. Professor F. Drakes langjährige Bemühungen auf diesem Gebiet wurden nun durch seine Berufung zum Direktor dieser Anlage entsprechend belohnt. Eine weitere, noch empfindlichere Anlage ist in Vorbereitung im amerikanischen Staat New Mexico westlich von Soccoro. Hier sollen 27 kleinere Radioteleskope zu einem fahrbaren, auswechselbaren System verankert werden. Mit einer solchen Kombination soll ermöglicht werden, auch die schwächsten Signale aus den äußersten Randzonen des für uns wahrnehmbaren Universums in bisher unerreichter Deutlichkeit aufzufangen. Bei dieser Anlage handelt es sich um ein VLA-Radioteleskop (Very Large Array = sehr große Anordnung).

Neue Kommunikationsmethoden brachte die Erfindung des optischen LASER (Lichtverstärkung durch induzierte Emission von Strahlung) und MASER (Microwellenverstärkung durch induzierte Emission von Strahlung) mit sich.

Würde man einige Millionen Joule (elektrische Arbeitseinheit nach Joule) durch einen 200-m-Reflektor in Sekundenimpulsen auf der 21-cm-Welle ausstrahlen, müßten solche Signale bis zu 1 000 Lichtjahren Entfernung zurücklegen können.

Alle uns heute zur Verfügung stehenden technologischen Methoden für eine Kontaktaufnahme mit außerirdischen Intelligenzen unterliegen der Zeitbarriere. Denn wie schon früher gesagt, würde sich ein gegenseitiger Nachrichtenaustausch unter Umständen über Hunderte oder gar Tausende von Jahren hinziehen.

Aus diesem Grunde sollte man *Telepathie* als interstellares Kommunikationsmittel in Erwägung ziehen.

Alle Nachteile der elektromagnetischen Kommunikationsanlagen entfallen: der enorme Kostenaufwand, technische Unzulänglichkeiten und vor allem – das Zeitproblem. Denn, eine telepathische Verständigung vollzieht sich praktisch ohne Zeitaufwand – in Gedankenschnelle – augenblicklich – sofort.

Schon auf dem Internationalen Astronautischen Kongreß 1963 in Paris schlug jemand Telepathie als das schnellste, vorteilhafteste und billigste Verständigungsmittel vor und erntete dafür die Belustigung der Teilnehmer. Als allerdings bekannt wurde, daß sich schon damals acht sowjetische Forscherteams (heute sind es inzwischen weit mehr) speziell mit dem Gebiet der Gedankenübertragung auf physiologischer Grundlage befaßten, wurde man nachdenklich.

Schon in den dreißiger Jahren, nicht lange vor seinem Tod, hatte sich der Russe Konstantin E. Ziolkowskiy (1857–1935), der Vater der russischen Astronautik, in voller Überzeugung für die Notwendigkeit telepathischer Fähigkeiten in zukünftigen Raumflügen ausgesprochen. Für Ziolkowskiy war Telepathie eine der wichtigsten Voraussetzungen in der Weiterentwicklung der Menschheit. Und zur Lösung der Rätsel des menschlichen Geistes gelangt seiner Meinung nach der Mensch durch die Ergründung psychischer Phänomene. Die Raumfahrt dagegen öffnet dem Menschen das Universum.

Schon 1890 schrieb Ziolkowskiy seine Resultate auf dem Gebiet der Astronautik nieder. 1898 schlug er erstmalig flüssigen Antriebsstoff für Raketen vor – Wasserstoff und Sauerstoff. Und 1903 folgte dann eine Arbeit über das Thema der Raketenbewegung. Er bewies darin, daß Raketen auch in einem Vakuum funktionsfähig sind. Gleichzeitig stellte er die ersten Berechnungen über die Möglichkeit interplanetarischer Reisen an und wie man eventuell einen Satelliten in eine Umlaufbahn bringen kann. Ziolkowskiy glaubte, daß der Mensch durch die Erkenntnisse in Raumfahrt und Parapsychologie zur Vollendung gelangt.

Besonders die Sowjetunion gibt heute mehr als alle anderen Staaten für das Studium der Parapsychologie aus. Ihr Jahresetat ist fast unbegrenzt (mehr als 60 Millionen DM wird geschätzt), und über zwanzig dafür eingerichtete Studienzentren stehen zur Verfügung.

Parapsychologie ist in den Ostblockstaaten zu einem wichtigen, naturwissenschaftlichen Zweig ausgebaut worden, der in enger Verbindung mit Physiologie, Biologie und Bionik steht.

Im Westen ist dieses Gebiet dagegen leider immer noch ein »Stiefkind« der Psychologie. Zwar wurden bis 1930 vielversprechende ESP-Versuche (Extra Sensory Perception = außersinnliche Wahrnehmung) durchgeführt, die aber dann vor allen Dingen aus finanziellen Gründen abgebrochen werden mußten.

Eine systematische Versuchsreihe unter Professor J. B. Rhine fand 1927 in der Duke-Uuniversität, Durham, USA, statt. In diesen Experimenten wurde eindeutig bewiesen, daß es außersinnliche Wahrnehmungen wie Hellsehen, Telepathie und Prophetie wirklich gibt und daß in fast allen Menschen solche Fähigkeiten schlummern.

Rhines Versuchspersonen zu diesen Experimenten waren wahllos herausgegriffen. Es sollten Kartensymbole erraten werden.

1. Die Versuchsperson mußte durch Gedankenübertragung herausfinden, an welche Symbole der »Sender« (Experimentator) dachte.
2. Die Versuchsperson mußte hellsehen, welche (ihr und dem Experimentator unbekannte) Kartensymbole verdeckt waren.
3. Die Versuchsperson mußte prophezeien, welche Karten in einer automatischen Mischmaschine nacheinander fallen würden.

Diese Reihenexperimente wurden statistisch mit folgenden Resultaten ausgewertet:
Bei 25 Karten und 5 Symbolen beträgt der Zufallsdurchschnitt nach dem Gesetz der großen Zahl 5.
Bei 200 Versuchen (8 Spielen) und 6½ Treffern ist die Zufallswahrscheinlichkeit 1:150.
Bei ununterbrochenen Treffern, auch in kleineren Versuchen, gibt es keinen Zufall mehr.
Bei 9 Treffern hintereinander steht die Zufallschance 1:2 Mill. Und bei 15 fortlaufenden Treffern steht es 1:30 Mrd. für einen Zufall! – Die erzielten Resultate schlossen danach jeden Zufall aus.
Der englische Mathematiker S. G. Soal führte dann in den vierziger Jahren zehntausende gut kontrollierter Kartenversuche durch, die erstaunliche Ergebnisse zeigten. Seine beiden Versuchspersonen lagen mit ihren Treffern weit oberhalb der Zufallsquote. Allerdings stellte sich durch all diese Versuche heraus, daß Hellsehen und Telepathie schwer zu trennen sind.

1937 ergab sich rein zufällig ein telepathisches Experiment zwischen dem Polarflieger Sir Hubert Wilkins und dem bekannten Schriftsteller Harold Sherman.

Testkarten für Telepathie und Hellsehen.

Da der russische Polarflieger S. Levanewsky als verschollen galt und auch keine Funkverbindung mehr bestand, hatte sich Wilkins für eine Suchaktion zur Verfügung gestellt.
Gleichzeitig bot sich Sherman an, mit Wilkins während dieser Zeit telepathischen Kontakt zu unterhalten. Sherman hatte seine außersinnlichen Fähigkeiten in langjähriger Übung ausgebildet. Es wurde vereinbart, sich wöchentlich dreimal zu einer bestimmten Stunde aufeinander zu konzentrieren. Beide machten darüber Aufzeichnungen. Wilkins führte Tagebuch, und Sherman sandte seine telepathischen Eindrücke jeweils am nächsten Tag nach der vereinbarten Verbindungsaufnahme an den amerikanischen Psychologen Professor Gardener Murphy in New York.
Wilkins startete seine Suchaktion von Point Barrow und Aklavik am Mackenzie-Fluß. Er suchte von dort über dreitausend Kilometer des Polargebietes vom Flugzeug aus ab. Sherman hielt die verabredeten »Treffzeiten« ein, während Wilkins das nicht immer möglich war. Trotzdem »sah« Sherman Wilkins in den unterschiedlichsten Situationen. So vermutete er z. B. Wilkins auf dem Weg zu seiner Bestimmung, »erblickte« ihn aber in einem Ballsaal. Es stellte sich später heraus, daß Wilkins wegen schlechter Wetterlage nach Kanada umkehren mußte und in Regina einer Einladung zu einem Ball gefolgt war.
Ein anderes Mal »beobachtete« Sherman durch seine außersinnlichen Fähigkeiten, wie Wilkins das Polareis aufhackte, um in dem Loch Fische zu fangen. Ebenso »erlebte« er mit, wie ein brennendes Eskimohaus nicht gelöscht werden konnte, weil das Löschwasser hart gefroren war. Sherman nahm sogar wahr, daß das Unternehmen unerwartet abgebrochen wurde und Wilkins viel früher auf dem Heimweg war, als vorgesehen.

1) Eine sogenannte Kirlianaufnahme:
Die Korona eines Schöllkrautblattes.

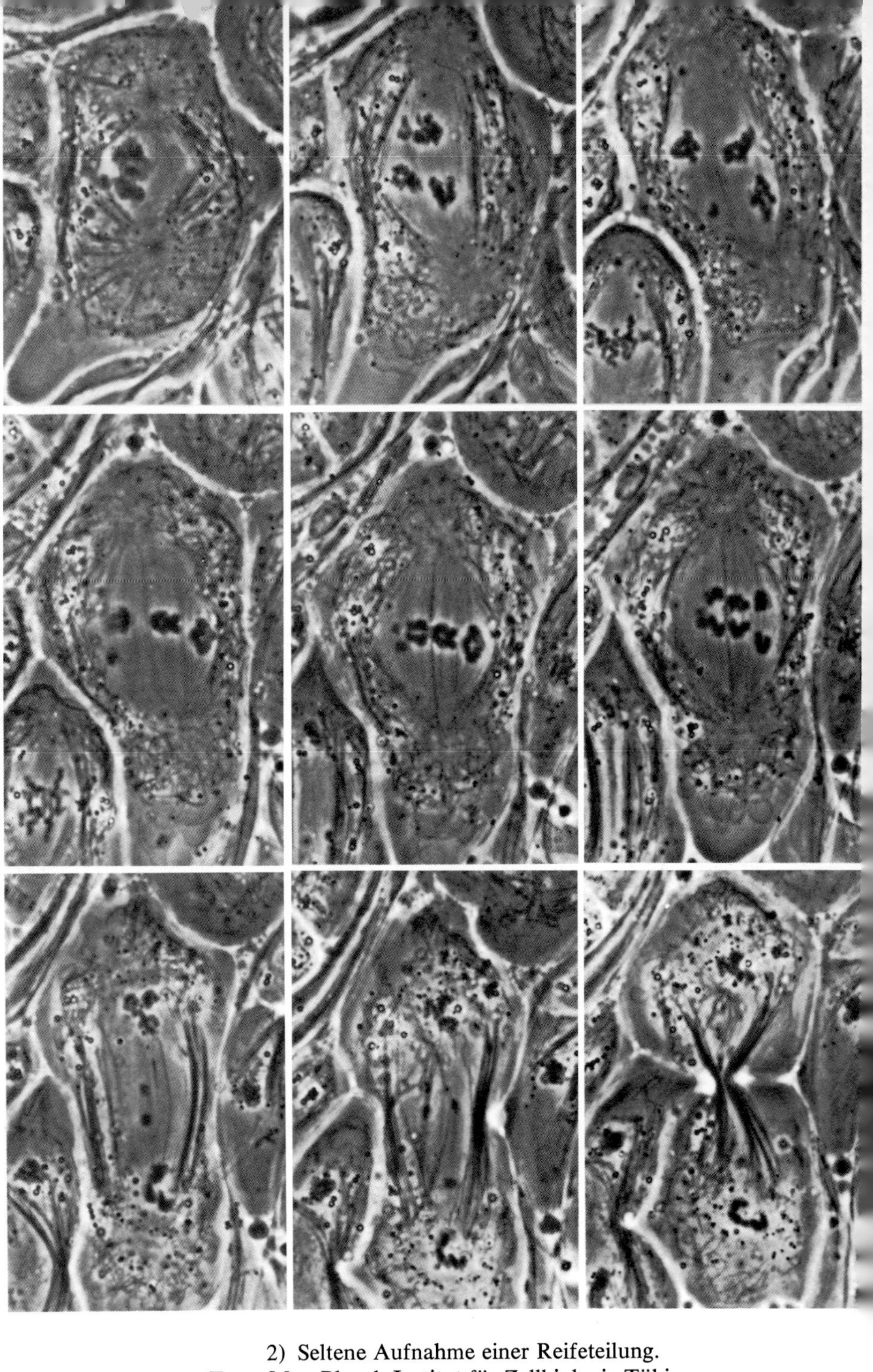

2) Seltene Aufnahme einer Reifeteilung.
Foto: Max-Planck-Institut für Zellbiologie Tübingen
Dr. R. Dietz.

3) Graf von Saint-Germain.

4) So wurde im 17. Jahrhundert die Zeit gemessen.
Pendeluhr nach einem Entwurf von Isaac Newton.

5) Radioteleskop Green Bank. Am 8. April 1960 wurde hier Projekt Ozma gestartet.

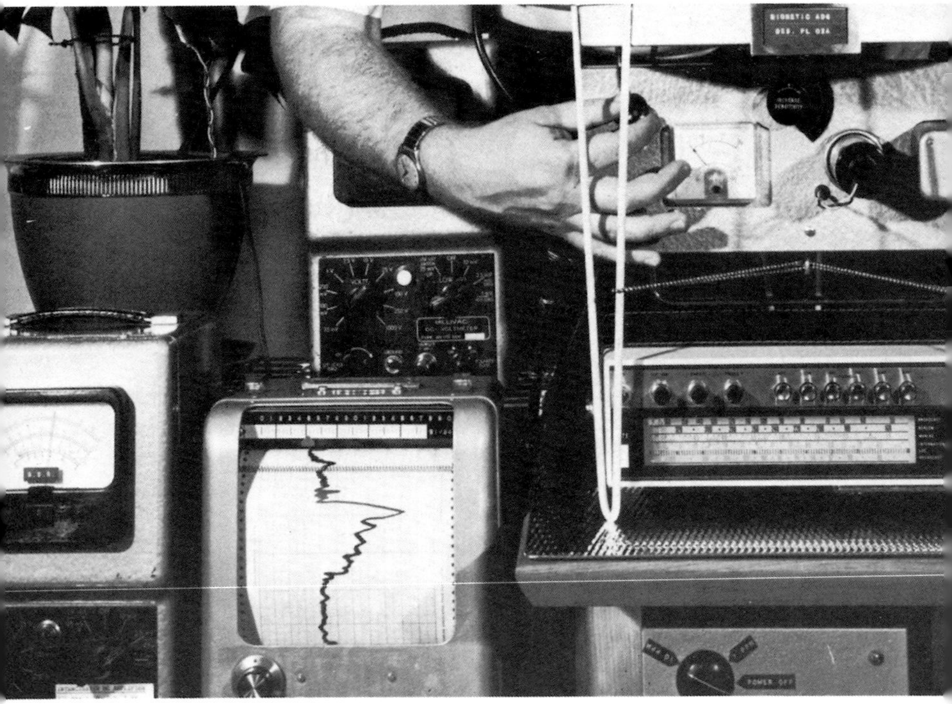

6 a) Mit diesem Gerät empfing L. G. Lawrence am 29. 10. 1971 außerirdische biologische Signale.
b) Apparatur des Ecola Institutes zum Empfang von Pflanzenkommunikation.

7) Grenzstein aus dem 11. Jahrhundert vor Chr. in Mesopotamien. Der Mond als Basis des babylonischen Kalenders ist zwischen Venus und Sonne dargestellt.

8 a) Saturn im Blaulicht. Aufnahme der Mount Wilson und Palomar Observatorien.
b) Steinzeitkalender und astronomischer Computer Stonehenge.

9) Konstantin E. Ziolkowskiy, einer der Pioniere der Raumfahrt.
Er sagte Telepathie als Kommunikationsmittel voraus.

10) Kopernikus ließ die Planeten wieder um die Sonne kreisen.

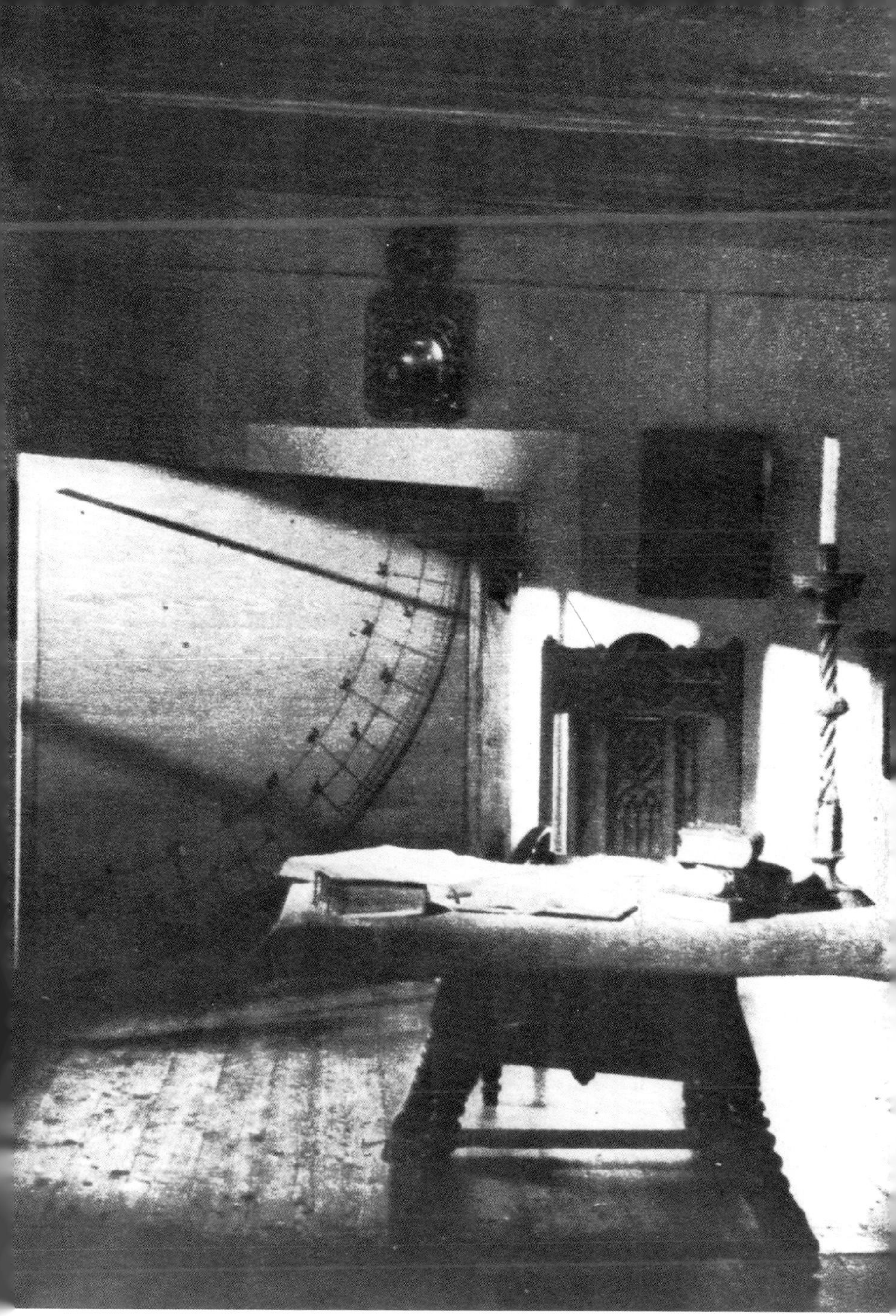

11) Sein Arbeitszimmer.

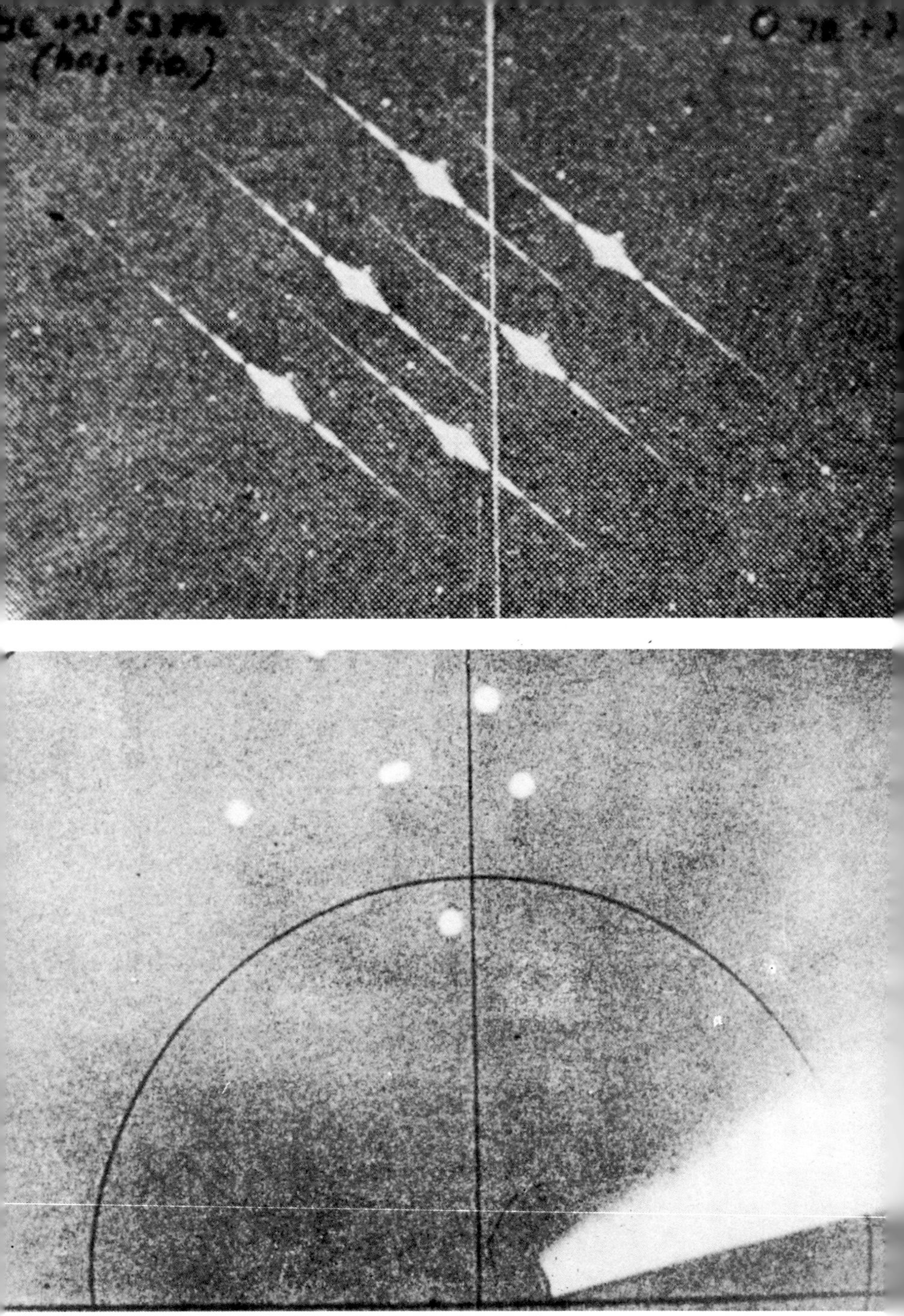

12 a) Unbekannte Flugobjekte in Sechsergruppe vor Sternenhimmel, aufgenommen von einer NASA-Bahnverfolgungsstation.
b) Unbekannte Flugobjekte auf Radarschirm.

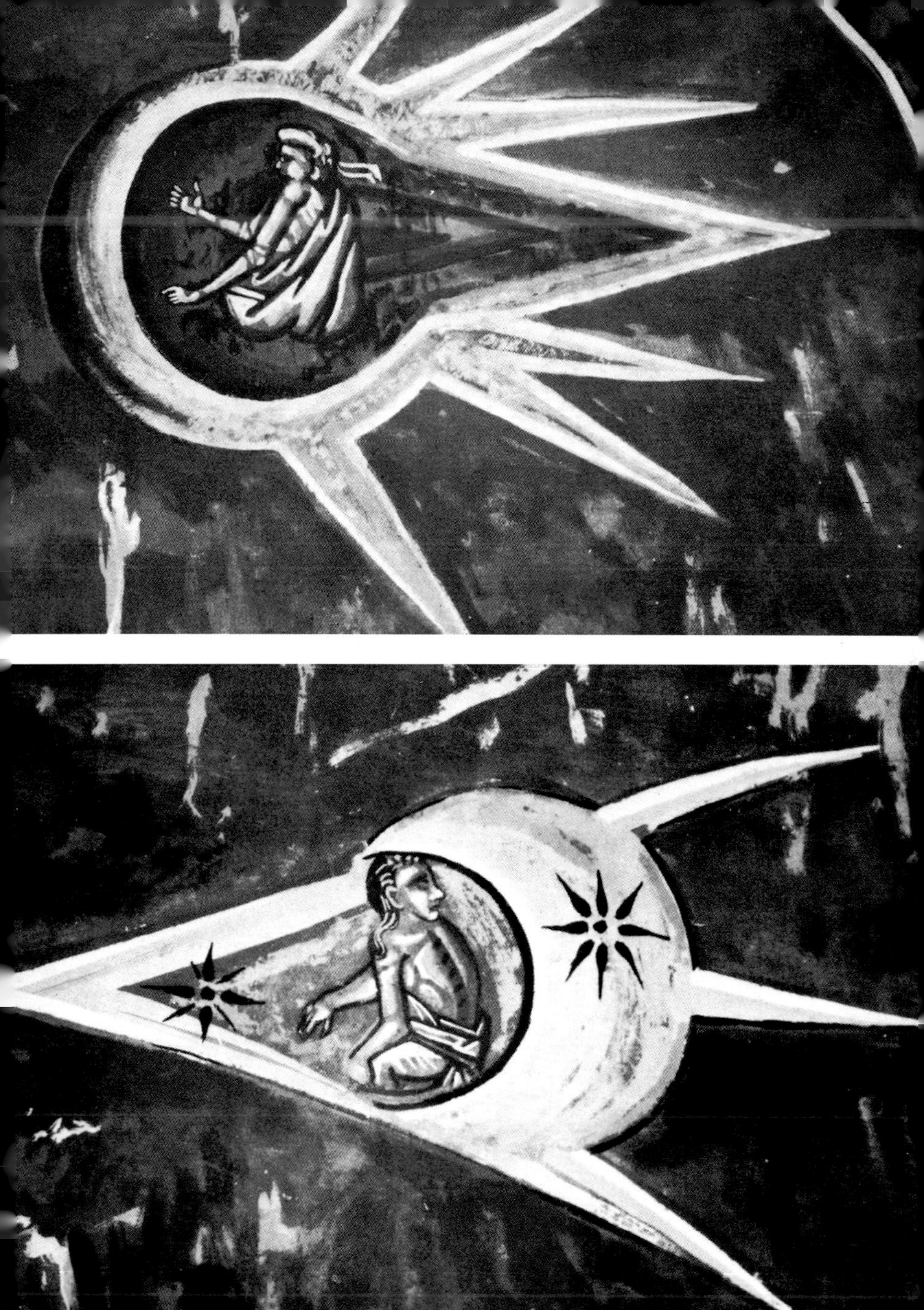

13 a/b) Fresken 1335 – 1350 im Kloster Dečani, Jugoslawien.
Engel auf der Reise?

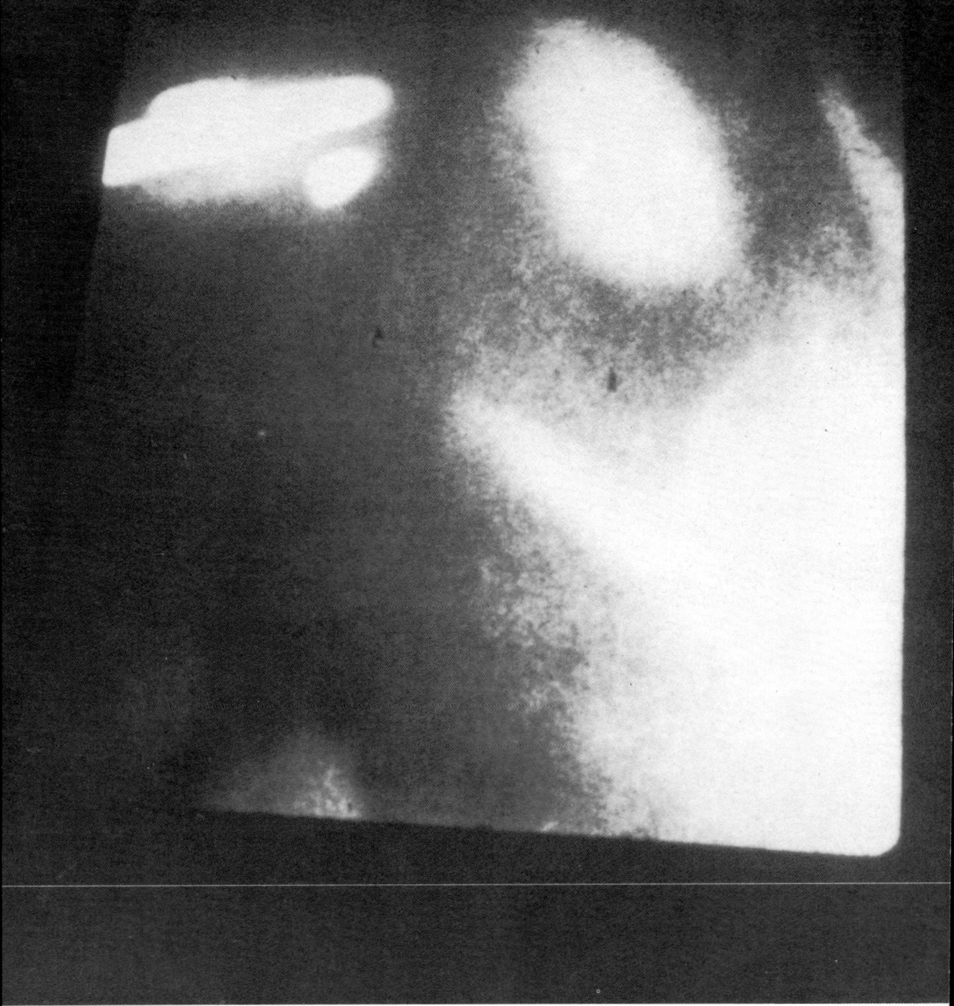

14) Unbekanntes Flugobjekt (?) aufgenommen von Scott Carpenter aus der Mercury-Kapsel.

15) Spiralnebel M 81 in Ursa Major.
Aufnahme der Mount Wilson und Palomar Observatorien.

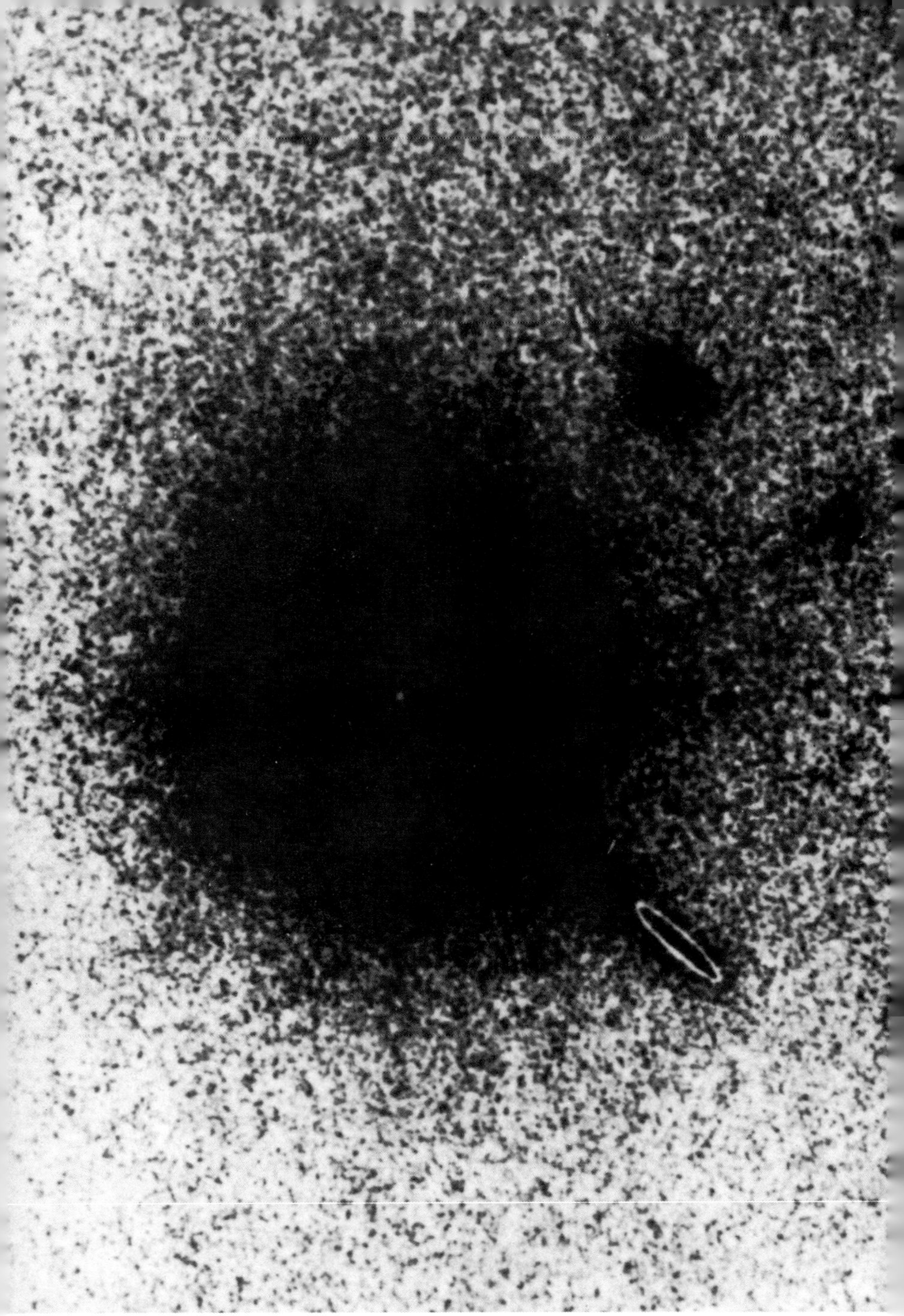

16) Ein Quasar.

Die New York Times hatte beabsichtigt, eine ständige Radioverbindung während des Verlaufs der Expedition aufrechtzuerhalten. Aber durch die Schlechtwetterlage kamen in fünf Monaten nur 13 Funkverbindungen gegenüber 68 guten telepathischen Kontakten zustande!

Die telepathischen Fähigkeiten der Naturvölker sind hinreichend bekannt, aber dem Menschen einer technologisch ausgerichteten Welt immer noch ein unbegreifliches Phänomen. Telepathie zur Nachrichtenübermittlung ist unter Eingeborenenstämmen ein unverhältnismäßig schnellerer »drahtloser« Kontakt, als ihn die technische Welt mit ihren Telefonen, Fernschreibern und Funkgeräten aufweisen kann.

Eine Fähigkeit des Geistes, die alle technischen Hilfsmittel in den Schatten stellt.

»W. R. Benzies, ein ehemaliger Kolonialbeamter im südrhodesischen Matabela-Land, berichtet folgendes«, schreibt Willy Schrödter in seinem Buch »Neuer Ausflug ins Wundersame«: »Eines Tages bekam ich ein Telegramm betreffend einen Aufstand der Zulus. Es war zwei Tage unterwegs gewesen. Ich zeigte die Drahtung meinem eingeborenen Wachtmeister, um ihn zu bitten, Warnungen zu verbreiten. Doch das sei unnötig, erwiderte der, denn die Zulus seien doch schon, *wie jedermann wisse,* am Vortage zurückgeschlagen worden.

Die offizielle Bestätigung dieser Tatsache, die sich tausende Meilen entfernt abgespielt hatte, kam erst einige Tage später.«

Viele Anzeichen sprechen dafür, daß der Mensch vor langer Zeit stark ausgeprägte ESP-Fähigkeiten besaß, die dann in einer zunehmend technologischen Umgebung verkümmerten. Hin und wieder allerdings tauchen diese Fähigkeiten noch in Einzelfällen sozusagen als atavistische Veranlagung auf.

In der Tierwelt sind außersinnliche Wahrnehmungen ein

wichtiger Teil der Überlebenschance. Wie ließe sich sonst erklären, daß Tiere oft Tage vor einem Buschbrand aus einer solchen Gegend flüchten.
Der außersinnlichen Wahrnehmung einer Ente verdanken sogar viele Freiburger ihr Leben.
Am 27. November 1944 etwa gegen halb acht Uhr abends wurden die Bürger in der Nähe des Stadtparks auf das aufgeregte, angstvolle Geschnatter eines Erpels im Park aufmerksam. Dieser Enterich war dafür bekannt, daß er außergewöhnliche Ereignisse vorauszuahnen schien. Diejenigen, die den Erpel kannten und sein ungewöhnlich beunruhigtes Schnattern hörten, gingen auf alle Fälle in den Luftschutzkeller – ohne ersichtlichen Grund und ohne Fliegeralarm.
Um acht Uhr wurde das Stadtzentrum von Freiburg in zwanzig Minuten ohne jeden Luftalarm durch einen Fliegerangriff in Schutt und Asche verwandelt. Viele Bürger kamen um, auch der Erpel, der durch seine Warnung anderen das Leben gerettet hatte.
Am 27. November 1953, dem Jahrestag des Geschehens, enthüllte die Stadt Freiburg ein Denkmal, das sie ihrem Erpel gesetzt hatte. Auf dem Sockel steht die Inschrift: »Gottes Kreatur klagt, klagt an und mahnt.« –

Jahr für Jahr ziehen Scharen von Zugvögeln im immer gleichen Flug über zehntausende Kilometer, um zu ihren Nestern heimzukehren, die sie Monate vorher verließen. Doch sobald eine Katastrophe ein Gebiet zerstört, scheinen sie es zu wissen, denn dann kehren sie nicht mehr dorthin zurück.
Und fühlen Elefanten den Tod, wandern sie oft für Wochen auf unbekannten Wegen, die sie nie vorher gegangen sind, zu ihrem »Friedhof«. Einen Ort, den sie nie zuvor gesehen haben.

In Termiten-Experimenten hat sich gezeigt, daß diese selbst dann die Befehle ihrer Königin ausführen, wenn sie durch eine Bleiwand von ihr abgeschirmt sind.

Es gäbe endlose Beispiele übersinnlicher Wahrnehmungen bei Tieren. Doch das ist ein Thema für sich. Kehren wir also von unserem Seitensprung zu den telepathischen Möglichkeiten der Menschen zurück.

Erstaunliche ESP-Experimente wurden 1966 von den Sowjetrussen mit unerwartetem Erfolg im sogenannten »Moskau-Sibirien-Telepathietest« durchgeführt.

Vor einer Abordnung von Wissenschaftlern der Sowjet-Akademie der Wissenschaften sollte der Journalist Karl Nikolajew seine Behauptung, Telepathie über große Entfernungen sei möglich, beweisen.

Unter den skeptischen Augen der Fachleute versuchte er in einem Isolierraum Gegenstände zu identifizieren, die der Biophysiker Juri Kamenskij in Moskau unter den gleichen Bedingungen ihm über 3000 km Entfernung telepathisch beschrieb.

Kamenskij entnahm versiegelten Päckchen nacheinander verschiedene Gegenstände. Nikolajew beschrieb diese nach Kamenskijs Ausstrahlung bis in alle Einzelheiten. Zum Beispiel konzentrierte sich Kamenskij auf einen Schraubenzieher mit schwarzem Plastikgriff. Nikolajews Beschreibung lautete: lang – dünn – Kunststoff – schwarzer Kunststoff. Das gleiche passierte mit einer Spiralfeder. Nikolajews Antwort: rund – metallisch – glänzend – gleicht einer Rolle.

Die Russen haben erkannt, wie wichtig Telepathie ist und beziehen sie daher in ihr Kosmonautenschulungsprogramm ein. Bei den Amerikanern hat Apollo XIV-Astronaut Edgar D. Mitchell ein ESP-Experiment mit einer Versuchsgruppe auf der Erde durchgeführt. Doch Einzelheiten wurden darüber bis heute nicht veröffentlicht.

Bisher ist es nicht gelungen nachzuweisen, wie Telepathie funktioniert. Alles was man weiß, ist, daß sie funktioinert. Es liegt aber die Vermutung nahe, daß telepathische Ausstrahlung einer bisher unbekannten Energiewelle entspricht; und daß sich telepathische Fähigkeiten durch entsprechendes Training verbessern lassen.

Im Hinblick auf die außerordentlichen Perspektiven, die die Telepathie eröffnet, sollte man ernstlich in Erwägung ziehen, ein Studienzentrum aufzubauen, das sich mit neuen Möglichkeiten der interstellaren Verbindungsaufnahme, besonders mit psychischen Kommunikationsmethoden befaßt.

Es ist ohne weiteres vorstellbar, daß außerirdische Zivilisationen existieren, die Telepathie und andere ESP-Fähigkeiten bis zur Perfektion entwickelt haben.

Wie wollen wir wissen, ob nicht ständig telepathische Nachrichten aus dem Kosmos hier eintreffen, die wir nicht erkennen? Vielleicht war der Mensch vor langer Zeit einmal aufnahmefähiger, weniger abgestumpft und stand telepathisch mit außerirdischen Intelligenzen sogar in Verbindung?

Vielleicht sind unsere Gebete ein unbewußtes Überbleibsel aus jener Zeit?

Bei Naturvölkern ist es zum Teil heute noch so, daß der Medizinmann in Trance fällt, um seinen »Gott« um Rat zu bitten. Und ist es nicht möglich, daß der durch die Jahrhunderte hin und wieder vereinzelt auftretende Genius nicht durch Gedankenübertragung einer fortgeschritteneren Intelligenz aus dem Kosmos beeinflußt wurde?

Außer der Telepathie gibt es noch das Phänomen der ESP-Projection, dem immer mehr Bedeutung beigemessen wird.

Sowohl Prof. Hornell Hart von der Duke-Universität als auch der Psychologie-Professor Charles Tarte, Universität Kalifornien, widmen diesem Gebiet viel Zeit. Die Amerikaner nennen

es auch OOBES (out of the body experiences = Erfahrungen beim Heraustreten aus dem Körper).
Berichte über solche Erfahrungen ziehen sich durch die ganze Menschheitsgeschichte.
Besonders in Yoga gehört es als integraler Teil zum Training.
Was ist ESP-Projection?
Es wird behauptet, daß sich der Geist in diesem Zustand vom Körper lösen kann, um in einem »Zweitkörper« alle erdenklichen Orte aufzusuchen.
Wissenschaftler bringen gegen diesen »Dualismus« das Argument vor, daß Gehirn und Geist zwei Aspekte der gleichen Einheit sind. Aber obwohl der Organismus in Besitz von beiden ist, können sie niemals getrennt werden.
Befürworter der ESP-Projection warten jedoch mit folgendem Gegenargument auf: Das Gehirn ist für den Geist nur eine Art Transformator, und deshalb kann sich der Geist sehr wohl aus dem Körper projizieren.
Eine weniger drastische, aber typische Beschreibung dieses Phänomens lautet etwa so: Ich liege im Bett. Ich habe das Gefühl, mich von meinem Körper gelöst zu haben. Es ist, als schwebe ich über mir selbst. Ich betrachte das ungewohnte Bild meiner Nase und bin mir meiner Umgebung deutlich bewußt. Ich fühle mich unbeschreiblich frei. Aber es ist sehr schwer, diesen Zustand aufrechtzuerhalten. Nach einer Weile drängt es mich, wieder in meinen Körper zurückzukehren.
Ein weit dramatischerer Bericht ist den Lebenserinnerungen F. Wallners entnommen und wurde durch General von Gerlach beglaubigt.
Auf einer Durchreise besuchte der evangelische Erzbischof von Uppsala auch Berlin und wurde vom Preußenkönig Friedrich Wilhelm IV. zur Tafel geladen.
Im Verlauf des Gesprächs kam die Rede auch auf den immer

noch weitverbreiteten Aberglauben und die unheimlichen Fähigkeiten, die in manchen Familien Lapplands vererblich sind. Der Bischof erzählte nun, daß ihn seine Regierung einmal beauftragt hatte, mit einem Arzt und einem Regierungsbeamten dorthin zu fahren, um den Dingen auf den Grund zu gehen. Über die wahren Hintergründe der Reise waren nicht einmal die Begleiter des Erzbischofs unterrichtet.

Am Ziel angelangt, waren sie alle die Gäste eines wohlhabenden Lappen, der im übrigen im Ruf stand, ein »Zauberer« zu sein. »Ein angenehmer, gastfreundlicher Mann mit Namen Peter Lärdal«, erzählte der Erzbischof.

Am dritten Aufenthaltstag ließ der Erzbischof beim Frühstück ganz beiläufig fallen, ob es dem Gastgeber nichts ausmache, als Hexenmeister verschrien zu sein?

Der Lappe antwortete schmunzelnd, der Herr Erzbischof brauche sich keinen Zwang anzutun, er, Lärdal, wisse ohnehin, daß er nur gekommen sei, um den Aberglauben in Lappland zu untersuchen, wenn möglich auszurotten und die Hauptschuldigen zur Verantwortung zu ziehen.

In seiner Überraschung gab der Erzbischof diese Tatsache unumwunden zu und fügte noch an, daß ein solcher »Unsinn« weder mit der christlichen Religion noch mit wissenschaftlichen Erkenntnissen zu vereinbaren sei.

Peter Lärdal erwiderte darauf, daß er den Herrn Erzbischof nicht davon abhalten könne, zu tun, was er für richtig hielte. Aber mit »Unsinn« habe das Ganze absolut nicht das geringste zu tun, und er werde sofort den Beweis dafür antreten. Er werde seine Seele vom Körper lösen, und der Erzbischof möge ihm doch sagen, an welchen Ort er sie verpflanzen solle. Nach seiner Rückkehr werde er dann auch nachweisen, daß er tatsächlich an diesem Ort war.

Zwischen Neugier und Grundsätzen hin und her gerissen, erklärte sich der Erzbischof schließlich einverstanden, in der stillen Hoffnung, einem Schwindel auf die Spur zu kommen. Er schlug also vor, Lärdals »Seele« solle nach Uppsala gehen und Nachrichten von seiner Frau zurückbringen.

Inzwischen hatte Lärdal eine Pfanne mit getrockneten Kräutern geholt, die er anzündete. Er sagte, daß er die Kräuterdämpfe einatmen und danach das Bewußtsein verlieren würde. Man dürfe ihn unter keinen Umständen berühren, da das seinen Tod bedeuten würde. Nach ungefähr einer Stunde erlange er wieder das Bewußtsein.

Tatsächlich lag Lärdal mit schneeweißem Gesicht für eine Stunde wie ein Toter in seinem Sessel. Dann erwachte er unter konvulsivischen Zuckungen und beschrieb die Küche des Erzbischofs in Uppsala. Um zu beweisen, daß er dort war, habe er den Ehering der Gattin des Erzbischofs auf dem Boden des Kohlenkorbs versteckt. Sie habe ihn beim Kochen abgelegt.

Der Erzbischof schrieb umgehend an seine Frau und bat sie, ihm mitzuteilen, was sie an jenem Vormittag gemacht habe und wo sie gewesen sei.

Nach vierzehn Tagen traf die Antwort ein. Die Frau des Erzbischofs schrieb, jener Vormittag sei ihr deswegen unvergeßlich, weil sie einen Teig zubereitet habe und deswegen ihren Trauring auf den Tisch legte. Dieser sei seither verschwunden. Für einen Augenblick sei ein gut angezogener Lappe in der Küche gewesen. Auf ihre Frage, was er wolle, habe er nicht geantwortet und sei wortlos hinausgegangen. Dieser Fremde müsse ihren Ehering wohl mitgenommen haben.

Der Ring wurde später wirklich am Boden des Kohlenkorbs gefunden . . .

Zwischen 1965 und 1971 wurden unter der wissenschaftlichen Aufsicht von Professor Charles T. Tarte Laboratorien-Experimente mit dem Amerikaner Robert A. Monroe durchgeführt, die zeigten, daß ESP-Projection Wirklichkeit ist. Monroe unternahm in seinem »Zweitkörper« Exkursionen zu anderen Orten und beschrieb nach seiner Rückkehr fremde Szenen und Gespräche in Einzelheiten, die sich dann auch nach einer Überprüfung bestätigten.

Ein anderes interessantes Experiment fand 1969 in England statt.

Unter der Leitung eines Experimentators einigten sich vier Versuchspersonen, sich im hypnotischen Zustand zu einem anderen Planeten zu projizieren. Der fünfte Teilnehmer stellte sich als Beobachter zur Verfügung.

Der Experimentator, ein Hypnotiseur, versetzte die Versuchspersonen und sich selbst in hypnotischen Tiefschlaf. Der Versuch dauerte etwa zwei Stunden. Nach dem Erwachen schrieben die Beteiligten unverzüglich, ohne untereinander ein Wort zu wechseln, ihre Erlebnisse nieder. Alle berichteten übereinstimmend von einem Raumflug, einem fremden Planeten mit sonderbaren blattlosen Bäumen, deren Äste sich zu Ringen schlossen, von Ölseen, einer großen roten Sonne, roten, zerklüfteten Felsmassiven und weiten Wüstenflächen ... Durch den Beobachter wurde die Dauer und der Verlauf des Experiments bestätigt und außerdem, daß der Hypnotiseur sich und die anderen nur in hypnotischen Tiefschlaf versetzt, dann aber geschwiegen habe.

Welch ungeheure Möglichkeiten würden sich ergeben, wenn sich der Geist tatsächlich über Zeit und Raum zu anderen Orten, ja sogar zu den »Sternen« projizieren könnte!?

In dieser Gedankenverbindung drängt sich unwillkürlich ein recht kontroverses Experiment auf, das wahrscheinlich nie stattfand ...

Das unmögliche Experiment

Was sind denn zuletzt die Wahrheiten des Menschen – Es sind die *unwiderlegbaren* Irrtümer des Menschen.

F. Nietzsche

Wahrscheinlich werden die Gerüchte über den Zwischenfall, der sich 1943 ereignet haben soll, nie zur Ruhe kommen. Und ebensowenig wird die ganze Wahrheit über das »Philadelphia Experiment« je ans Tageslicht dringen. Genauso, wie über das an jenem denkwürdigen Tag mit seiner Besatzung verschwundene Kriegsschiff. Außer Anspielungen und vagen Theorien drang nichts an die Oberfläche, das die tatsächlichen Ereignisse hätte klären können. Es blieben Gerüchte, die sich von höchsten Regierungskreisen über namhafte Wissenschaftler bis hinunter zum kleinen Mann auf der Straße fortpflanzten. Doch steckt nicht in jedem Gemunkel am Ende ein Körnchen Wahrheit? Wahrscheinlich auch in dem über das unmögliche – das »Philadelphia Experiment«. Über dieses »heiße Eisen« wurde nicht viel geschrieben. Alan Lambert ist einer der wenigen, die ausführlicher darauf eingehen.

Und das soll sich zugetragen haben:

Die Bar der Hafenkneipe in der Nähe des Marinehafens von Philadelphia war im Augenblick leer. Im nächsten Moment standen dort drei Angehörige der Kriegsmarine in ihrer blauen Arbeitskluft wie hingezaubert. Die Bedienung hatte gerade ihr Tablett mit Gläsern und Flaschen für die an den abgenutzten Tischen wartenden Kunden gefüllt. Sie schrie vor Schreck auf und ließ ihr Tablett fallen. Die herumsitzenden Zivilisten und Marinesoldaten schauten völlig verständnislos drein. So plötzlich wie das Dreigespann aus dem »Blauen« aufgetaucht war, verschwand es wieder von der Bildfläche.

»Ich werd' zur Schnecke«, entfuhr es einem der Gäste.

»Mir läuft's kalt den Rücken 'runter«, murmelte ein anderer und einem Dritten schmeckte sein Bourbon nicht mehr, er starrte ungläubig und schüttelte sich.

In Norfolk, Virginia sahen Seeleute, Zivilisten und Beamte auf einem Pier des Marine-Stützpunktes, wie vor ihren Augen ein

kleines Zerstörerbegleitschiff aus dem Nichts auftauchte und dorthin wieder verschwand.
Die Zeugen waren wie vom Donner gerührt.
Fast tausend Meilen von Norfolk entfernt lag an einem Pier des Marinehafens Philadelphia ein Zerstörerbegleitschiff vor Anker, verschwand für ein paar Minuten und tauchte wieder auf.
Das alles ereignete sich im November 1943 bei hellem Tageslicht und blieb eines der größten Rätsel des Zweiten Weltkriegs, das bis heute nicht aufgeklärt werden konnte. Darüber hinaus lehnen die Verantwortlichen der Marine-Forschungsabteilung jede Erklärung ab. Und alle Akten und Logbücher der Kriegsmarine, die gewöhnlich qualifizierten Untersuchungskommissionen ohne weiteres zur Verfügung stehen, werden nicht zur Einsicht freigegeben. Nach offizieller Bekanntgabe soll es derartige Unterlagen nicht geben.
Verknüpft mit diesem Geheimnis steht vielleicht der Tod eines Mannes, der über eine Reihe von Ereignissen stolperte, die in engem Zusammenhang zu einer wissenschaftlichen Entdeckung ungeheuren Ausmaßes stehen soll. Außer einigen wenigen Regierungsbeamten, die sich angeblich darüber ausschweigen, weiß niemand genaueres.
Es begann Anfang 1942, als ein Zivilist, dessen Name bis heute ungenannt geblieben ist, das Hauptquartier der Kriegsmarine-Forschungsabteilung in Washington D. C. aufsuchte. Damals hatte sich die US-Navy an unabhängige amerikanische Wissenschaftler mit dem Ersuchen gewandt, neue Ideen über unorthodoxe Waffen und Kampfmethoden zu entwickeln. Denn Amerika befand sich zu dieser Zeit in einer der schwärzesten Perioden seiner Geschichte. Die Japaner beherrschten den Pazifik, und nach ihrer furchtbaren Attacke auf Pearl Harbor existierte die US-Flotte nicht mehr. Dieses Ereignis

würde in die Annalen der Geschichte als »ein Tag der Infamie« eingehen, wütete Präsident Roosevelt.

Die amerikanische Flotte mußte neu aufgebaut und eine Kriegsmaschinerie enormen Ausmaßes mobilisiert werden, um gegen den Feind erneut antreten zu können. Darüber würden zwei Jahre vergehen. Auch eine Reihe militärischer Pläne waren durch die Pearl-Harbor-Niederlage hinfällig geworden.

Viele der Kriegsschiffe stammten nicht nur aus dem Ersten Weltkrieg, sondern waren noch älteren Datums und total überholt, genauso wie Angriffspläne und Tarnmethoden für Kriegsschiffe. Daher suchte die US-Marineforschung dringend nach Vorschlägen auch unabhängiger Wissenschaftler, die zur Entwicklung von Tarnmethoden führen konnten.

Zu dieser Zeit besuchte nun ein ungenannter bekannter Wissenschaftler die ONR-Beamten (Official Naval Reserarch).

»Geben Sie mir ein Schiff, meine Herren, und ich werde Ihnen das Unmögliche – die perfekte Tarnung – demonstrieren.« Nach der Art der Tarnung, die ihm vorschwebe, gefragt, erklärte der Besucher ausführlich, was er zu tun gedenke. Die Verantwortlichen der Kriegsmarine trauten ihren Ohren nicht, als ihnen der Wissenschaftler völlig leidenschaftslos eröffnete, er könne ein Schiff – jedes Schiff – verschwinden lassen. Da es sich bei diesem Mann um einen der angesehensten amerikanischen Physiker handelte, wurde seine Behauptung durchaus ernst genommen, schließlich stand seine Glaubwürdigkeit außer Zweifel.

Diese undurchsichtige Affäre wurde später durch den Tod und das verstrickte Leben des hochqualifizierten Astrophysikers Professor Dr. Morris K. Jessup noch weiter verdunkelt, da er stets mit diesem mysteriösen Fall in Zusammenhang gebracht wurde. Dr. Jessup enthüllte nämlich die Hintergründe eines Geheimexperiments, durch das ein Schiff mit seiner Besatzung verschwand. Ein Experiment, das für eine unbekannte Anzahl Marinesoldaten, die daran teilnahmen, zum Verhängnis wurde.

Genau wie im deutschen Peenemünde wurden auch in den USA während des Zweiten Weltkriegs Forschungsprogramme durchgeführt, die eine Anzahl unorthodoxer Experimente einschlossen. Der Krieg sollte mit neuen radikalen Mitteln so schnell wie möglich beendet werden.

Dr. Jessup war an verschiedenen dieser Geheimprojekte beteiligt. Auch der Besuch Albert Einsteins bei Roosevelt war ihm als Physiker zu Ohren gekommen. Einstein hatte vorgeschlagen, aus seiner Vereinten Feldtheorie den logischen Schluß zu ziehen und eine Superbombe zu entwickeln. Allerdings soll sich aus dieser Vereinten Feldtheorie auch noch eine andere Schlußfolgerung ergeben haben: sie bezog gewisse elektrische und magnetische Kraftfelder ein, die – kaum vorstellbar – Menschen und Objekte unsichtbar machen sollen. Damit zusammenhängende Nebenwirkungen waren nicht bekannt.

Über Dr. Jessups Mitarbeit an solchen Experimenten fehlt jede Information.

Das Namenverzeichnis der an diesem »Super-Geheimprojekt« beteiligten Wissenschaftler soll in Spezialakten der US-Navy aufbewahrt werden und praktisch unzugänglich sein. Nur Personen höchster Rangstufen sollen mit ausdrücklicher Genehmigung des Pentagon Einblick erhalten.

Ende des Zweiten Weltkriegs ging Dr. Jessup als Astronom an die Drake-Universität und wechselte später zur Universität Michigan über.

In den ersten Nachkriegsjahren interessierte er sich unter anderem auch für das damals besonders akute Problem der unbekannten Flugobjekte und schrieb darüber in einigen seiner Bücher. Anfang der fünfziger Jahre erhielt Prof. Jessup dann eine Reihe von Briefen, die auf den ersten Blick auf die Hirngespinste eines Phantasten schließen ließen. Sie spielten auf den Ursprung von UFOs an, befaßten sich aber auch mit einer Reihe von Vorfällen während des Zweiten Weltkrieges, die Jessup bekannt waren; an einigen hatte er selbst teilgenommen.

Der Briefschreiber brachte die Energiequelle der UFOs in dierekten Zusammenhang mit dem Marine-Forschungsprojekt während des Krieges nach einer perfekten Tarnung für ihre Kriegsschiffe.

In einem seiner Bücher veröffentlichte Prof. Jessup dann diese Briefe. Und obwohl sie eher nach der Prahlerei eines Verrückten klangen, interessierten sich umgehend der Marinegeheimdienst und das »Office of Naval Research« dafür. Besonders diejenigen, in denen das 1943er-Experiment und die Ursache für den Fehlschlag erklärt wurden, fanden Aufmerksamkeit. Der Schreiber mußte über erstaunliche Kenntnisse in der Physik verfügen.

Als Absender zeichnete ein Carlos Miguel Allende, und der Aufgabeort war New Kensington, Pennsylvania. Er hielt dort das Postfach 223, das zur Landzustellung der Strecke 1 gehörte. Spätere Briefe waren mit Carl M. Allen gezeichnet.

Jessup schenkte diesen Briefen vor allem deswegen Beachtung, weil Allende vorgab, das auf der Einsteinschen Feldtheorie aufgebaute Experiment der Kriegsmarine zu kennen. Er schrieb, es sei »unvollkommen durchgeführt« worden. Außerdem behauptete er, daß es möglich sei, aufgrund dieser Theorie ungeheure Entfernungen im Weltraum ohne Zeitverlust zurückzulegen.

Überraschend für Jessup und auch US-Marine-Wissenschaftler waren mathematische Formeln von Allende, die bis dahin gültige wissenschaftliche Fakten zum Teil korrigiert haben sollen. Eine Computer-Überprüfung der Allendeschen Ergebnisse soll diese als richtig bestätigt haben. Außerdem bezog sich Allende auf einen Dr. Franklin Reno, der mit den gewissen fehlgeschlagenen Experimenten des Zweiten Weltkriegs zu tun gehabt haben soll. Daran haben sich die Geheimdienste angeblich besonders gestoßen. Allende schrieb, »die Kriegsmarine fürchtete das Resultat«.

Dieses Ergebnis bedeutet völlige Unsichtbarkeit eines Schiffes auf See.

Bei dem damaligen Versuch soll ein magnetisches Feld das bewußte Schiff in einem Umkreis von etwa 90 Metern eingeschlossen haben. »Innerhalb dieser Sphäre sah jeder jeden auf dem Schiff nur schemenhaft in einem bodenlosen Nichts laufen. Außerhalb, direkt an der Grenze dieses Kraftfeldes, konnte der Beobachter außer der im Wasser klar begrenzten Form des Schiffsrumpfes, nichts sehen.«

Diese Beschreibung durch Allende kannten nur einige wenige hohe Militärs und Zivilbeamte der US-Regierung.

Wie sich aus späteren Aussagen einiger intimer Freunde des Astrophysikers ergab, waren diese Informationen Allendes nichts Neues für Prof. Jessup.

Nach der Veröffentlichung der Allende-Briefe durch Jessup wurde das Pentagon mobil.

Von einem Offizier wurde Admiral Ranson Bennett, »Chief of Office of the Naval Research«, ein Päckchen übergeben, das eine Kopie des Buches von Jessup und den Inhalt diskutierende Notizen von drei Personen enthielt. Als er seinen Untergebenen fragte, um was es sich handele, und der antwortete »das Philadelphia Experiment«, entließ er den jungen Offizier unverzüglich und rief eine Geheimnummer an.

Sofort wurde eine Geheimkonferenz auf höchster Ebene einberufen. Und zwei Stunden später traf sich eine Gruppe von

Leuten des Pentagon, Militärs, führende Wissenschaftler und die leitenden Herren des CIA und FBI.

Noch am gleichen Tag flog eine Abteilung von FBI-Agenten nach New Kensington in Pennsylvania, um Carlos Miguel Allende alias Carl M. Allen ausfindig zu machen.

Er war verschwunden.

Bewohner des kleinen Ortes erinnerten sich an den südländisch aussehenden kleinen Mann mit Namen Allen und verwiesen auf ein älteres Ehepaar namens Carter, das seit vierzig Jahren auf einem Bauernhof außerhalb der Ortschaft lebte. Allende wohnte bei den Carters in Miete.

Die Federal-Agenten fanden sehr schnell heraus, daß Allende, aber auch die Carters verschwunden waren.

Nachfragen bei der Ortspolizei ergaben, daß das Ehepaar Carter freundliche Leute seien, die aber nur selten zu Einkäufen für den täglichen Lebensbedarf ins Dorf kamen. Sie hatten nicht einmal mit ihren nächsten Nachbarn Kontakt und auch nach 40 Jahren überhaupt keine Freunde.

Eine Tatsache, die den Polizeichef noch nachträglich wunderte. Nach ihrem Aussehen befragt, konnten die Nachbarn nur sagen, sie seien ein älteres Ehepaar mit dunklem Teint gewesen, genau wie Allende. »Seltsame Leute« war die allgemeine Ansicht, ohne Einzelheiten nennen zu können.

Zufriedenstellende Auskünfte gab es nicht, und der ewig wiederkehrenden Antwort: »ich weiß nicht so recht, sonderbare Leute, anders als wir«, konnte nichts Brauchbares entnommen werden.

Die FBI-Agenten wußten nicht einmal den Grund, warum sie nach Allende fahnden mußten, und gaben die Nachforschungen schließlich ohne Erfolg auf. Außer dem damaligen Chef des FBI, J. Edgar Hoover, und zwei seiner nächsten Mitarbeiter, soll niemand in die Hintergründe der Affäre eingeweiht gewesen sein. Das Problem lag nicht allein in nationaler Sicherheit, sondern in höchster wissenschaftlicher Dringlichkeitsstufe. Allende wußte von einem Experiment, das man lieber der Vergessenheit anheim gegeben hätte. Wichtig genug, ihn unter allen Umständen zu finden.

Warum hält man bis heute Informationen über das »Philadelphia Experiment« zurück? Warum verschwenden erstklassige Wissenschaftler und Geheimdienste ihre Zeit mit den Briefen eines »Verrückten«? Warum sind Geheimdienste und auch Gegenspionage so interessiert?

Aus der Allende-Jessup-Korrespondenz muß man schließen, daß durch ein Experiment der US-Marine während des Zweiten Weltkriegs ein Schiff mit teilweisem Erfolg unsichtbar gemacht wurde.

Aus Bericht-Fragmenten konnte das Geschehen in etwa rekonstruiert werden.

Es soll gelungen sein, die Molekularstruktur von Materie zu verändern, und dadurch ist angeblich ein Schiff mit Mann und Maus zum Verschwinden gebracht worden. Es tauchte wieder auf, verschwand erneut, der Prozeß wiederholte sich fort und fort. Wissenschaftler verstanden nicht, was geschehen war.

Man hoffte, daß das Schiff in seinen Normalzustand zurückkehrte, sobald sich das Energiefeld verbraucht hatte. Ein weiterer, unvorhergesehener Effekt zeigte sich in der augenblicklichen Versetzung des Schiffes von einem Standort zum anderen.

Das Experimentierschiff flackerte nicht nur und verschwand wie ein an- oder ausgeknipstes Licht, es tauchte irgendwo anders wieder auf. Wer weiß, wo es überall erschien, während es in Philadelphia vor Anker lag?

Die furchtbarsten Auswirkungen betraf die Besatzung, wie Allende schrieb. Danach hatten diese Männer ein grauenhaftes

Schicksal. Männer, die auf dem Nichts liefen, um plötzlich in einem Flammenbündel zu verschwinden.

Allendes Aussagen zufolge war das Experiment für die Kriegsmarine ein totaler Fehlschlag, da das Schiff nicht einmal manövrierfähig war. – Er, Allende, sei zur damaligen Zeit in Philadelphia gewesen.

Er schrieb, daß alles in allem die Erkenntnis dieser Dinge solches Grauen verursacht habe, daß das Projekt als unmöglich, unpraktisch und zu gefährlich aufgegeben worden sei.

Allendes Beschreibung nach waren Männer in lodernde Flammenbündel verwandelt worden, hatten den Verstand verloren oder seien nach ein paar Schritten im Nichts plötzlich verschwunden, als habe sie eine andere Dimension verschluckt. Auch der Zwischenfall an der Bar der Hafenkneipe gehörte zu den Vorfällen, die niemand glauben wollte, obwohl eine Anzahl Augenzeugen dabei war.

Der Name des Zerstörerbegleitschiffs und die Mannschaftsliste soll in versiegelten Akten der US-Marine aufbewahrt werden. Verschiedene Anfragen Dr. Jessups wurden von offizieller Seite mit »kein Kommentar« beantwortet.

1957 wurde er dann vom Marineforschungsamt noch einmal nach Washington beordert und darüber befragt, ob er wisse, wer für die Randbemerkungen zu seinem Buch, die an Admiral Bennett geschickt worden waren, verantwortlich sei.

Dr. Jessup wußte es nicht und hatte außerdem Allende nie persönlich gesehen, auch das war den Marinedienststellen bekannt.

In diesen Randbemerkungen sollen Fragen über eine Versetzung in Raum und Zeit und die Möglichkeit, Unsichtbarkeit zu erreichen, im Zusammenhang mit dem »Philadelphia Experiment« behandelt worden sein.

Die ganze Affäre roch so sehr nach Geheimniskrämerei, daß nun einige Wissenschaftler begannen, Fragen zu stellen.
Als sich offizielle Stellen jeder Aufklärung enthielten, wandte man sich an Prof. Jessup, um seine Meinung über das »Philadelphia Experiment« zu hören. Kurze Zeit später jedoch – am 20. April morgens um 6 Uhr 20 – wurde der Astrophysiker in seinem Wagen, der in der Nähe von Coral Gables, Florida, in einem Park stand, tot aufgefunden.
Der Totenschein wurde von den Ärzten auf Selbstmord ausgestellt. Alle diejenigen, die ihn persönlich kannten, glauben nicht an Selbstmord.
Er war außer der US-Regierung der einzige, dem das Geheimnis der »Entmaterialisation« eines Kriegsschiffes und seiner Besatzung bekannt war.
Dr. Jessups Tod wird von vielen als Teil des ungelösten Rätsels, genannt »Philadelphia Experiment«, betrachtet.

Ob dieser Bericht auf Wahrheit beruht oder nicht, ist sehr schwer zu sagen. Man neigt tatsächlich viel eher dazu, ihn als fragwürdig rund herum abzulehnen. Denn die wissenschaftlichen Erklärungen, mit denen dieses »Experiment« untermauert werden soll, sind obskur und wenig überzeugend.
Trotzdem haben sich eine Reihe ernst zu nehmender Leute damit befaßt.
Die »Tarnkappe« war wohl schon immer einer der größten Menschheitsträume. Vielleicht liegt in diesem heimlichen Wunschtraum der Grund dafür, daß die Gemüter bis heute nicht zur Ruhe gekommen sind.

Wenn Allende tatsächlich ein Spinner war, bleibt es um so verwunderlicher, daß er über Jahre seine »Ente« aufrechthalten konnte. Und allein deswegen lohnt es sich schon, diesen Fall wiederzugeben – ob er nun stattfand oder nicht.

Kontakt mit außerirdischem Leben

Vor der Wirkung glaubt man an
andere Ursachen als nach der Wirkung.
F. Nietzsche

Noch vor knapp zwei Dekaden herrschte die Überzeugung, daß der Planet Erde einzigartig im Universum dasteht. Unsere heutigen Erkenntnisse über das All zeigen inzwischen deutlich, daß wir in der kosmischen Unendlichkeit nur ein ganz gewöhnliches »Vorkommnis« sind. Und die Möglichkeit außerirdischer Lebensformen kann nun nicht mehr angezweifelt werden. Es muß sogar in Erwägung gezogen werden, daß außerirdische Zivilisationen existieren, deren wissenschaftliche Erkenntnisse die unseren weit übertreffen.

Dahingehende Spekulationen haben dem Interesse an interstellarer Kontaktaufnahme neuen Auftrieb gegeben. In Rußland z. B. ist ein 17-m-Radioteleskop allein dafür eingesetzt, systematisch 50 relativ nahe gelegene Sterne abzuhören, um eventuell ausgesandte Signale außerirdischer Zivilisationen zu ermitteln. Und in Amerika gilt als Nachfolger des »Projekt Ozma« zu Beginn der sechziger Jahre »Projekt Cyclops«. Es soll mit Hilfe von Radioteleskopen und hochempfindlichen »Supercomputern« die Suche nach außerirdischem Leben fortsetzen.

Wann der Gedanke interstellarer Verbindungsaufnahme zum erstenmal auftauchte, wissen wir nicht. Aber schon Thales von Miletus (636–546 v. Chr.) vermutete, daß Sterne andere Welten sein könnten. Sein Schüler Anaximander vertrat dann die Ansicht, daß die Anzahl der Welten zahllos sei, daß die einen sterben, während die anderen geboren werden. Plutarch (46–125 n. Chr.) sah im Mond eine Miniaturausgabe der Erde, dessen Berge und Täler von Dämonen bewohnt sind.

Mit der Möglichkeit einer Kontaktaufnahme befaßte man sich jedoch erst in neuerer Zeit. So schlug zum Beispiel der berühmte Mathematiker und Astronom C. F. Gauß (1777 bis 1855) vor, in Sibirien ein riesiges rechtwinkliges Dreieck durch Waldstreifen anzulegen. Der österreichische Astronom

J. J. v. Littrow (1781–1840) sprach sich dagegen für geometrische Kanäle aus, die in der Wüste Sahara gegraben und nachts mit Kerosin erleuchtet werden sollten. Und der Franzose Ch. Gros plädierte für einen überdimensionalen Spiegel, um durch das Sonnenlicht Mars zu signalisieren. –

Mit der Entdeckung der Radiowellen wurden die Vorschläge dann realistischer. Einer der Pioniere auf diesem Gebiet, das einmalige Genie Nikola Tesla (1856–1943), behauptete, kurz nach der Installation seines elektrostatischen Laboratoriums in Colorado Springs, USA, Signale interstellaren Ursprungs aufgefangen zu haben. Und auch sein Zeitgenosse, der berühmte Thomas Edison (1847–1931) berichtete über eine ähnliche Erfahrung. Doch nachdem beide durch Skeptiker diskriminiert, angegriffen und lächerlich gemacht wurden, schwiegen sie.

Um so unvoreingenommener sollte deshalb die sensationelle Meldung über »biologische Signale« außerirdischen Lebens geprüft werden. Diese Signale wurden durch Zufall aufgezeichnet. Erstaunlich ist nur, daß es sich dabei nicht um elektromagnetische Impulse handelt, wie man eigentlich erwarten sollte, sondern um Rufzeichen biologischen Ursprungs.

Es hat den Anschein, als sei der erste Kontakt zu außerirdischer Intelligenz hergestellt. Die letzten Entwicklungen in Kalifornien deuten auf umwälzende Ereignisse hin. Gemeldet wurden diese Signale vom »Ecola Institute« in San Bernardino, Kalifornien, das sich auf Umwelt- und bestimmte Weltraumforschung spezialisiert hat.

Am 29. Oktober 1971 wurden die mysteriösen Impulse zum ersten Mal aufgezeichnet. Nach Aussagen des Direktors des Ecola Institute, L. George Lawrence, handelt es sich um Strahlung außerhalb des elektromagnetischen Spektrums. Die

Strahlenimpulse wurden daher nicht von einem Radioteleskop, sondern von Apparaturen anderer Art registriert.
Lawrence wollte mit seinen Experimenten in der Mojave-Wüste beweisen, daß Pflanzen biologische Impulse ausstrahlen. Das Ecola Institute hatte eigens dafür hochempfindliche Spezialapparate, unter anderem einen organischen Umwandler entwickelt, um biologische Ausstrahlungen zu empfangen, in Tonsignale umzuwandeln, zu verstärken und dann auf Band aufzunehmen.
Während einer Pause waren die Instrumente zufällig für eine halbe Stunde auf das Sternbild Ursa Major ausgerichtet. Trotzdem wurden Impulse aufgezeichnet, die Lawrence als biologischen Ursprungs identifizierte.
Da er seine Empfangsanlage durch eine Faraday-Röhre gegen jede Strahlung des bekannten, elektromagnetischen Spektrums abgeschirmt hatte, konnten die fraglichen Impulse unmöglich aus *diesem* Bereich stammen. Außerdem schloß ihre stetige Wiederholung einen Zufall aus. Der Sender mußte in einer Entfernung zu suchen sein, die der Mensch mit seinen derzeitigen technischen Möglichkeiten noch nicht überbrücken kann. Lawrence war fassungslos.

Doch sein analytischer Verstand ließ ihn zuerst nach möglichen Fehlerquellen in seiner Anlage suchen. Er schaltete auf den Dauerton des Bandgerätes um. Vielleicht war eine elektronische Fehlfunktion für die sonderbaren Laute verantwortlich. Oder die Laufgeschwindigkeit beim Rücklauf stimmte nicht. Er lauschte angestrengt.
Dabei streifte sein Blick die Silhouette des Sechs-Zoll-Refraktor-Teleskops, mit der aufmontierten Faraday-Röhre. In der Dämmerung überragte es den Komplex der optischen und elektronischen Geräte wie ein erhobener Zeigefinger.

Er überprüfte die Richtung des Teleskops und verglich seine Berechnungen wiederholt mit einer Sternkarte.

Es gab keinen Zweifel mehr. Die Instrumente stimmten. Die andauernden, starken Signale kamen aus Richtung Ursa Major. Signale von Lebewesen einer anderen Welt!

Die Idee interstellarer Kommunikation durch biologische Signale verblüffte Lawrence. Unvorstellbar, daß eine solche Verbindungsaufnahme vielleicht schon seit Jahrmillionen auf einer »biologischen Wellenlänge« stattgefunden haben könnte, während wir mit aufwendigen Radioteleskopen unsere Zeit im elektromagnetischen Bereich vergeuden.

Erst als Cleve Backster, einer der führenden Lügendetektorexperten, im Februar 1966 die psychogalvanischen Reaktionen von Pflanzen entdeckte, die während des Wässerns an einen Polygraph (Lügendetektor) angeschlossen waren, widmete man sich der Ausstrahlung von Pflanzen intensiver.

Backster wollte an seinem Galvanometer nur verfolgen, wie lange es dauert, bis die Feuchtigkeit zu den Blättern aufgestiegen ist.

Zwei an jeder Seite eines Blattes befestigte Elektroden werden mit Schwachstrom beschickt und setzen durch einen Galvanometer einen Schreiber auf einer Papierrolle in Bewegung. Emotionelle Impulse beeinflussen die elektrischen Eigenschaften des Organismus und verursachen eine direkte, sofortige Reaktion des Schreibers.

Backsters Überraschung war groß, als der Polygraph Aufzeichnungen festhielt, die denen von Menschen glichen, die starken Gemütsbewegungen ausgesetzt sind.

Einem Impuls folgend, wollte Backster ein Blatt verbrennen. Doch noch bevor er das Streichholz anreißen konnte – praktisch als er den Gedanken faßte – schlug die Nadel des Polygraphen wie wild aus. Als erstaunlichste Tatsache zeigte sich jedoch, daß *keine* Reaktionen verzeichnet wurden, sobald er ohne die ernste Absicht zu haben, nur *vorgab,* die Pflanzen zu verbrennen. Nur bei echten Bedrohungen des Lebens der Pflanzen wurden Reaktionen registriert.

Bei einer Reihe sorgfältig kontrollierter Versuche stellte Backster anschließend fest, daß bei Pflanzen und Tieren ähnliche Reaktionen aufgezeichnet wurden.

Philodendronpflanzen z. B. reagierten auf den Tod von Krabben in kochendem Wasser noch hinter verschiedenen geschlossenen Türen und in unterschiedlichen Räumen in einer Art, die im botanischen Bereich wohl dem »Grauen« gleichkommt. Auch bei der Vernichtung anderen organischen Lebens schlug der Polygraph exzentrisch aus. Ein Vorgang, der Backster überlegen ließ, ob sterbende Zellen etwa an andere lebende Zellen eine Art Warnsignal ausstrahlen. In einer Reihe von Experimenten, die sich mit der Vernichtung anderer Lebensformen befaßten, wurden im Zusammenhang mit dem Tod von Zellen immer wieder die gleichen Reaktionen registriert. Es spielte dabei keine Rolle, ob es sich um Obst, Gemüse, Amöben, Hefe oder Samenzellen handelte.

Je öfter allerdings das Krabbenexperiment wiederholt wurde, um so mehr ließen hier die Reaktionen nach. Backster zog daraus den Schluß einer Art »anpassungsfähigen Logik« oder sogar Erinnerungsvermögen. Die Pflanzen waren zu der »Erkenntnis« gelangt, daß der wiederholte Tod von Krabben zu ihrem eigenen Wohlbefinden keine Beziehung hatte und für sie daher keine Bedrohung war.

Wenn Pflanzen übermächtiger Bedrohung oder Schädigung ausgesetzt werden, »fallen sie in Ohnmacht«. Zu dieser Erkenntnis kam Backster durch einen Zufall. Eine kanadische Physiologin wollte bei einem Besuch die Reaktionen des Galvanometers auf pflanzliche Ausstrahlungen mit eigenen Augen verfolgen. Schon bei der ersten Pflanze blieb jede Reaktion aus, der Galvanometer verzeichnete einen fast geraden Strich.

Backster war sprachlos.

Dann kam ihm ein Gedanke, und er fragte die Besucherin, ob ihre Forschungsarbeit auch die Beschädigung pflanzlichen Lebens mit sich bringe. Es stellte sich heraus, daß sie alle Pflanzen, mit denen sie arbeitete, in einem Ofen röstete, um ihr Trockengewicht festzustellen ... Die Pflanzen erholten sich erst eine dreiviertel Stunde später – nachdem die Besucherin gegangen war – von dem Schock und reagierten wieder normal.

Weitere Forschungsergebnisse zeigen, daß Pflanzen und ihre Betreuer in engem Verhältnis zueinander stehen, das auch durch Entfernungen nicht beeinflußt wird. Das ergab sich aus einer automatischen Vermessungsanlage mit exakt synchronisierten Stoppuhren. Backster konnte daran feststellen, daß seine Pflanzen, ganz gleichgültig wo er sich befand, auf die Ausstrahlungen seiner Gedanken reagierten. So registrierte er auf einen Spontanentschluß hin, von dem etwa 15 Meilen entfernten New Jersey nach New York zurückzufahren, eine sofortige positive Reaktion seiner Pflanzen.

Die Überprüfung pflanzlicher Ausstrahlung über eine Entfernung von über 1 000 Meilen gelang ihm mit Hilfe der Pflanzen einer Bekannten auf die gleiche Weise. Sie befand sich auf einer 3000 Meilen-Rundreise durch Amerika, und bei jeder neuen Landung oder Start reagierten ihre Pflanzen auf die Angstgefühle ihrer Betreuerin.

Welche Energiequelle die Gedanken oder Emotionen eines Menschen auf Pflanzen überträgt, ist noch unbekannt. Backster hat jedenfalls versucht, Pflanzen sowohl in einem Faradayschen Käfig als auch in einem Bleibehälter zu isolieren. Doch keinerlei Abschirmung war in der Lage, die Verbindung zwischen Mensch und Pflanze zu unterbrechen. Backster schließt draus, daß diese Srahlung außerhalb des elektromagnetischen Spektrums liegt, viel schneller als das Licht ist und unberührt bleibt von Zeit und Raum.

Ein geradezu sensationelles Experiment auf diesem Gebiet gelang dem Elektro-Ingenieur und Erfinder Paul Sauvin. Durch ein von ihm entwickeltes Spezialgerät konzentrierte er einen geistigen Befehl auf eine Philodendronpflanze, die etwa 5 Kilometer von seiner Wohnung entfernt auf der Fensterbank des Laboratoriums plaziert war. Als die Philodendron den Befehl Sauvins empfing, sandte sie ein Signal aus, das den Zündschlüssel eines Wagens auf dem Parkplatz des Laboratoriums in Bewegung setzte und den Motor startete.

Der *Moment* von Sauvins Gedankenübertragung und deren *Empfang* von der Pflanze wurden durch die 2000 Meilen entfernte Kurzwellen-Radio-Station Boulder, Colorado, *gleichzeitig* gemessen.

Alle Ergebnisse dieser Experimente, die in vielen Forschungsanstalten der Welt unabhängig bestätigt wurden, beweisen, daß biologische Energie-Übertragung für Kommunikationszwecke, den konventionellen elektromagnetischen Wellen in vieler Hinsicht überlegen sind.

Sollten sich die »biologischen Wellen« also wirklich als viel schneller als das Licht erweisen, wäre verständlich, warum außerirdische Lebensformen gerade *diese Art* der Verbindungsaufnahme gewählt hätten. Denn durch ungeheurere Entfernungen im Weltraum getrennt, würden sie eine Energieform zur Kontaktaufnahme benötigen, die solche Entfernungen praktisch ohne Zeitverlust – augenblicklich – überwindet. Wenn man das bedenkt, ist es nicht mehr verwunderlich, daß Lawrence an jenem denkwürdigen Oktoberabend 1971 biologische Signale einer anderen Welt auffing.

Welche Bedeutung die wissenschaftliche Welt den Lawrenceschen Tonbändern beimißt, ergibt sich aus der Tatsache, daß sie als Beweismaterial für ein wichtiges historisches Ereignis in den wissenschaftlichen Archiven der Smithsonian Institution Washington, D. C., deponiert sind.

Eine Auswertung dieser Bänder ist noch nicht gelungen, da der Code der Signale bisher nicht entschlüsselt werden konnte. Inzwischen wurden weitere dieser sonderbaren Signale aufgefangen. Und das Ecola Institute setzt seine Forschungsarbeit an dieser erstaunlichen Entdeckung fort.

Für L. George Lawrence wäre eine unabhängige Bestätigung dieses Phänomens durch andere Forscher zweifellos wünschenswert.

Sonde von Epsilon Bootes

. . . : Einst, nach überlanger Weile
Werde ich verstanden sein.

Morgenstern

In unserem Sonnensystem hält sich eine Weltraumsonde außerirdischer Herkunft auf!
Diese sensationelle Meldung stammt von dem siebenundzwanzigjährigen schottischen Astronom Duncan A. Lunan. Er entdeckte, daß bestimmte verzögerte Echos von Radiosignalen, die von der Erde in gleichmäßigen Abständen ausgestrahlt wurden, als eine Art Code gedeutet werden könnten.
Nach der Theorie von Lunan kam vor 13 000 Jahren eine Raumsonde von Epsilon Bootes in unser Sonnensystem und versucht, mit uns Kontakt aufzunehmen, indem sie unsere Signale als verzögerte Echos zurückwirft.
Die Raumsonden-Hypothese wurde erstmals 1960 in »Nature« veröffentlicht und stammt von Professor R. N. Bracewell, vom »Radio Astronomy Institute« der Universtiät Stanford in den USA.
Doch schon Tesla kannte die Existenz dieser Echosignale, und auch er vermutete, daß ihr Ursprung in einer Raumsonde außerirdischer Herkunft zu suchen sei.
Bracewell war der Meinung, falls fortgeschrittene Zivilisationen in einer Entfernung von hundert Lichtjahren oder mehr in unserem Sternensystem verteilt sind, würden unbemannte Raumsonden das geeignetste Mittel einer Verbindungsaufnahme darstellen.
Es wäre immerhin möglich, daß eine solche Sonde bei dem Eintritt in unser Sonnensystem unsere Radiosignale auffängt und zurückstrahlt. Diese Signale würden als Echo mit einer Verzögerung zwischen Sekunden und Minuten auftreten, genau wie jene, über die schon in den zwanziger Jahren berichtet wurde. Würden wir nun diese Echosignale wieder ausstrahlen, »wüßte« die Sonde, daß sie Kontakt mit intelligentem Leben aufgenommen hat.
»Wäre es dann überraschend, wenn sich der Anfang einer sol-

chen Nachricht als Fernsehbild eines Sternbildes entpuppen sollte . . .«, schreibt Bracewell.

Die Ergebnisse von Lunan sind jedenfalls atemberaubend. Denn es gelang ihm, in einfachen graphischen Darstellungen die Signal-Reihenfolgen den Echoverzögerungen gegenüberzustellen. Das Resultat sind Sternbilder der nördlichen Hemisphäre. Gegenüber den graphischen Darstellungen ist ihre heutige Position allerdings ganz leicht verändert, und der Doppelstern Epsilon Bootes ist am falschen Platz.

Mit Hilfe astronomischer Vermessungstechniken errechnete Lunan nun, daß seine graphischen Darstellungen genau den nördlichen Himmelsbereich vor 13 000 Jahren wiedergibt. Er zog daraus den Schluß, daß die Raumsonde um eben diese Zeit in unserem Sonnensystem ankam und darauf programmiert wurde, mit anderer Intelligenz dadurch Kontakt aufzunehmen, daß sie deren Radiosignale auf bestimmte Art zurücksendet.

Die auffällige Fehlplazierung von Epsilon Bootes ist nach der Ansicht von Lunan absichtlich geschehen, um auf diese Weise besonders auf den Heimatstern der Sonde hinzuweisen.

John Stoneley vom Londoner »Enquirer« schreibt dazu:

»Die Entdeckung von Lunan ist einfach umwerfend. Die Chancen stehen 10 000:1 für die Wahrscheinlichkeit, daß die verschiedenen verzögerten Echosignale zufällig eine Sternkarte ergeben. Bei der außerirdischen Raumsonde in Erdnähe muß es sich um einen unvergleichbar hochentwickelten Computer handeln. Sobald die Existenz der Sonde eindeutig ermittelt ist, müssen wir sie befragen. Wenn sie den Kontakt mit einer anderen Intelligenz feststellt, könnte das zu einer Abgabe von Informationen aus ihrem sicherlich enormen Datenspeicher führen.«

Inzwischen planen Mitglieder der hochangesehenen »British

Interplanetary Society«, gezielte Radiosignale in den Raum zu senden, um in einer Suchaktion die mysteriöse Sonde aufzuspüren und so vielleicht die Ursache der Radio-Echos zu erklären, die seit 1927 immer wieder in Abständen gehört wurden.

Die ersten Berichte über lang-verzögerte Echos gehen auf Experimente der Amerikaner Taylor und Young zurück.

Sie hatten bereits 1927, während der Suche nach Echos aus der Ionosphäre, andere Echos entdeckt, die ihren Ursprung zweifellos in einer Entfernung zwischen 2 900 und 10 000 km hatten. Die Verzögerungszeiten betrugen den hundertsten Teil einer Sekunde; und die Entfernungen stimmten so ziemlich mit den Ausmaßen des inneren Van-Allen-Gürtels überein. (Strahlungsgürtel der Erde, in dem besonders viele Teilchen kosmischer Strahlen vorhanden sind.) Das ließ eine natürliche Auslegung zu.

Im Dezember 1927 wurde dann Professor Carl Störmer, Oslo, zufällig mit dem Ingenieur Jorgen Hals von den Philips-Laboratorien in Eindhoven, Holland, bekannt und sprach mit ihm über die Taylor-Young-Experimente. Dabei stellte sich heraus, daß Hals auf Signale des Philips-Versuchssenders P.C.J.J. Echoverzögerungen von drei Sekunden festgestellt hatte. Hals war der Ansicht, daß diese Echos vom Mond kamen.

Am 11. Oktober 1928 veranlaßte dann Dr. van der Pol von den Philips-Laboratorien, zwischen acht und neun Uhr vormittags alle dreißig Sekunden eine Serie von drei kurzen Impulsen in schneller Reihenfolge auszusenden; insgesamt 120 Impulse. Die Verzögerungszeiten zwischen den ausgestrahlten Impulsen und den wiedereintreffenden Echos betrugen 8, 11, 15, 8, 13, 3, 8, 8, 8, 12, 15, 13, 8 und 8 Sekunden. Die Echos kamen zwar schwach aber deutlich hörbar zurück. Am wichtigsten war jedoch die Tatsache, daß sie alle auf derselben Wellenlänge kamen.

Duncan Lunan sagt dazu: »Falls diese Echos von einer Raumsonde zurückgestrahlt wurden, ist es geradezu tragisch, daß sie zu einer Zeit aufgefangen wurden, in der man sie mit Selbstverständlichkeit einem natürlichen Phänomen zuordnete.«

Und nach der Meinung von Morrison ist es ein noch viel größeres Pech, daß diese hypothetische Raumsonde nicht durch ein »unverkennbares Merkmal« die Aufmerksamkeit auf sich lenkte.

»Unter normalen Umständen würde der Konstrukteur einer Raumsonde wohl kaum auf die Idee kommen, daß ein um drei Sekunden verzögertes Echosignal mit einem natürlichen Phänomen verwechselt werden könnte.«

Anfang der fünfziger Jahre, als die Theorie über die Möglichkeit außerirdischer Echosignale nicht mehr unbedingt Neuland war, entschloß man sich, die Untersuchungen der Echos noch einmal zu überprüfen.

Und jetzt kamen die Beobachter zu der Überzeugung, daß es sich hierbei um eine außerirdische Kommunikationssonde handeln mußte, die sich von Zeit zu Zeit meldet. Man vermutete, daß ihre Aufgabe darin besteht, intelligentes Leben in unserem Sonnensystem aufzuspüren, und die hier aufgefangenen Radioausstrahlungen zum eigenen, weit entfernten Heimatplaneten weiterzuleiten.

Auch aus den erneuten Untersuchungen ergab sich, daß die Echosignale der »Suchsonde« nur zeitweilig aufgefangen wurden.

Am 4. September 1953 nachmittags um halb vier ereignete sich dann etwas geradezu Unheimliches.

Der Londoner C. W. Bradley sah auf seinem Fernsehschirm ganz unerwartet und zusammenhanglos die amerikanischen

Programmzeichen KLEE-TV. Im Verlauf desselben Monats und auch noch danach erschienen die gleichen Buchstaben auf den Bildschirmen der »Atlantic Electronics Ltd.«, Lancaster in England. Nun sind Fernsehübertragungen aus Übersee nicht unbedingt ein Grund zur Beunruhigung.

Aber in diesem Fall war das Programmzeichen KLEE-TV drei Jahre *vorher* von Houston in Texas ausgestrahlt worden und danach nie wieder. Denn schon im Juli 1950 wurde das Zeichen KLEE-TV durch das neue Programmzeichen KPRC-TV ersetzt. Seitdem wurden die Buchstaben KLEE-TV von keinem Fernsehsender dieser Erde mehr ausgestrahlt.

Eine wirklich zufriedenstellende Erklärung für den sonderbaren Zwischenfall konnte nie gegeben werden, obwohl man versuchte, dieses Rätsel durch verschiedene Theorien zu lösen. Sie reichen von Plasma-Wolken (ionisiertes Gas), die aus unbekannten Gründen die Signale für geraume Zeit gespeichert haben sollen, um sie später wieder freizugeben – bis zur fraglichen außerirdischen Raumsonde.

Es ist gut möglich, daß durch die Lunansche Folgerung das Geheimnis der mysteriösen Echosignale gelöst wird und daß tatsächlich irgendwo in Mondentfernung eine fremde Raumsonde kreist, die vom 103 Lichtjahre entfernten Doppelstern Epsilon Bootes kam, und nur auf eine Kontaktaufnahme mit uns wartet. Eine Sonde, die von fremder Intelligenz vor über 13 000 Jahren ausgesandt wurde, um nach anderem Leben zu suchen. Von Wesen auf den Weg geschickt, die auf einem Planeten leben, der einen der Doppelsterne, die wir Epsilon Bootes nennen, umkreist.

Da die Geschwistersterne durch rund 12 Milliarden Kilometer voneinander getrennt sind, könnten beide Sterne ein Planetensystem mit stabilen Bahnen führen.

Nun, für Lunan steht jedenfalls fest, daß die Bewohner des Epsilon-Bootes-Systems ihre Raumsonde nicht nur aus leidenschaftsloser wissenschaftlicher Neugier auf die 103 Lichtjahre lange Reise geschickt haben.

»Sie suchen eine neue Heimat. Und wahrscheinlich hat sich die ganze Rasse diesem Weltraumprojekt verschrieben, um nach 13 000 Jahren Erfolg oder Mißerfolg zu verzeichnen«, so Lunan. Dagegen ließe sich argumentieren.

Auch wir haben eine Raumsonde auf die interstellare Reise geschickt, die Pioneer-F-Sonde. Sie wurde im Februar 1972 gestartet und wird unser Sonnensystem verlassen, nachdem sie uns Informationen über den Asteroidengürtel und Jupiter übermittelt hat; vorausgesetzt, daß alles nach Erwartung verläuft. Dabei kann sie in fast hundert Millionen Jahren eine Entfernung von beinah dreitausend Lichtjahren in der Milchstraße zurücklegen. Aber sie trat ihre Reise nicht an, um für die Erde nach einem neuen Heimatplaneten zu suchen.

An der Sonde ist vielmehr eine vergoldete Aluminiumplakette angebracht, die durch die Darstellung eines nackten Menschenpaares und binäre Zahlensymbole dem eventuellen »Finder« Anhaltspunkte darüber geben soll, von wo und durch wen sie in den Weltraum geschickt wurde.

Für ihre Auffindung durch außerirdische Intelligenzen stehen die Chancen sogar recht gut. Denn allein schon in der Milchstraße gibt es Milliarden Sterne mit Planeten, auf denen Leben existieren könnte – sechs Milliarden Sterne mit bewohnbaren Planeten nach bescheidensten Sachverständigen-Schätzungen. Möglich, daß auch unsere Sonde, lange in der Zukunft, irgendwo in 103 Lichtjahren Entfernung einer anderen Zivilisation Rätsel aufgibt. Bei einer Geschwindigkeit von rund 50 000 Stundenkilometern wäre das allerdings erst in etwa 530 000 Jahren. Ob es dann noch eine Menschheit gibt?

Im Anfang war die Energie

Die Natur hat kein System, sie hat, sie ist Leben und Folge aus einem unbekannten Zentrum, zu einer nicht erkennbaren Grenze. Naturbetrachtung ist daher endlos, man mag ins Einzelne teilend verfahren oder im Ganzen nach Breite und Höhe die Spur verfolgen.

Goethe

[illegible]

[illegible]

[illegible]

[illegible]

[illegible]

Die Erkenntnis, daß überall in den Tiefen des Kosmos bewohnte Welten existieren müssen, ist vor allem dem stürmischen Umbruch der letzten Jahre auf dem Gebiet der Astronomie zu verdanken.

Astronomie ist wohl eine der ältesten Wissenschaften, und obwohl ihr Ursprung gewöhnlich den Babyloniern zugeschrieben wird, gibt es Hinweise, daß man sich lange vor den Babyloniern schon viel eingehender und mit weit größeren Kenntnissen damit beschäftigte.

So wurde in der französischen Vendée bei Poiré unlängst eine uralte »Sternkarte« gefunden. Genauer gesagt, ein prähistorischer Steinblock, auf dessen himmelwärts gerichteter Seite eine Anzahl eigenartiger Zeichen eingemeißelt sind.

Da der französische Forscher Dr. Marcel Baudouin – zu Recht, wie sich später herausstellte – in diesen Zeichen Sternbilder zu erkennen glaubte, ließ er Abdrücke herstellen und diese von verschiedenen Forschungsinstituten genau untersuchen.

Dr. Baudouins Annahme wurde bestätigt. Seine Sternkarte – »Pierre de Merlière« genannt – gleicht der ältesten Darstellung der Tierkreiszeichen durch die Chinesen des Altertums, der »Standarte des Himmels«.

Auf diesem prähistorischen Steinblock läuft eine Rechtsspirale bis zur Mitte und endet dort in einer Vertiefung. Sie ist der Kern der Sternkarte und stellte den Beobachterstandpunkt dar. Vom Kern zweigen nun zwei Rillen in verschiedene Richtungen ab. Die eine verläuft nach Norden und endet in einem Kreuz, unter und über dessen Querbalken insgesamt vier Vertiefungen eingemeißelt sind. Größere und kleinere Einbuchtungen daneben entsprechen dem Sternbild des Großen Bären. Man weiß heute, daß der Große Bär der Meridian des Steinzeitmenschen war.

Die zweite Rille verläuft von der Mitte – vom Kern – in nordwestlicher Richtung. Bei der Wintersonnenwende zeigt diese Sonnenwendlinie den Stand der aufgehenden Sonne an. Im südwestlichen Teil dieser steinernen Sternkarte ist dann noch eine kleine, in ihrem Zentrum vertiefte Scheibe mit zwei konzentrischen Kreisen zu finden. Sie stellt das Zeichen der Sommersonnenwende dar.

Nach sorgfältigen Untersuchungen entdeckte man noch eine Reihe anderer Zeichen. Und schließlich konnte nach dem festgelegten Markierungspunkt errechnet werden, wann das Sternbild so am nördlichen Nachthimmel gesehen wurde. Danach mußte die prähistorische Sternkarte 8500 Jahre alt sein! Von Spanien bis zur Ukraine wurden über ganz Europa verstreut mit Punkten und Linien versehene Knochen und Steine aufgefunden. Darstellungen, die bis auf 35 000 v. Chr. zurückgehen. Nach dem amerikanischen Forscher Alexander Marshak stellen diese Knochen- und Steinzeichnungen Resultate aus Mondbeobachtungen dar.

In England lebten nun zwischen 2000 und 1700 v. Chr. Ackerbau und Viehzucht treibende Steinzeitmenschen, die im Vergleich zu damaligen Mittelmeer-Kulturen rückständig gewesen sein sollen. Aber gerade aus dieser Zeit stammen die als Stonehenge bekannten rätselhaften megalithischen Steinmonumente, die auf der Hochebene von Salesbury zwischen Cornwall und Wales zu finden sind.

Vier Meter aufragende Steinpfeiler von 40 oder mehr Tonnen schließen sich – bis auf einen ausgesparten Eingang – zu einem durch 30 Deckplatten verbundenen Ring. Herum läuft ein Graben und ein mit 56 Löchern versehener Kreis – Aubreykreis genannt. Der Durchmesser der Gesamtanlage ist 115 Meter, und ihr Grundriß zeigt eine Aufteilung in konzentrische Kreise.

Innerhalb des ersten Ringes formen 49 Trilithen ein Hufeisen. Der letzte, innerste Ring besteht aus kleineren, hufeisenförmig angelegten Steinblöcken. Das Zentrum bildet ein einzelner Block. Die Längsachse des großen Hufeisens weist nach Nordosten und verlängert sich in einer Art steinerner Allee.

Anläßlich eines Besuches in der Nähe von Stonehenge hörte der Astronomieprofessor Gerald S. Hawkins, daß man über dem Steinblock in der Mitte der Anlage am Sonnenwendtag den Sonnenaufgang verfolgen könne.

Hawkins überzeugte sich mit eigenen Augen und stellte bei nachfolgenden Untersuchungen fest, daß die Allee Teil eines komplexen Observatoriums ist.

Um zeitraubende Forschungen abzukürzen und den Auswertungsprozeß zu beschleunigen, spannte Hawkins einen Computer ein. Er fütterte diesen mit Schlüsselpositionen über Stonehenge und mit astronomischen Daten.

Das erstaunliche Ergebnis zeigte, daß es sich bei Stonehenge nicht nur um ein komplexes Observatorium handelte, das Informationen über Sonnenwenden, Sonnen- und Mondfinsternisse, Tag- und Nachtgleichen gab, sondern gleichzeitig einen steinernen Kalender darstellte. Stonehenge selbst war eine Art Computer!

Wie die riesigen Steinblöcke nach Stonehenge gelangten und dort aufgerichtet wurden, bleibt allerdings ein Rätsel. Die sogenannten »blauen« Steine zum Beispiel stammen aus den 400 Kilometer entfernten Prescelly Hills in Wales.

Ein weiteres Merkmal in England, eine prähistorische Landmarkierung gigantischen Ausmaßes, ist in der Nähe von Glastonbury in Somerset zu finden.

Über rund 15 Quadratkilometer breitet sich ein enormes Planetarium aus, dessen Hügel und künstliche Wasserläufe das Zeichen des Zodiakus darstellen. Eine riesige Sternkarte, die eigenartigerweise nur vom Flugzeug voll erkennbar wird. Sie ist älter als die große Pyramide!

In einer südamerikanischen Höhle wurde sogar eine maßstabgetreue Zeichnung unseres Sonnensystems gefunden, die prähistorischen Ursprungs ist.

Und auf einem Tonscherben im Hügel von Kujundschik, im einstigen Ninive, entdeckte man die Endsumme einer Berechnung mit einem Zahlenwert von 195 955 200 000 000. Sie stammt von den Sumerern, der wohl ältesten Hochkultur der Menschheit, deren Ursprung bis auf die Schöpfung zurückgehen soll. Sie schrieben »Bücher« auf Tontafeln und verfügten über erstaunliche mathematische und astronomische Kenntnisse. Und *ihre* Berechnungen der Mondumlaufbahn weichen von unseren heutigen nur um 0,4 Sekunden ab!

Wie war das möglich?

Aus viertausendjährigen Keilschriftaufzeichnungen babylonischer Astronomen gehen die Positionsveränderungen der Planeten Venus, Mars und Jupiter eindeutig hervor. Ja, sogar die Ortsveränderungen der vier Jupitermonde sind festgelegt, obwohl sie ohne Teleskop nicht sichtbar sind!

Das Teleskop wurde erst 1608 von dem Holländer Hans Lippershey erfunden!

Wie haben die Babylonier das nur gemacht?

Die Schöpfung begann mit einem Nebel – einer Wolke – einer Wolke aus Staub, steht im »Popul Vuh« der Mayas.

Und den gelehrten Chinesen war schon vor dreitausend Jahren klar, daß die Erde rund sein muß.

Doch für die später gelehrten Europäer ist diese Erde dann eine flache Scheibe.

Etwa 2 500 Jahre v. Chr. unter Kaiser Yaos Herrschaft passierte den chinesischen Hofastronomen Hi und Ho allerdings ein fatales Mißgeschick. Vom Reiswein angesäuselt, entging ihnen eine Sonnenfinsternis, die sie vertragsgemäß hätten ankündigen müssen. Wegen vernachläßigter Pflichterfüllung durch Trunkenheit im Dienst wurden sie ihres Amtes durch Enthauptung enthoben.

Schon die indischen »Weden« berichten über Leben auf anderen Himmelskörpern, die weit von der Erde entfernt sind.

Der berühmte Philosoph und Mathematiker Pythagoras von Samos (570 v. Chr.) glaubte noch, daß die Erde rund ist und frei im Raum schwebt.

Aber später, im finsteren Mittelalter, erkennt die Kirche aus egozentrischen Gründen nur das Ptolemäische System an. Denn hier ist die Erde fester Mittelpunkt, um den sich alles andere dreht!

Erst Nikolaus Kopernikus (1473–1543) stellt die richtigen Verhältnisse wieder her. Er läßt die Erde und die anderen Planeten wieder um die Sonne kreisen und bezieht sich auf Aristarch von Samos (320–250 v. Chr.), der schon damals behauptete, die Sonne sei das Zentrum der sie umkreisenden Planeten. Vor rund 2500 Jahren war Anaxagoras (500–428 v. Chr.) sogar noch einen Schritt weiter gegangen. Er schrieb, daß auch andere »Erden« Bewohner nähren können.

Mehr als zweitausend Jahre später wird dann der Dominikanermönch Giordano Bruno (1547–1600) auf dem Scheiterhaufen verbrannt, weil er festzustellen wagt, daß außer unserer Welt auch noch andere Welten existieren müssen.

Schon Demokrit (460 v. Chr.), der Begründer der Atomlehre, sprach von Geburt und Tod der Welten und daß einige unter ihnen für Leben geeignet sind. Die Milchstraße sei nichts als eine Ansammlung ferner Sterne, meinte er.

Und Heraklit von Pontus (388–310 v. Chr.) sah in jedem Stern das Zentrum eines Planetensystems.

120 v. Chr. umreißen die Chinesen im Buch Huai Nan Tzu bereits die Entstehung der Welten durch wirbelnde Urmaterie. Und 65 v. Chr. benutzten griechische Astronomen schon einen Computer. In der Nähe der Insel Antikythera fanden Schwammtaucher um 1900 korrodierte Metallstücke.
1959 untersuchte Prof. Derek Solla Price die komplizierten Getriebe- und Skalenreste. Nach Inschriftfragmenten konnten diese Bruchstücke auf ungefähr 65 v. Chr. datiert werden. Prof. Solla Price erkannte, daß es sich um eine hochentwickelte »Rechenmaschine« handelt, die zur Darstellung und Auswertung von Planeten-, Sonnen- und Mondbewegungen benutzt wurde.
Aus fernster Vergangenheit wurden durch die Jahrtausende nur Kulturfragmente bis zu uns hinübergerettet. Aber schon das Wenige übertrifft unsere Vorstellungen.
Wie viele Zivilisationen mit überragenden Kenntnissen in Wissenschaft und Metaphysik spurlos untergegangen sind, wissen wir nicht, da nur Mythen und Sagen von ihnen erzählen.

Nicht weniger tragisch für uns sind die Verluste einer noch greifbareren Vergangenheit, um nur ein Beispiel unter vielen zu nennen, die Große Alexandrinische Bibliothek. Ihre 700 000 Buchrollen mit unwiederbringlichen Informationen gingen 47 v. Chr. in Flammen auf.
Und ganz zu schweigen von den zahllosen, unschätzbar wertvollen Dokumenten, die in den Archiven des Vatikans »gehütet« und damit der Wissenschaft vorenthalten werden.
Allein schon die Anzahl der Schriften, die durch die Inquisition konfisziert wurden, nur weil sie dem kirchlichen Dogma nicht gerecht wurden.
Jahrhundertelange Unterdrückung und Rückschritt der Wissenschaften war die Folge.

Aber gegen alle Widerstände setzten sich die Gelehrten trotzdem mit wiederentdeckten Erkenntnissen langsam durch.
So konnte Johannes Kepler (1571–1631), durch die hinterlassenen Aufzeichnungen des dänischen Astronomen Tycho Brahe (1546–1601), die elliptischen Bahnen der Planeten um die Sonne und die des Mondes um die Erde beweisen.
Die Keplerschen Gesetze wurden maßgebend für die Astronomie. Galileo Galilei (1564–1642) baute das Lippersheysche Teleskop nach und sah Mondgebirge, Jupitermonde und Sonnenflecken. Als leidenschaftlicher Verfechter der Kopernikanischen Lehre wurde er allerdings von der Inquisition gezwungen, dieser »falschen Lehre« abzuschwören.
Der große englische Gelehrte Isaak Newton (1643–1727) formulierte dann vor allem die Gravitationsgesetze, entwickelte das Spiegelteleskop und untersuchte die Beschaffenheit des Lichts.
Doch keinem anderen als Friedrich Wilhelm Herschel (1738–1822) wird die größte Pionierarbeit in der Astronomie zugeschrieben. Ursprünglich Musiker, sattelte er mit 35 Jahren nach der Lektüre eines Buches über Astronomie kurz entschlossen um.
Es ist unmöglich, alle seine Arbeiten hier aufzuführen.
Jedenfalls machte sich Herschel eine gründliche »Himmelsdurchmusterung« zur Hauptaufgabe und führte diese mit einem selbstkonstruierten Fernrohr durch, das heute noch mit den besten konkurrieren kann.
Herschel schrieb zahllose Berichte über diese Beobachtungen. 1780/81 entdeckte er schließlich Uranus.
1846 folgte der Franzose Urbain Jean Joseph Leverrier (1811–1877) mit der Vorausberechnung eines weiteren Planeten in unserem Sonnensystem, den dann auch Johann Gottfried Galle (1812–1910) von der Sternwarte Berlin aus entdeckte –

Neptun. Und der uns bisher als sonnenfernste bekannte Planet – Pluto – wurde durch den Amerikaner Clyde William Tombaugh (geb. 1906) lokalisiert.

Inzwischen werden hinter Pluto noch ein oder zwei weitere Planeten vermutet.

Noch Ende des vorigen Jahrhunderts beschäftigte sich die Astronomie ausschließlich mit unserem Sonnensystem und der Evolution der Sterne.

Andere Galaxien (Sternensysteme) wurden bis dahin noch als lokale Nebel innerhalb unserer Milchstraße betrachtet.

Obwohl der Philosoph Immanuel Kant (1729–1804) bereits 1755 die Meinung vertrat, daß es sich hier *nicht* um Gasnebel innerhalb der Milchstraße, sondern um ähnlich große, weit entfernte Sternensysteme handele, wurde diese Frage erst durch einen amerikanischen Astronomen geklärt.

E. P. Hubble (1889–1953) gelang es 1926 mit dem Mount-Wilson-2,5-m-Spiegelteleskop, äußere Teile des Andromedanebels und anderer Sternensysteme in einzelne Sterne aufzulösen.

Galaxien gibt es überall und in verschiedensten Größen im Universum. So besteht zum Beispiel unsere Milchstraße aus ungefähr 150 Milliarden Sternen.

Nun wurde mit Hilfe des Spektroskops festgestellt, daß Galaxien voneinander fliehen, was aus der Rotverschiebung ihres Lichts ersichtlich ist.

Ähnlich wie der Pfeifton einer sich von uns entfernenden Lokomotive mit zunehmendem Tempo immer tiefer wird, so verändert sich auch der Farbton astronomischer Objekte, die sich entfernen. Er verlagert sich zur roten Seite des Spektrums der sichtbaren Farbe. Das entspricht genau einem tiefen Tonbereich. Denn wie die tiefsten vernehmbaren Tonwellen, schwingen auch die roten Lichtwellen am langsamsten.

Hubble entdeckte nun, daß mit zunehmender Entfernung der Galaxien deren Rotverschiebung auch zunimmt. Das heißt: Je weiter Galaxien entfernt sind, um so schneller entfliehen sie. Die Geschwindigkeit nimmt also proportional zur Entfernung zu. Und das führte zum Konzept des expandierenden Universums.

Das bisher für unsere Reichweite fernste Objekt wurde 1970 in der schier unvorstellbaren Entfernung von 12 Milliarden Lichtjahren geortet. (Lichtstrahlen legen in *einem Jahr* 9 463 Billionen Kilometer zurück = 1 Lichtjahr.)

Es ist ein Quasar (quasi stellare Radioquelle), der unter der Bezeichnung OH 471 katalogisiert wurde. Dieser Quasar bewegt sich nach Berechnungen mit rund 91% der Lichtgeschwindigkeit, etwa 270 000 km pro Sekunde, von uns fort.

Quasare wurden erst 1963 entdeckt. Diese fast punktförmigen, optisch beinah unscheinbaren Objekte verursachten größte Aufregung, da sie sich als enorme Radiostrahler entpuppten. Wie sie ihre phantastische Energie produzieren, ist immer noch ein Rätsel. Denn obwohl ein durchschnittlicher Quasar über die Leuchtkraft vieler Hunderter Galaxien verfügt, ist er im Größenvergleich zu einer Galaxie nur sehr klein.

Vor rund 6 Milliarden Jahren kondensierte sich unser Sonnensystem aus einer Gaswolke.

Aber doppelt so lange, nämlich schon vor rund 12 Milliarden Jahren, sandte der Quasar OH 471 *die* Radiostrahlung aus, die *wir* heute empfangen!

Das Universum – »es ist ein Bild, das wir zugleich als Geschichte und als Gegenwart erleben. Tausende, Millionen und bisweilen Milliarden Jahre braucht das Licht, bis es uns das Bild seiner Quelle zur Erde bringt. Die nur noch als Abbild lebende Vergangenheit läßt uns aber die Gegenwart begreifen, die nicht weniger dynamisch und wunderbar ist. Der Blick in

den Himmel ist ein Blick durch die Zeit und zeigt Sternengeschichte in allen Entwicklungsstufen.
»Doch was sich heute in den Weiten des Weltalls ereignet, wird erst dann die Erde erreichen, wenn wir Menschen längst vergangen sind . . .«, sagt der Leiter des astrophysikalischen Observatoriums Bjurakan in Armenien, Viktor Ambarzumjan.
Man müßte annehmen, daß die fortschreitende Expansion des Weltalls eine zunehmende Leere zur Folge hat.
Und könnten wir die Expansion rückwärts im Zeitraffertempo verfolgen, sähen wir, wie sich die Galaxien einander nähern, wie sich das Universum zusehends verkleinert und verdichtet bis zu dem Punkt, wo alle Galaxien zu einem riesigen Superatom verschmelzen.

Dieser Ansicht ist wenigstens der belgische Mathematiker und Physiker Abbé Georges LeMaître. 1927 kam er zu dem Ergebnis, daß das Universum vor Milliarden Jahren – heute glaubt man vor ca. 15 Milliarden Jahren – in Form elementarer Teilchen im überdichten Stadium zu einem Uratom zusammengeballt war. Mit einer unvorstellbaren Substanzdichte, die des Wassers um ein Milliardenfaches übertreffend, muß dieses Superatom eine Temperatur von vielen Milliarden Grad absolut gehabt haben. Höchstwahrscheinlich setzte es sich aus bis zum äußersten komprimierten Neutronen (Neutronium) zusammen. Vor etwa 15 Milliarden Jahren zerplatzte es dann in einer gewaltigen Explosion.
»Big Bang«, wie es der Astrophysiker G. Gamow 1948 in seiner These nennt, die auf dem LeMaîtreschen-Modell beruht.
Die Big-Bang-Fragmente wurden in alle Richtungen geschleudert und verdichteten sich schließlich zu Galaxien. Die jetzt noch beobachtete Galaxienflucht, soll im Urknall ihren Ursprung haben.

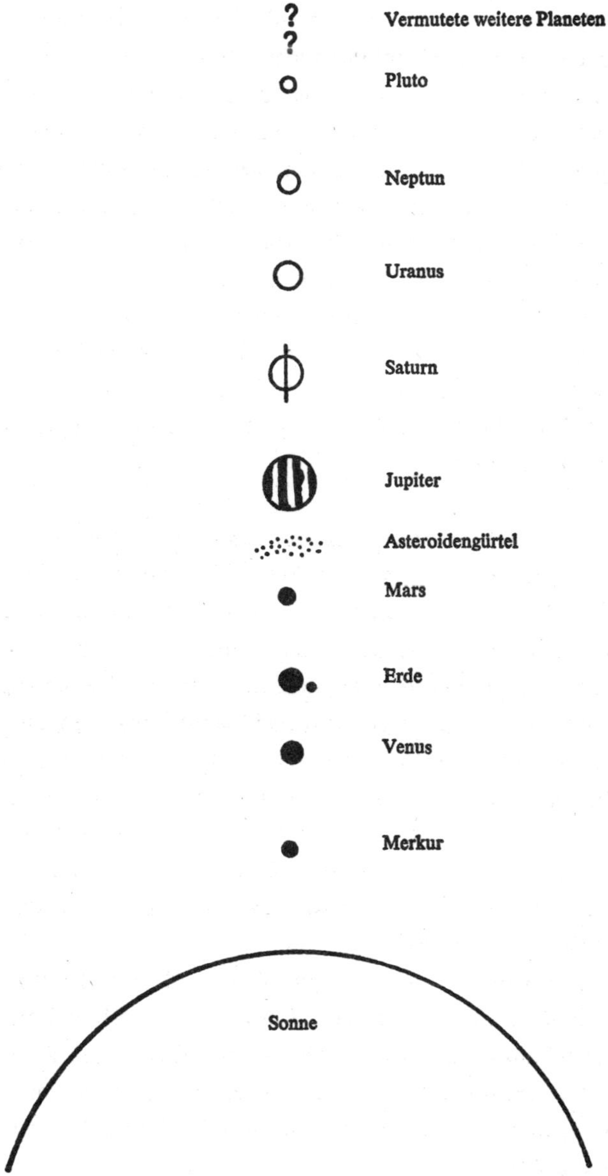
Vermutete weitere Planeten
Pluto
Neptun
Uranus
Saturn
Jupiter
Asteroidengürtel
Mars
Erde
Venus
Merkur
Sonne

Dieses kosmologische Modell wird heute im allgemeinen als zutreffend anerkannt, obwohl es einige Schwächen und Widersprüche zeigt.

Denn allein schon die Frage nach der Explosionsursache kann nicht zufriedenstellend beantwortet werden.

Diese Theorie erklärt zwar den Anfang der Expansion des Universums, kann aber den Ursprung von Energie und Materie *nicht* nachweisen.

Außerdem wird das Zeitproblem unterschlagen. Denn der absolute Zeitbeginn wird einfach mit dem Moment der Explosion festgelegt, da Zeit im Uratom noch nicht existent gewesen sein soll. Wie aber soll der zur Explosion – oder einfacher Expansion – führende Aktivierungsprozeß *ohne Zeit* erklärt werden? Wer hat auf den roten Knopf gedrückt, um die kosmische Bombe auszulösen?! Im übrigen widerspricht die Expansion (die zunehmende Fliehgeschwindigkeit der Big-Bang-Fragmente) *unseren* Physik- und Gravitationsgesetzen.

Um die Frage zu umgehen: was, wie oder wo das Uratom vor dem Urknall war, behaupten einige Wissenschaftler, die Materie des Uratoms sei vorher als riesige Wolke im Weltraum verteilt gewesen, habe sich zusammengezogen, also zum Uratom verdichtet. Warum diese Kontraktion einsetzte, wird nicht zufriedenstellend beantwortet. Und die Frage nach dem *Ursprung* der Materie bleibt nach wie vor offen.

Eine weitere Vermutung geht dahin, daß in x-Milliarden Jahren die heute beobachtete Expansion zum Stillstand kommt, wieder ein Kontraktions-(Schrumpf-)Prozeß bis zur maximalen Dichte einsetzt, der dann in erneute Expansion übergeht. – Ein ewig wiederkehrender, pulsierender Prozeß.

Prof. Sandage vom Mount-Wilson-Observatorium nimmt an, daß ein solcher Expansions- und Kontraktionszyklus 82 Milliarden Jahre braucht.

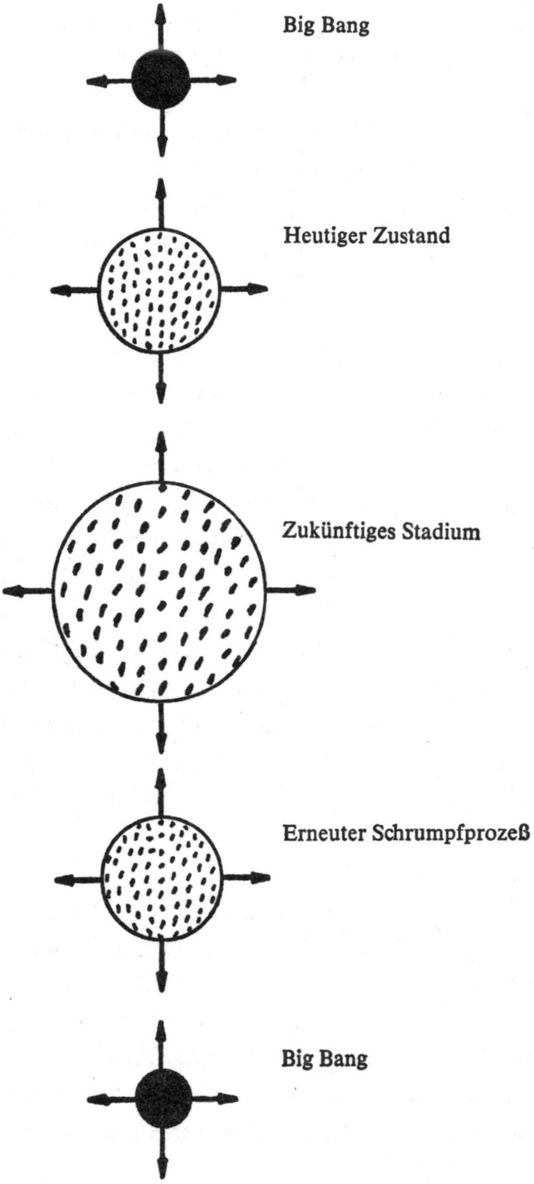
Big Bang
Heutiger Zustand
Zukünftiges Stadium
Erneuter Schrumpfprozeß
Big Bang

Seit der britische Physiker Paul Dirac 1928 voraussagte, daß es zu jedem Elementarteilchen ein Antiteilchen gibt – gewissermaßen ein Spiegelbild der Materie –, wird spekuliert, welche Rolle Antimaterie im Universum spielen könnte.

Bald nach Diracs Voraussage wurde dann auch das erste Antiteilchen – Positron – entdeckt.

Es entspricht dem Elektron, ist aber im Gegensatz zu diesem elektrisch *positiv* geladen und rotiert im entgegengesetzten Spin des Elektrons.

Kürzlich gelang es den sowjetischen Physikern Valentin I. Petruchin und Vladimir I. Rykalin, Atomkerne einer neuen Form von Antimaterie zu produzieren.

Sie beschossen eine Aluminiumfolie mit einem Protonenstrahl (Strahl aus Wasserstoff-Atomkernen), der am Protonenbeschleuniger in Serpukhov südlich von Moskau, auf die Energie von 70 Millionen Elektronenvolt beschleunigt wurde.

Beim Aufeinanderprall dieser Teilchen mit den Kernen der Aluminium-Atome bildeten sich unter anderen auch Atomkerne, die sich aus zwei Antineutronen und einem Antiproton zusammensetzten.

Es handelt sich hier um Antitritium-Atomkerne, das Gegenstück der Atomkerne des radio-aktiven Wasserstoffisotops Tritium.

Yu. D. Prokoshkin berichtet, daß es den Russen schon drei Jahre früher in Serpukhov gelungen war, Antiheliumkerne zu erzeugen.

Nachdem nun die Existenz von Antimaterie erwiesen ist, wird es für möglich gehalten, daß es nicht nur Anti-Sterne, ganze Anti-Galaxien, sondern sogar ein Anti-Universum gibt.

Würde allerdings Materie mit Antimaterie – Sterne und Anti-Sterne zum Beispiel – miteinander kollidieren, wäre der gegenseitige Vernichtungsprozeß einfach unvorstellbar. Denn alles was übrigbliebe, wäre eine über alles Maß hinaus freigegebene Energie. Atombomben-Explosionen wären dagegen rein gar nichts.

Nun sind einige Fachleute der Meinung, daß gerade Quasare und Radio-Galaxien, die enorme Radio-Energie ausstrahlen, durch Kollisionen von Materie mit Antimaterie zu erklären sind. Aber bis jetzt gibt es keinen Weg, etwa Galaxien von Anti-Galaxien zu unterscheiden.

Die Idee, sich ein Anti-Planetensystem mit Anti-Menschen auf einer Anti-Erde vorzustellen, bleibt nur so lange faszinierend, als sich Mensch und Anti-Mensch nicht die Hände schütteln! Big Bang!

Der russische Wissenschaftler A. Sakharov glaubt sogar, daß unser Universum aus einem Anti-Universum geboren wurde, das vor 20 oder 30 Milliarden Jahren in einer Explosion zerfiel. Ursprünglich, so denkt Sakharov, habe dieses Universum vorwiegend aus Antimaterie bestanden. Jedoch durch seine Verdichtung bei sehr hoher Temperatur wurde eine Explosion ausgelöst, in deren Verlauf beim Atomzerfall mehr Materie als Antimaterie erzeugt wurde. Unser Universum sei dann aus diesen Materiepartikelchen entstanden.

Im krassen Widerspruch zu den Explosionsmodellen (Evolutionsmodellen) des Universums steht die Theorie von F. Hoyle, H. Bondi und Th. Gold.

Hoyle vertritt den Standpunkt, daß das Universum durch Zeit und Raum unveränderlich sei; weder je in der Vergangenheit singulär (ein Uratom) gewesen sei, noch zukünftig jemals sein werde.

Selbst wenn wir Milliarden Jahre in die Vergangenheit zurückgingen, wäre die Verteilung der Galaxien genauso wie heute – zwar andere Galaxien, aber in der allgemeinen Verteilung unverändert.

Diese »Steady State Theorie« (stationärer Zustand) unterstellt, daß die Materieverteilung im Universum immer gleich bleibt. Für die entfliehenden Galaxien entsteht im entsprechenden Verhältnis neue Materie – neue Galaxien –, um das exakte Gleichgewicht aufrechtzuerhalten.

Da nach Hoyles Theorie Materie – Wasserstoffatome – sozusagen aus dem »Nichts« entstehen, dadurch aber anscheinend das Gesetz der Energie-Erhaltung verletzt wird, wurde sie heftig angegriffen.

Lassen wir einmal Hoyles »Nichts« außer acht.

Stellen wir uns vielmehr »Nichts« als »Etwas« vor, als eine Art universaler Aufbau-Energie.

In diesem Energiefeld würden sich durch Spannung subatomare Teilchen bilden, die sich schließlich zu komplexen Strukturen verbinden (aufbauen). Dann wäre Materie nichts anderes als konzentrierte oder materialisierte Energie.

Das Streben dieses universalen Energiefeldes nach immer komplexeren Strukturen würde auch erklären, warum Leben und schließlich Bewußtsein entstehen. Alles wäre so Teil dieses Energiefeldes, dieser Urkraft. Und stellt man überhaupt die Frage nach dem Anfang, sollte er in dieser aufbauenden Urkraft gesucht werden – in der Energie im Anfang –, in einem Universum, das sich selbst erschaffen hat.

Jahrtausende sah der Mensch in ehrfürchtiger Bewunderung im Universum ein verläßliches, mit mathematischer Genauigkeit funktionierendes Uhrwerk.

Heute wissen wir, daß das Universum ein turbulentes, hochdramatisches und unberechenbares Spiel von Kräften ist.

Wie Taucher gleiten Astrophysiker und Kosmologen in das endlose Dunkel.

Zeitreisende, die sich wie durch Zeittunnel an kosmischen Strudeln, galaktischen Kollapsen, stetig leuchtenden Strahlenquellen, unsichtbaren Sonnen, deren Energieausstoß den unserer Sonne 100 000mal übertrifft, vorbeitasten. Sie stoßen dabei auf Quasare und Quasi-Quasare – jene erst kürzlich entdeckten Rätselsterne –, die keine Spektrallinien im sichtbaren Wellenbereich aufweisen; begegnen den kosmischen Flackerlichtern – Pulsaren – und weißen Zwergen, den erkalteten kosmischen Leichen ohne internen Strahlungsaufwand. Und auf ihrem Weg in die Jahrmilliarden zurückreichende Vergangenheit unseres Universums geraten sie in den Bannkreis jener zeitlosen, Materie verschlingenden Gravitationsschlunde zum Unbekannten, den unheimlichen schwarzen Löchern.

Diese schwarzen Löcher geben Anlaß zu einer Reihe von Spekulationen. Man vermutet etwa den folgenden Entstehungsprozeß: Daß sich ein Stern aus einer Gaswolke kondensiert, weiß man heute ziemlich sicher. Sein Kern erhitzt sich, und Gravitationskräfte lassen ihn schrumpfen. Der Umwandlungsprozeß von Wasserstoff in Helium (Wasserstoff-Fusion) setzt bei einem bestimmten, kritischen Temperaturstadium ein.

Sobald die nukleare Antriebskraft verzehrt ist, schrumpft ein Stern zum »Weißen Zwerg«. So, wie unsere Sonne etwa in sechs Milliarden Jahren zum »Weißen Zwerg« wird.

Bei größerer Masse eines Sterns, die *über* 1,2 Sonnenmassen hinausgeht (der Chandrasekhar-Grenze), kommt es zu einer Supernova-Explosion. Bei dieser Explosion stürzt das Sterninnere auf wenige Kilometer zusammen, und die Materie wird unter ungeheurem Druck zu Neutronium verschweißt. Ein Neutronenstern – ein Pulsar – entsteht. Ein Kubikzentimeter seiner Materie hätte auf der Erde das Gewicht von einigen Millionen Tonnen! Pulsare sind höchstwahrscheinlich von enormen, rotierenden dipolaren Magnetfeldern umgeben, deren Feldstärken bis zu einer Milliarde Gauß betragen.

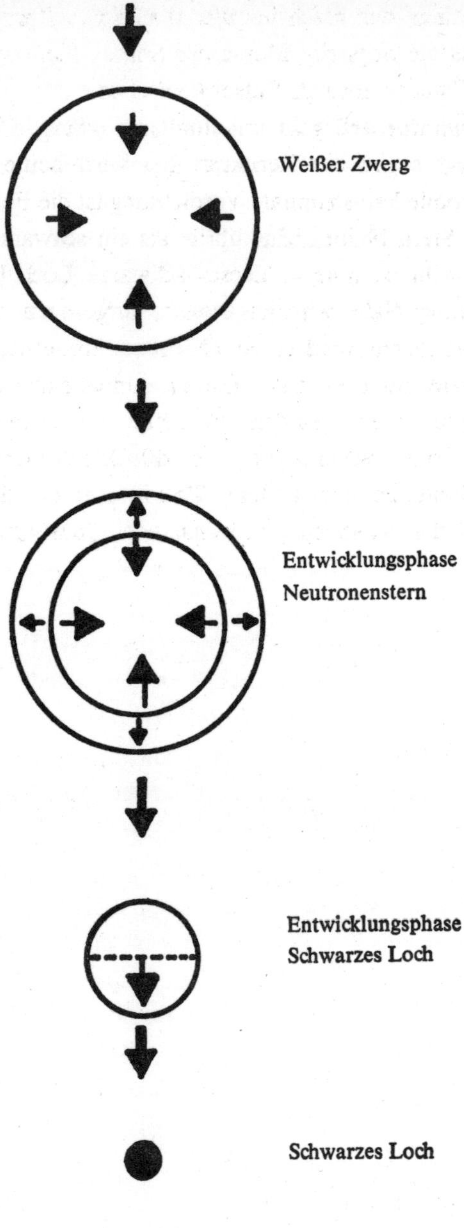
Weißer Zwerg
Entwicklungsphase
Neutronenstern
Entwicklungsphase
Schwarzes Loch
Schwarzes Loch

Hat allerdings der geschrumpfte, überdichte Kern eines großen Sterns die *doppelte* Masse der Sonne, kann er weder als »Weißer Zwerg« noch als Pulsar überleben.

Der Schrumpfprozeß geht unaufhaltsam weiter. Die Gravitation besiegt sogar die Kernkraft (so wird heute vermutet), und eine totale katastrophale Verdichtung ist die Folge.

Von dem Stern bleibt nichts übrig, als ein schwarzes Gravitationsloch – black hole –. Dieses schwarze Loch bleibt. Und alles in seiner Nähe wird angezogen, aufgesogen, verschluckt. Wohin? Vielleicht wird es zu »Nichts« zerquetscht, vielleicht auch verschwindet es aus unserem Universum, so glauben einige, um in einem fremden Universum wieder aufzutauchen. Vielleicht aber erscheint diese verschluckte Materie an einer anderen Stelle, zu einer anderen Zeit in unserem eigenen Universum wieder. Vielleicht als Quasar oder Quasi-Quasar?

Griff nach dem Licht

Zündet man denn eine Fackel an,
um die Sonne zu sehen?

Östliche Weisheit

[illegible]

[illegible]

[illegible]

Dann zu das [illegible] Konzentration. Man
suchte [illegible] Funktionen, Reaktionen und der-
gleichen mehr, aber das [illegible] Umschwung in
[illegible], daß es kaum der Metaphysik [illegible] und das
[illegible]

[illegible]

[illegible]

[illegible]

[illegible]

[illegible] Verhältnis zur [illegible]
[illegible] eine [illegible] Sinne Masse [illegible] der [illegible]
[illegible]

Die [illegible]

In der heutigen Wissenschaft ist es mehr oder weniger verpönt, nach dem WARUM zu fragen, anstatt nach dem WIE. Und das ist verständlich, da es die Dinge vereinfacht. Denn auf das Wie läßt sich schon eine Antwort finden. Man beschreibt eben Prozesse, Funktionen, Reaktionen und dergleichen mehr. Aber das Warum bringt unter Umständen in Verlegenheit, denn es kann zur Metaphysik weisen – und das wäre unwissenschaftlich. Trotzdem wollen wir eine solche unwissenschaftliche Frage stellen: WARUM entstand Leben – WARUM Bewußtsein?

Denn wie sich der Prozeß der Lebensentfaltung vollzog, glaubt man heute mit ziemlicher Sicherheit zu wissen.

Der Ursprung des Lebens steht in engem Zusammenhang mit der Evolution des Planeten, auf dem es sich entwickelt. Man ist heute überzeugt, daß Planetensysteme aus rotierenden Gasnebeln entstehen.

Diese Theorie wurde erst kürzlich durch eine wichtige Entdeckung gefestigt. Astronomen wurden auf eine bestimmte Gruppe von Sternen mit unregelmäßigen Helligkeitsveränderungen aufmerksam. Ihr Hauptvertreter ist im Sternbild Taurus (Stier) zu finden, und man nennt diese Art Sterne daher T-Tauri-Veränderliche. Alles weist darauf hin, daß es sich dabei um recht junge Sterne handeln muß, die von zur Planetenbildung führenden Gasnebeln umgeben sind.

Unlängst erhielt man dann durch die Infrarot-Astronomie wichtige Hinweise über einen T-Tauri-Veränderlichen, »R-Mon« genannt. Er muß sich im frühesten Verdichtungsstadium befinden und ist in eine Gas-/Staubwolke eingehüllt. Seine Masse beträgt etwa ein Viertel der unseres Planetensystems.

Die Astronomen sind sich sicher, in »R-Mon« die Geburtsstunde eines neuen Planetensystems zu erleben.

Nach dem Beispiel der Erde glaubt man nun, daß, sobald ein Planet bestimmte Voraussetzungen erfüllt hat, sich die Entwicklung des Lebens vollziehen kann.

So muß er eine bestimmte Größe haben und sich vor allem innerhalb der lebensfördernden Temperaturzone seiner Sonne befinden. Außerdem müssen bestimmte einfache chemische Verbindungen in seiner Atmosphäre und Kruste auftreten, wie Methan, Wasserdampf, Ammoniak, Schwefelwasserstoff, Kohlenwasserstoff und andere Substanzen.

Durch die Einwirkung ultravioletter Strahlen, Licht, Hitze, Blitze und anderer Phänomene entstehen mehr und mehr organische Moleküle. Es ergeben sich so unzählige chemische Verwandlungsmöglichkeiten, die sich in Reaktionen mit der Atmosphäre zu einer organischen Mischung – Ursuppe –, die außer dem Rohmaterial des Lebens auch die notwendige Energie zur Bildung weiterer Verbindungen enthält, verbinden.

Nach etwa einer Milliarde Jahren entstehen daraus Substanzen, unter anderem Nukleotide (Verbindungen von Phosphor, Nukleinbasen und Kohlehydrat, das vor allem in Zellkernen enthalten ist) und Aminosäuren, den Bausteinen der Eiweiße. Diese Stoffe vereinen sich unter relativ einfachen Voraussetzungen zu Makromolekülen (1 Makromolekül = 1000 oder mehr Atome), aus denen schließlich die ersten Zellen entstehen. Da sie sich in der »Ursuppe« befinden, einer Lösung hunderter verschiedenartigster organischer Verbindungen und anorganischer Salze, absorbieren sie einige dieser Stoffe und »verdauen« sie. Und so entsteht der erste primitive Schritt zum Stoffwechsel.

Es wird angenommen, daß diese ersten lebenden Moleküle den bestehenden Nahrungsvorrat natürlicher organischer Verbindungen schnell verbrauchen, was den Untergang des Lebens zur Folge hätte. Aber zu diesem Zeitpunkt entstehen Organismen, die durch die Photosynthese Nahrung produzieren und das Leben damit stabilisieren. Im Prozeß der Photosynthese neutralisieren primitive Organismen die Energie des absorbierten Lichts, um aus anorganischen Substanzen organische Nahrung zu gewinnen.

In der Fachzeitschrift »Science« wurde vor kurzem über einen höchst bemerkenswerten Fund berichtet.

In den ältesten sedimentären Gesteinsschichten, in der »Onverwacht Strata« des Barberton-Berglandes in Südafrika fand man in den Fossilien anscheinend Beweise vom Beginn der Photosynthese auf der Erde vor etwa 3,4 Milliarden Jahren.

Dr. Keith Kvenvolden, Leiter der »Chemical Evolution Branch« der »Planetary Biology Division« des NASA Research Center in Kalifornien, Dr. J. William Schöpf und Dorothy Z. Oehler von der Universität Kalifornien in Los Angeles behaupten, daß sie in dem Gestein höchstwahrscheinlich den Übergang von ursprünglich organischem Kohlenstoff zu organischem Kohlenstoff, der durch photosynthetische Organismen produziert wurde, gefunden haben.

Da alles irdische Leben auf Kohlenstoff basiert, dokumentiert Kohlenstoff in diesen Ablagerungen die Lebensentstehungsprozesse im Frühstadium.

Die Photosynthese bringt gleichzeitig die wichtige Freigabe von Sauerstoff mit sich. Und die Ozonschicht in der höheren Atmosphäre bildet sich langsam durch ultraviolette Strahlen der Sonne, die den Sauerstoff in Ozon verwandeln. Diese Ozonschicht schützt das Leben vor dem größten Teil der gefährlichen Ultraviolettstrahlung, während diese Strahlen im Frühstadium als wichtiger Lebensspender dienen.

In den primitiven Einzellern wie Algen, Amöben und Bakterien zeigen sich dann die ersten Zellstrukturen.

Es blieb lange ein Rätsel, warum ihre Entwicklung für Milliarden Jahre praktisch stillstand, um sich dann plötzlich beinah mit einem Sprung in Vielzeller zu verwandeln, die sich zu immer höheren, komplexeren Lebensformen weiter entwickelten.

Dieses Wunder erklärt der Paläobiologe Steven M. Stanley von der amerikanischen Johns-Hopkins-Universität mit einer verblüffend einfachen These, die er im Mai 1973 in »Proceedings of the National Academy of Sciences«, USA, darlegte. (Paläobiologie = Wissenschaft vom Leben der Organismen der erdgeschichtlichen Vergangenheit.)

Diese These basiert auf dem ökologischen Konzept des »Cropping« (abweiden, abernten).

Stanley stellt den Vergleich zu einem Rasen an, auf dem unter günstigen Bedingungen vorwiegend Gras gedeiht. Läßt man diesen Rasen nun von Ziegen oder Schafen abweiden, anstatt zu mähen, sprießt bald an den verschiedensten Stellen Unkraut aller Art, da die Tiere das Gras oft büschelweise mit Stumpf und Stiel und den Wurzeln ausrupfen. Wo es einmal *nur* Gras gab – eine einzige Pflanzengattung –, breiten sich bald die verschiedensten Pflanzenarten aus.

Angewandt auf die präkambrische Epoche (etwa vor 2,5 Milliarden Jahren), würde Stanleys »Cropping«-Idee bedeuten, daß Algen und Bakterien sich aus der »Ursuppe« und dem Licht ernährten. Für andere Arten gab es also kaum Platz. Die Evolution brauchte von diesem Zeitpunkt an also Millionen Jahre, um ihrer umweltfeindlichen Umgebung Herr zu werden, das heißt, bis Raum für höhere Lebensformen frei wurde. Sobald aber dieses Stadium erreicht war, wandelte sich der begrenzte Charakter des ganzen Lebenssystems, meint Stanley. – Algen wurden zur Nahrung für tierartige Organismen, und auf diese Weise schufen sie Platz für neue Arten. Die Abwechslung und Reichhaltigkeit der Nahrung führte nach und nach zu neuen Gattungen in der »Tierwelt«. Die Evolution hatte nun voll eingesetzt.

Einen weiteren Hinweis für die Richtigkeit seiner Theorie sieht Stanley im Verhalten einiger Blau- und Grünalgen, deren Ursprung bis auf die Frühzeit der Erde zurückgeht. Hin und wieder ballen sie sich zusammen und bilden sogenannte Stromatolithen. Sie können die eigene Art allerdings nur noch in salzhaltigen Meeresbuchten erhalten, in denen keine anderen Lebensformen gedeihen können, da sie sonst von anderen Lebewesen »abgeweidet« werden.

So erklären diese Theorien in ungefähren Umrissen, wie Leben wahrscheinlich entsteht.

Aber die Frage nach dem Warum ist damit immer noch offen. Setzte man allerdings eine fundamentale Urkraft voraus, ließe sich die Frage nach dem Warum beantworten. Eine aufbauende Urenergie, die Atome zusammendrängt, um so immer komplexere Strukturen zu schaffen, bis schließlich Leben entsteht. Welchen Zweck hätte denn Leben sonst überhaupt?

In seinem Werk »Zufall und Notwendigkeit« vertritt der Molekularbiologie und Nobelpreisträger Jacques Monod den ausgefallenen Standpunkt, Leben sei nur ein einziges Mal entstanden. Sozusagen eine Zufallschance in der Ewigkeit!

Monod verkündet: »Der Mensch weiß endlich, daß er allein ist in der gleichgültigen Unermeßlichkeit des Universums, aus dem er durch Zufall auftauchte . . .«

Welchem Zufall der Monodsche Einfall wohl seine Entstehung verdanken mag? Sicher einer Monodschen Notwendigkeit. Irdisches Leben als einmalig und einzigartigen Zufall in einem Universum von Abermilliarden Sternen zu betrachten, scheint einfach absurd.

Die Abstammung des Menschen ist nach wie vor ein Problem

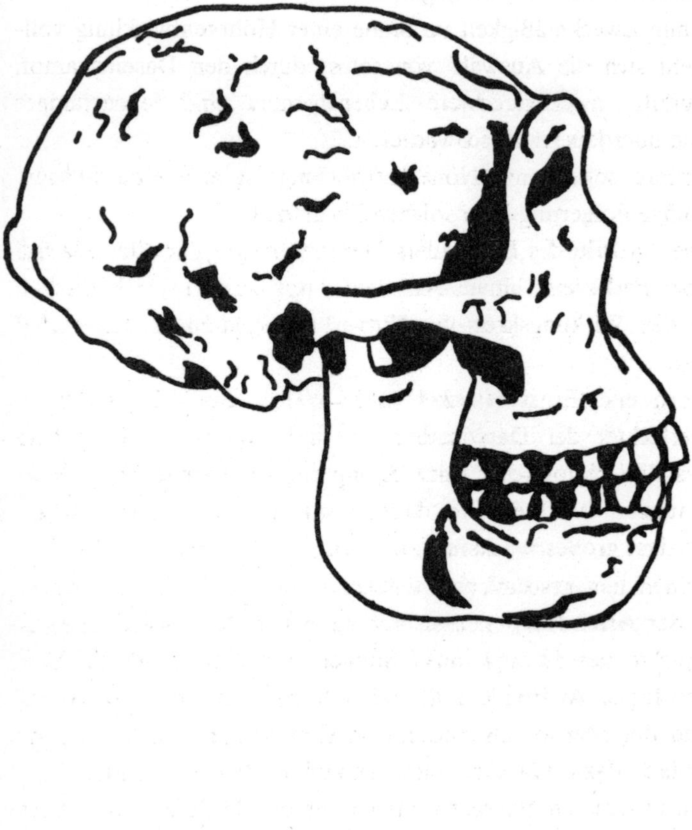

Schädel des Java-Menschen, Vertreter der frühesten Gruppe des Homo erectus. 700 000 Jahre alt.

– trotz Darwin –, und obwohl seine Abstammungslehre und sein Ausleseprinzip unter unzähligen Varianten allgemein akzeptiert wird. In seiner Selektionstheorie setzt Darwin voraus, daß jedes Lebewesen von Natur aus eine Neigung zu kleineren körperlichen Veränderungen mitbringt.

Ohne Zweckmäßigkeit im Sinne einer Höherentwicklung vollzieht sich die Auswahl von selbst durch den Daseinskampf. Zufällig zweckgerechtere Lebensformen sind lebensfähiger und überdauern die schwächeren.

Unsere sogenannte Höherentwicklung ist also eine zwangsläufige Folgerung einer solchen Zuchtwahl.

Die Theorie des Engländers Darwin erregte vor allem darum über Fachkreise hinaus Aufsehen, weil Darwin den Menschen in den Wirkungskreis des Entwicklungsgedankens mit einbezog.

Doch erst Ernst Haeckel (1834–1919), einer der stärksten Verfechter der Darwinschen Lehre in Deutschland, rundete das Bild biologischer Entwicklung ab. Seine eingehenden Forschungen brachten ihn dahin, den Entwicklungsprozeß als einziges großes Wachstum zu sehen.

Seinen neu geschaffenen Wissenszweig, die Stammesgeschichte der Arten (Phylogenie), trennte er von der Entwicklungsgeschichte des Individuums (Ontogenie). Alle Kenntnisse in Embryologie, Anatomie und Paläontologie wurden einbezogen, und der Mensch als hochentwickeltes Säugetier gehörte ganz einfach dazu. Haeckel folgte außerdem den verwischten Spuren unserer animalischen Ahnen aus den Urtiefen des Lebens und rekonstruierte schließlich unseren Stammbaum durch eine mathematisch genaue Artformel, die »biogenetische Regel«, die er als Gesetz bezeichnete. Hierin wird bewiesen, daß eine Keimzelle im Mutterleib in rascher Aufeinanderfolge von der ersten Zellteilung an bis zur Geburt alle Ahnenstufen ent-

wicklungsmäßig durchläuft. Aus dieser Tatsache schloß Haeckel auf den Werdegang des Menschen von der präkambrischen Ära bis zu seiner heutigen Entwicklungsstufe.
Ein glatter, lückenloser Vorgang – so sieht es wenigstens aus. Doch mit der Menschwerdung tauchten dann die Unstimmigkeiten auf.

Angefangen hat es 1856 mit dem Neandertaler, dessen Skelettreste der Düsseldorfer Lehrer Fuhlrott fand. Es ergab sich, daß diese alten Knochen etwa 80 000 bis 120 000 Jahre alt waren. Grund genug, hitzige Debatten über das Für und Wider des menschlichen Stammbaums auszulösen. Eine Reihe von Fachleuten neigte anfangs auch viel mehr zu der Ansicht, daß es sich bei diesen Skelettresten um die eines Raubtiers handeln mußte.

In den letzten hundert Jahren wurde es dann immer schwieriger, eine klare Linie über die Herkunft des Menschen genau zu definieren. Je mehr Knochenreste von Hominiden gefunden wurden – noch dazu aus den verschiedensten Epochen der Erdgeschichte –, um so schwieriger wurde ihre Einstufung.

Die aufgefundenen Reste ergeben eine ebenso stattliche Vielzahl als äußere Vielfalt in unserer angeblichen Ahnenreihe. Und durch die ständige Zunahme der Funde muß der Tier-Mensch-Übergang auch laufend rückdatiert werden.

Dr. Leakey, Direktor des nationalen Forschungszentrums für Prähistorie und Paläontologie in Nairobi, glaubt nun, im Homo habilis den einzig zutreffenden Vorläufer des Homo sapiens gefunden zu haben. Dieser Homo habilis gleicht dem Homo sapiens am meisten, er wurde in Olduvai (heutiges Tansania in Afrika) ausgegraben und lebte vor etwa zwei Millionen Jahren.

Nach den Anthropologen waren unsere Vorfahren hominide Affen, die mit ihren Vettern, den Menschenaffen, in Waldgebieten auf den Bäumen hausten.

Durch klimatische Veränderungen machte der Wald allmählich Steppengebieten Platz, und damit ergaben sich neue Lebensbedingungen für unseren »Urahn«. Die Nahrungssuche am Boden wurde durch hohes Steppengras und darin lauernde Raubtiere zunehmend erschwert und gefährlicher. Der hominide Affe mußte dem begegnen; er mußte sich an die neue Umgebung anpassen, um zu überleben. So richtete er sich langsam auf die Hinterbeine auf, um seine Umgebung besser überblicken zu können. Dadurch wurden die Hände frei, und er begann, sie für andere Zwecke zu benutzen. Er hob Dinge auf, untersuchte und handhabte sie und machte sie zum Werkzeug, um sich damit zu verteidigen.

So, behaupten Anthropologen, habe das Aufkommen einfachster Werkzeuge zur menschlichen Entwicklung geführt.

Und bereits hier beginnen die Widersprüche.

Frage: Die Menschenaffen waren doch sicherlich in der gleichen Umwelt auch den gleichen Lebensbedingungen ausgesetzt. Warum leben sie dann heute noch auf den Bäumen? Warum haben sie sich nicht auf die gleiche Art fortentwickelt?

Wenn einfache Werkzeuge zur menschlichen Fortentwicklung geführt haben sollen, warum sind dann die Werkzeuge benutzenden Schimpansen immer noch Schimpansen?

Die Forscherin Jane van Lawick-Goodall, ehemalige Sekretärin von Dr. Leakey, hat während zehn Jahren die Verhaltensweisen und Lebensgewohnheiten wilder Schimpansen in Kenia miterlebt. Es gelang ihr, in vierzehn Monaten allmählich die Angst der Tiere zu überwinden und von ihnen dann als »ihresgleichen« anerkannt zu werden. Sie lebte innerhalb der Affengesellschaft und konnte sozusagen auf Tuchfühlung ihre Beobachtungen machen. Sie erlebte, wie Schimpansen Werkzeuge herstellen, mit denen sie dann nach Termiten angeln

Schimpanse auf Ameisenjagd.

und Blätter zu Trinkschwämmen verarbeiten. Aber obwohl Schimpansen die verschiedensten Werkzeuge herstellen können, sind sie außerstande, sich ein trockenes Plätzchen zu suchen, wenn es regnet. Schimpansen verfügen also über Werkzeug, das den hominiden Affen angeblich zur Entwicklung zum Menschen verhalf. Hier stimmt doch etwas nicht.

Oscar Kiss Maerth kommentiert das Thema Menschwerdung in »Der Anfang war das Ende« wie folgt:

»Manche Wissenschaftler behaupten auch, daß der Mensch durch das Aufrechtgehen schneller laufen konnte. Die das behaupten, sollten einmal von einem bösen Gorilla gejagt werden. Sie würden anhand ihrer Erfahrungen ihre Bücher umschreiben müssen. Sie verschweigen auch, daß der Mensch durch das Aufrechtgehen die Fähigkeiten des Baumkletterns einbüßte. Wenn er das Aufrechtgehen aus Angst vor wilden Tieren gelernt hat, dann hat er etwas Falsches gelernt und das Richtige verlernt. Denn vor einem Wildschwein, Nashorn oder Löwen klettert er heute noch mühselig auf einen Baum und würde viel dafür geben, wenn er es besser und schneller könnte. Wenn er diese Fähigkeiten genau zu einer Zeit verlor, in der er sie am meisten brauchte, so ist das keine natürliche Entwicklung ... So mußte auch ein Affe entworfen werden, der den Weg zu verbliebenen Wäldern nicht fand, der im hohen Gras Steine finden mußte, um mit der daraus gemachten Axt trotz seiner vegetarischen Lebensweise ein Zebra töten zu können. Und mit ungeheurer Phantasie gelang es auch, alle Affen, die Affen bleiben sollten, in die Wälder zu schicken ...«

Jedenfalls trat die Gruppe der Homo sapiens nach den Vermutungen der Anthropologen vor etwa 40 000 Jahren auf. Eine Gattung mit einem Gehirnvolumen von etwa 1500 ccm – wie es auch der heutige Mensch besitzt.

Seine hominiden Vorfahren dagegen hatten nur ein maximales Gehirnvolumen von 750 ccm, kaum mehr als ein Gorilla mit 685 ccm. Die Verdoppelung des Gehirnvolumens erfolgte in einem unfaßbar kurzem Zeitraum; verglichen mit der Entwicklungsgeschichte sozusagen von »einer Minute zur anderen«. Und das bei einem so komplexen Organ wie dem Gehirn, das neben der Quantität auch die Qualität steigern mußte, und anfangs viele physiologische Berichtigungen des eigenen Nachrichtensystems vorzunehmen hatte! Der hominide Affe war plötzlich intelligent geworden und fähig, abstrakt zu denken. – Er war auf einmal zum Menschen geworden.

Um dieses scheinbare Wunder zu erklären, greifen nun einige Schriftsteller zu außerirdischer Intelligenz, die hier einst landete, um den hominiden Affen genetisch zum Menschen zu manipulieren. Selbst wenn das, hypothetisch gesehen, zutreffen sollte, wäre das Problem um das Erwachen des »Geistes« damit auch nicht gelöst, sondern nur in eine andere Welt verlagert.

Viel logischer wäre der Gedanke, daß das Gehirn unseres hominiden Vorfahren durch eine einschneidende Erfahrung herausgefordert wurde. Eine solche Erfahrung könnte Veränderungen des Gehirns verursacht haben.

Schon 1780 bewies der italienische Anatom Michele Gaetano Malacarne, daß sich das Gehirn durch Erfahrungen verändert. Er stellte das in einem Experiment mit zwei Hunden aus einem Wurf, einem Distelfinkenpaar und zwei Schwarzdrosseln fest, die auch jeweils der gleichen Brut entstammten.

Von jedem der drei Paare dressierte er ein Tier über einen langen Zeitraum, während die anderen drei undressiert blieben. Später untersuchte er die Gehirne aller toten Tiere und fand dabei heraus, daß die Kleinhirne der dressierten Tiere mehr Furchen als die der undressierten Tiere aufwiesen.

Seine Zeitgenossen nahmen von dieser Entwicklung kaum Notiz.

1972 veröffentlichten drei Amerikaner die Resultate ihrer langjährigen Forschung mit Ratten.

Mark R. Rosenzweig, Professor der Psychologie, L. Bennett, Direktor des Lawrence Berkeley Laboratoriums für chemische Biodynamik, und die Anatomieprofessorin Marian Cleeves bewiesen einwandfrei, daß sich Rattenhirne schon nach dreißig Tagen durch bestimmte Erfahrungen anatomisch und chemisch auffällig verändern.

Welches Ereignis könnte nun das Gehirn unseres hominiden Urahn so in Aufruhr versetzt haben, daß es sich von einem solchen Zeitpunkt an rapide veränderte?

Es gibt ein Ereignis, das auch heute noch im Menschen eine eigenartige Ehrfurcht, Faszination und Angst auslöst.

Feuer!

Wäre es nicht denkbar, daß vor unendlich langer Zeit ein hominider Affe in der Dämmerung mit Steinen spielte, sie aneinanderrieb und dabei einen Funken schlug, der Feuer entfachte? Seine Neugier bewirkte damit im Gehirn eine Gedankenfolge – Licht – Wärme – und auch Gefahr.

Zufall? Kaum, es mußte früher oder später kommen. Damit trat der einmalige Augenblick ein, in dem er sein »Dunkel« von nun an ganz bewußt durch das Entzünden eines Spans erhellte.

Es ist fraglich, ob der Homo sapiens tatsächlich erst 40 000 Jahre alt ist. Denn es gibt mit der Hand oder maschinell gefertigte Gegenstände, die, in 40 Millionen Jahre alte geologische Formationen gebettet, aufgefunden wurden; wie zum Beispiel ein Eisennagel und ein Goldfaden aus England. Aus der Tertiärzeit stammt ein exakter Kohle-Nickel-Stahlwürfel mit einem präzisen Einschnitt. Und als wirklich »trittfester Beweis« darf

der Abdruck eines Schuhs mitsamt der Sohlennähte aus Nevada angesehen werden, der dort in einem Kohlenflöz gefunden wurde und 13 Millionen! Jahre zurückdatiert.
So ist der Homo sapiens vielleicht in vielen Millionen Jahren wiederholt aufgetaucht und wieder verschwunden. Wie viele großartige, hochentwickelte Kulturen darunter im Verlauf der Menschheitsgeschichte kamen und etwa durch Selbstzerstörung wieder gingen, werden wir wohl nie erfahren.
Möglich, daß auch wir bald verschwinden; im selbsterzeugten Müll und Giften ersticken – bedeckt von dann nutzlosen technischen Gebilden, die bald genug die Zeit zur Unkenntlichkeit zerfrißt.
Vielleicht wird dann wieder irgendwann und irgendwo ein hominider Affe von den Bäumen klettern, Steine aneinander schlagen und erneut nach dem »Licht« greifen.
Sollte dann eines Tages ein neuer Mensch endlich gelernt haben, mit seinem Geist zu leben – wird er überleben.

Besuch aus der Zukunft

Was man nicht versteht,
besitzt man nicht.

Goethe

[illegible]

[illegible] Möglichkeiten es denn gegeben hätte.

Glücklicherweise war im Verlauf der Geschichte immer irgend jemand da, der es wagte, seine Zukunftsvisionen zu hinterlassen wer könnte zum Beispiel nicht Jules Verne oder Hans Dominik. Haben sich ihre Zukunftsvorstellungen [illegible]

[illegible]

Wir wollen einmal voraussetzen, daß [illegible] Vernunft aufhängen [illegible] nehmen. Wir würden schon wegen [illegible]

[illegible]

Wahrscheinlich hat sich jeder von uns schon einmal gefragt, wie diese Welt wohl in einer fernen Zukunft aussehen mag. Welche jetzt noch undenkbaren Erfindungen und überraschenden Möglichkeiten es dann geben wird.
Natürlich war im Verlauf der Geschichte immer irgend jemand da, der es wagte, seine Zukunftsvisionen zu hinterlassen. Wer kennt zum Beispiel nicht Jules Verne oder Hans Dominik. Haben sich ihre Zukunftsvorstellungen in den meisten Fällen nicht nur als richtig, ja sogar als zu konservativ erwiesen? Selbst wenn wissenschaftliche oder technische Aspekte einer entfernten Zukunft vorausgeahnt werden, fehlen die sprachlichen Mittel, um diese Zukunft in den Einzelheiten beschreiben zu können.
Vielleicht hat sich auch der Höhlenmensch einmal Gedanken darüber gemacht, was wohl die Zukunft bringen mag. Doch selbst wenn er sich mit einer unvorstellbaren Phantasie Fernsehen, Computer, Düsenjäger, Transistorenverstärker oder auch nur ein »ganz einfaches Fahrrad« hätte ausmalen können, würden ihm ganz selbstverständlich die Worte gefehlt haben, um es seinen Steinhammmer schwingenden zeitgenössischen Dogmatikern detailliert zu beschreiben.
Viel wahrscheinlicher aber wäre, daß er uns – wenn wir in seine Zeit zurückgingen, um nach seiner Zukunftsprognose zu fragen – eine wirkungsvollere Axt voraussagen würde, oder als »Spinner« (in den Augen seiner Zeitgenossen) gar einen Leiterwagen!
Wir wollen einmal voraussetzen, daß der Mensch genügend Vernunft aufbringt, um seine Selbstzerstörung rechtzeitig zu bremsen. Wer würde schon wagen, auch nur zu raten, was in – sagen wir 5000 Jahren – möglich sein wird, wenn sich Wissenschaft und Technologie mit der gleichen Geschwindigkeit fortentwickeln wie in den letzten 50 Jahren.

Und wenn wir ins All schauen, können wir dann wirklich so sicher sein, ob es dort nicht irgendwo weit größere Kenntnisse gibt?
Erinnern wir uns doch einmal, es ist noch gar nicht allzulange her, als behauptet wurde, nichts was schwerer als Luft sei, könne fliegen! Und bestand man nicht einmal darauf, daß es den sicheren Tod bedeute, wenn der Mensch die Geschwindigkeit von 50 Stundenkilometern überschreite! Es scheint auch erst »vorgestern« gewesen zu sein, als sich eine Reihe eminenter Wissenschaftler darüber einig waren, daß der Mensch *niemals* in den Weltraum vorstoßen könne oder etwa gar auf dem Mond landen würde. Zeitreisen unmöglich?
Schon 1949 veröffentlichte Dr. Kurt Gödel einen außergewöhnlichen Artikel. Er beschrieb darin ein Modell des Universums, das auf Einsteins Allgemeiner Relativitätstheorie basiert. In diesem Modell ist es aufgrund der Relativität der Gleichzeitigkeit theoretisch möglich, in jede Region der Vergangenheit oder Zukunft zu reisen – unter der Voraussetzung, daß Materie vollständig in Energie umgewandelt werden kann. Außerdem müßte die Geschwindigkeit der Zeitreisemaschine mindestens 70,7 % der Lichtgeschwindigkeit erreichen – das bedeutet, wenigstens 800 Millionen Stundenkilometer. Gödel bewies in seiner Theorie, daß relativistische Weltmodelle konstruiert werden können, in denen die Lokalzeiten der sogenannten fundamentalen Beobachter, die der Durchschnittsbewegung der Materie in ihrer Nachbarschaft folgen, nicht in wechselseitige Beziehung gebracht werden können, um eine Universalzeit zu formen.
In Gödels Modell existieren überall geschlossene Zeitkurven, die es einem Individuum erlauben würden, sogar in seine eigene Zukunft oder Vergangenheit zu reisen.
Offensichtlich provozierte die Gödelsche Theorie einige Fach-

leute, vor allem wegen der sich ergebenden Konsequenzen, die mit einer Reise in die eigene Vergangenheit zusammenhängen. Bedauerlicherweise stützten sich diese Kritiken sehr oft nicht etwa auf logische oder mathematische Schwächen in der Gödelschen Theorie, sondern *allein* auf die *Tatsache,* daß sie im *Gegensatz* zu bisherigen *Erfahrungen* steht.

Doch wie wir bereits wissen, deuten auch die Tachyonen auf Zeitreisemöglichkeiten hin.

Kürzlich stellte ein bekannter populär-wissenschaftlicher Publizist die Frage, warum uns dann noch niemand besucht habe. Für die zukünftigen Erfinder einer Zeitreisemaschine müsse es doch einfach genug sein, in unser Jahrhundert zurückzukehren – auch wenn es nur aus rein historischem Interesse wäre.

Am 3. Juni 1973 brachte »El National«, die größte Tageszeitung Venezuelas folgenden Bericht:

Mexico-City

Der Morgen war selten klar und strahlend.

Auf den Radarschirmen des Flugplatzes »Benito Juârez« zeigte sich in allernächster Nähe ein Flugkörper. Erstaunt sahen die Kontrollbeamten von ihren Schirmen zum Himmel auf. Niemand hatte um Landeerlaubnis gebeten.

Ein violettes Licht näherte sich mit rasender Geschwindigkeit, glich aber in keiner Weise einem Jet. Es flog eine 360-Grad-Runde.

»Doch auf Funkanrufe erfolgte keine Antwort, eine Verbindung kam nicht zustande«, sagte der Supervisor des Kontrollturms, Fernando Discua, aus.

Mit aufgesetzten Kopfhörern warteten die Beamten angespannt auf einen Laut oder ein Codesignal.

Nichts.

Das fremde Flugobjekt zog unentwegt seine Kreise in einem Radius von etwa 12 bis 16 Kilometern, eingehüllt in violettes

Leuchten. Die drei Beamten waren unruhig und erschrocken. Schließlich war da ein Flugkörper auf ihren Radarschirmen, den sie sogar mit bloßem Auge vom Kontrollturm aus sehen konnten, der weder antwortete noch Anstalten zur Landung traf.

Zur gleichen Zeit meldeten sich Zivilflugzeuge über Bordfunk zur Landung an und berichteten zum Kontrollturm, daß sich ein unbekanntes rundes Flugobjekt in ihrer Sichtweite befinde. Es sei in phosphorisierendes Licht gehüllt und seine Größe daher nicht zu schätzen.

Sowohl Discuas Kollege Estanol als auch der dritte Flugkontrollbeamte sagten aus, daß sie in Panik gerieten, als das Objekt auf den Radarschirmen erschien, aber auf Anfragen absolutes Stillschweigen bewahrte. »Wir wurden von allen Seiten angerufen und von der Anwesenheit dieses unbekannten Flugobjekts über der nördlichen Stadt unterrichtet. Von Einbildung konnte gar nicht die Rede sein«, meinte Estanol. »Dieses Objekt bewegte sich mit unheimlicher Geschwindigkeit und absolut geräuschlos. Dann hing es für einige Augenblicke bewegungslos, wie an einem Faden, in der Luft.«

Auf dem internationalen Flugplatz der Stadt Mexico-City fragt man sich, wer war es? Wann kommen sie wieder?

Ich, Peter Achtmann, beeid. Gerichtsdolmetscher, 34 Jahre alt, wohnhaft in Berlin, mache folgende Aussage:

Am 18. April 1973, gegen 4.35 Uhr, befand ich mich, begleitet von zwei weiteren Personen, am westlichen Stadtrand von Puerto de la Cruz, Tenerife, Islas Canarias (Spanien). Es herrschte Nacht, der Himmel war absolut wolkenlos. Ich blickte nach Nordwesten. Plötzlich bemerkte ich zwei (2) sich ziemlich rasch von Norden nach Südwesten bewegende Lichtobjekte, die sich auf gleicher Höhe in einiger Entfernung voneinander befanden. Das linke Objekt war in der Größe vom rechten unterschieden. Ich konzentrierte mich aus Gründen der Zweckmäßigkeit sofort auf das größere, linke Objekt. Zur Überprüfung, ob ich nicht hinsichtlich der Bewegung des Objekts mich täuschen würde, versuchte ich, meinen Körper und vor allem meinen Kopf so ruhig wie möglich zu halten und legte zur Abgrenzung meines Blickwinkels den rechten Zeigefinger parallel zur Augenpartie auf die Augenbrauen. Das besagte Objekt bewegte sich weit über meinen auf dem völlig ruhig gehaltenen Kopf befindlichen Finger.

Das Objekt bestand aus einem mehr oder weniger deutlich zu erkennenden, beinahe eiförmigen Kern. Am unteren Ende des Kerns befanden sich zwei überaus starke Scheinwerfer, die an ein Augenpaar erinnerten. Die Scheinwerfer sandten ein weitreichendes, metallisches Licht aus.

Der Kern wiederum war von ca. 15 bis 20 kleineren Lichtquellen »umrandet«. Diese Lichtquellen sandten ebenfalls metallisch erscheinendes Licht aus, so daß die Lichtausstrahlung des gesamten Objektes etwa einer Spinne mit beleuchteten Armen glich. Diese Lichtstrahlung oder besser gesagt Lichtstrahlungen hielt bzw. hielten mit unverminderter Stärke an.

Was nun die Entfernung zwischen diesem Objekt und meinem Standort anbetrifft, so möchte ich dazu keine endgültigen Angaben machen, jedoch meine ich, daß es sich um eine Entfernung von mindestens zwei (2) Meilen gehandelt hat.

Ein kurzer Blick auf das zweite Objekt auf der rechten Seite offenbarte ein beinahe identisches, nur im Größenverhältnis verschiedenes Bild.

Meine Beobachtungen hatten zwischenzeitlich ca. zwei (2) Minuten gedauert. Dann kam das von mir in der Hauptsache beobachtete Objekt zu einem plötzlichen und völligen Stillstand, d. h. es lag kein »Zittern« (hovering) vor, so wie es etwa

bei einem Hubschrauber üblich ist. Die beiden Scheinwerfer bewegten sich nun simultan mit immer noch der gleichen Intensität. Auch die »Lichtquellenumrandung« sandte ihre Strahlung unvermindert aus. Nach wenigen Augenblicken aber verloschen die Lichter, und während des Bruchteils einer Sekunde befand sich rund um das Objekt ein merkwürdig heller Kranz, vergleichbar etwa mit einem Magnesiumblitz. Unmittelbar danach leuchtete das Objekt von neuem voll auf und begann in der Folge mit ungeheuerlicher Geschwindigkeit steil nach oben, d. h. nordwärts sich zu entfernen. Ich verfolgte das Objekt und vor allem die stark leuchtenden Scheinwerfer mit meinen Augen noch für ca. 10 bis 12 Minuten, bis dann das Objekt auf seinem weiter nordwärts nach oben gerichteten Flug für mich unerkennbar wurde. Über den Verbleib des zweiten Objekts kann ich keine weiteren Angaben machen.
Ich bin jederzeit bereit, diese meine Aussagen unter Eid zu wiederholen.
Berlin, den 20. 4. 1973
Peter Achtmann

Afrika
Es war einer jener dunstigen ruhigen Morgen, die so typisch für das Mittland Natals sind. Der Farmmanager Jock Marais und ich kamen die Hügel herunter gegen das Gehöft.
Das hohe Gras tropfte vom Morgentau. Daran erinnere ich mich noch genau, da ich ein Paar uralte Stiefel trug, deren rechte Sohle sich schon gelöst hatte. Sie standen gewöhnlich in meiner zweimotorigen Maschine, dem »Aero Commander«. Als ich an diesem Morgen pitschnasse Füße bekam, ging mir auf, daß »Reliquien« dieser Art, selbst wenn man sich davon nicht trennen kann, von sehr zweifelhaftem Nutzen sein können.

Eine Schar Perlhühner stolzierte gackernd hintereinander auf der Futtersuche. Mit einem Schlag waren sie still. Jock und ich bemerkten es gleichzeitig.

Vom Hügelabhang aus sahen wir hinüber zur Grasstartbahn, die dem Wohnhaus und Hangar benachbart ist. Ndolwana, der Zulu-Trackfahrer, hatte gerade das Flugzeug, mit dem ich nach Durban fliegen wollte, herausgeschoben. Es hob sich in der Dämmerung geisterhaft gegen das braune Wintergras ab. Plötzlich erweckte ein unheimliches Glühen auf der Rollbahn, etwa 270 Meter vom Haus entfernt, unsere Aufmerksamkeit. Wir selbst waren etwa 180 Meter von dem Phänomen weg und gingen den Hügel hinunter.

Im Halbdämmer des Morgengrauens vermutete ich zuerst eine riesige Blase Marschgases mit einem Durchmesser von etwa 35 Metern. Sie leuchtete im Zentrum rosa und verblaßte zum Rand. Wie die sogenannten »sun dog«, die manchmal von Piloten zwischen Mitternacht und Morgengrauen gesehen werden.

Ungewollt gingen wir langsamer. Mit zunehmendem Morgenlicht erkannten wir, daß die Schafe auf der Weide bei der Rollbahn in zwei aufgeteilten Kreisen an den gegenüberliegenden Seiten der »Glühblase« standen und intensiv in deren Mitte starrten. Von unserem erhöhten Standpunkt aus erinnerten sie an Eisenspäne auf einem Blatt Papier, die sich nach einem Magneten ausrichten. Ein geordnetes Muster ohne bestimmte Form.

Wir waren noch in der Entfernung eines Steinwurfs, als sich der rosa Schein plötzlich senkrecht in die Luft hob.

Kein Laut. Kein Windhauch.

Wir rannten auf das Phänomen zu, wie hingezogen. Jock stieß hervor: »Sieh dir bloß die Schafe an!« Ich hatte der im Dunst verschwindenden Blase nachgesehen, bis wir an der Stelle an-

kamen, wo »es« gestanden hatte. Jetzt merkte auch ich zu meiner Verwunderung, daß die Schafe fast wie »Ballettänzer« auf den Zehenspitzen standen und die Köpfe ungewöhnlich nach oben reckten. Ihre Hufe schwebten beinah in der Luft und schienen das Gras nicht zu berühren.
Auch wir selbst fühlten uns plötzlich sonderbar schwerelos. Mir lief das Wasser im Mund zusammen, und die Nässe in meinem rechten Schuh zog sich im Nu bis zur Wade aufwärts. Milde ausgedrückt, war es alles in allem ein unheimliches Erlebnis.
Nicht zuletzt trug Ndolwana dazu bei, der mit grauem Gesicht auf uns zurannte und in höchster Ekstase etwas schrie. Angekommen, erklärte er uns atemlos, daß er nun selbst die »rote Sonne« aus den uralten Zulu-Legenden »leibhaftig«, wie er sich ausdrückte, gesehen habe. Von der offensichtlichen Aufregung darüber abgesehen, akzeptierte dieser Nachkomme eines Stammeshäuptlings der Zulu den Zwischenfall als ganz selbstverständlich.
In späteren offiziellen Befragungen bestätigte er, daß solche Besucher aus einer anderen Welt im Zululand, schon lange bevor je ein weißer Mann den Fuß dorthin gesetzt hatte, bekannt waren.
Die Schafe bewegten sich bald wieder normal, und auch bei uns verschwand die beunruhigende »Schwerelosigkeit«.
Ich überprüfte die Maschine vor dem Aufstieg noch einmal, startete die Motoren des »Air Commanders« so leicht wie immer und brachte die Maschine, noch tief in Gedanken, etwa 270 Meter von der Stelle entfernt, an der das Objekt gestanden hatte, in Linie zur Rollbahn. Es dauerte einige Minuten, bis die Motoren Betriebstemperatur erreicht hatten.
Später am Tage erzählte mir Jock, daß er in seinem ganzen Leben noch nie etwas so schnell habe aufsteigen sehen. Wie er

sagte, rollte das Flugzeug in der einen Minute, um in der nächsten außer Sicht in den Wolken zu sein.

Meine eigene Erinnerung in diesem Zusammenhang ist ziemlich konfus. Die Maschine hob sich wie der Blitz vom Grund und war in Sekundenschnelle in der Wolkenschicht.

Halb betäubt tastete ich automatisch nach der Instrumententafel. Alles schien normal zu sein, bis auf den Höhenmesser und den VSI. Der Vertikal-Geschwindigkeitsanzeiger war hart an der äußersten Grenze, während der Höhenmesser verrückt spielte und im Kreis lief.

Merkwürdigerweise war ich durch die unbeschreibliche Beschleunigung nicht in meinen Sitz gepreßt worden, spürte also den Effekt der Beschleunigung überhaupt nicht. Ich fand mich im Gegenteil viel legerer als sonst in meinem Sitz. Fast unbewußt bediente ich den Hebel für das Fahrgestell und schrak bei dem ungewöhnlich lauten Schlag, mit dem es einfuhr, zusammen.

Ich mußte mich schätzungsweis in 10 000 Fuß Höhe befinden, als sich alles normalisierte. Ich stellte Funkverbindung zu Durban her, berichtete über den Zwischenfall und ging auf die vorgeschriebene Flughöhe herunter.

(In »Wings over Africa«, South African Aviation Newsmagazine, Johannesburg, von Anton Fitzgerald)

Um was handelt es sich hier nun?

Die Auswahl der versuchten Erklärungen geht von Blödsinn, Einbildung, opportunistischer Sensationsmache, bedauerlichen Spintisierereien über Verwechslung mit Ballons, Satelliten, Flugzeugen, Venus und anderen natürlichen Erscheinungen bis zu außerirdischen Raumschiffen.

Bei genauer Untersuchung der Sachlage zeigt sich sehr schnell, daß all diese Ausdeutungen bis zu einem gewissen

Grade zutreffen. Sicher spielt Sinnestäuschung manchmal eine Rolle mit, und für Opportunisten war dieses Gebiet eine Zeitlang ganz ertragreich. Sekten gab es schon immer, warum also nicht zur Abwechslung einmal eine »Space Brotherhood« zur »Rettung der Menschheit«.

Natürlich sind auch schon »Kontaktpersonen« aufgetreten – »Auserwählte«, die von den »Großen, Blonden Blauäugigen aus dem All« zu kurzen Raumflügen eingeladen wurden, um mit profunden Botschaften heimzukommen, über die sie nur in »delphischen Orakeln« sprechen dürfen, damit die »Menschheit keinen Schaden leide«.

Und Verwechslungen mit bekannten Flugobjekten oder natürlichen Phänomenen kommen tatsächlich vor.

Aber ist das wirklich alles?

Von den nicht mehr zu zählenden Sichtungen geht ein sehr großer Prozentsatz auf seriöse, hochqualifizierte und absolut zuverlässige Beobachter zurück, wie: Astronauten, Astronomen, Piloten, Meteorologen, Radarspezialisten, Polizeibeamte, Schiffskapitäne, Raketeningenieure und nüchterne Menschen aus allen anderen Berufsgruppen.

Meldungen über unbekannte fliegende Objekte kommen aus allen Erdteilen. Und über die tatsächliche Existenz dieser Objekte gibt es erdrückendes Beweismaterial, vor allem Fotos, Filme und Radaraufzeichnungen. Mit den heutigen technischen Mitteln ist man sehr wohl in der Lage, durch raffinierteste Methoden die »Spreu vom Weizen« zu trennen. Zusammengebraute Fälschungen lassen sich einfach genug nachweisen.

In aller Welt bemühen sich seit Jahren UFO-Forschungsgruppen, dieses Rätsel zu lösen. Regierungsorgane vermeiden jedoch nach wie vor eine direkte Stellungnahme; so geht die Geheimniskrämerei eben weiter. Durch geschickte Mache ist es gelungen, allein dem Begriff UFO einen so anrüchigen Charakter zu verschaffen, daß sich die meisten scheuen, das Wort überhaupt in den Mund zu nehmen. »Schließlich möchte man sich ja nicht lächerlich machen oder gar als Psychopath dastehen!«

Die amerikanische Luftwaffe sah sich aber dann doch unter dem Druck der öffentlichen Meinung gezwungen, Stellung zu nehmen.

1966 wurde die Colorado-Universität beauftragt, ein UFO-Forschungsprojekt durchzuführen. Die US-Luftwaffe opferte dafür eine halbe Million Dollar und setzte Prof. E. U. Condon als Leiter ein. Seine Mitarbeiter waren Fachleute aus den verschiedensten wissenschaftlichen Disziplinen. Aber leider war der Ausgang des Projekts von vornherein festgelegt, das heißt, es wurde mit Vorurteilen angegangen.

Zwei von Prof. Condon vor Beginn als *besonders* fähig empfohlene Experten, die Doktoren Saunders und Levine, entließ er dann sehr schnell wieder wegen angeblicher »Inkompetenz«. Dagegen steht die Behauptung, die zwei Wissenschaftler hätten ihre Entlassung nur dem Umstand zu verdanken, daß sie zu der neutralen und positiven Erkenntnis gelangten, UFOs existieren tatsächlich.

Saunders hatte z. B. viele Tausende konkreter Fälle zur Untersuchung vorbereitet. Doch das »Condon Project« hat sich alles in allem überhaupt nur mit 90 beschäftigt.

Als Beispiel hier das Resultat nur eines Falles: »Es handelt sich um einen der UFO-Reports, in denen alle Fakten geometrisch, psychologisch und physisch die Behauptung unterstützen, daß ein außergewöhnliches fliegendes Objekt – silbrig, metallisch, scheibenförmig, über 10 Meter im Durchmesser und offensichtlich nicht natürlicher Herkunft – in Sichtweite zweier Zeugen flog.«

Trotzdem lautete der Abschlußreport des »Condon Projects« 1969: »Es gibt keine Beweise, die die Annahme rechtfertigen würden, daß außerirdische Besucher in die Erdatmosphäre eingedrungen sind, und nicht genügend Beweise, um weitere Forschungsarbeiten auf diesem Gebiet zu rechtfertigen.«
Danach gab es mehr Kritik als je zuvor über Verstrickungen, Oberflächlichkeit, nachweislich gesteuerte Untersuchungsmethoden ... Der ganze »Condon Report« war ein einziger Skandal und mußte überprüft werden.
Nun machte sich eine Studiengruppe des amerikanischen Instituts für »Aeronautics and Astronautics« – die größte wissenschaftliche Organisation der Welt für Weltraumforschung – an die Arbeit. Elf Wissenschaftler und Ingenieure nahmen den »Condon Report« unter die Lupe und kamen zu erstaunlichen Resultaten. Das Gutachten dieses Ausschusses erschien in der Novemberausgabe 1970 der »Aeronautics and Astronautics«.
Prof. Condons Behauptung, daß aus weiteren wissenschaftlichen UFO-Untersuchungen kein weiterer Nutzen gezogen werden könne, war ohne jedes Fundament. Es hatte sich vielmehr herausgestellt, daß 30 % (!) der in allen Einzelheiten untersuchten UFO-Fälle *nicht* identifiziert werden konnten! Weiter: Prof. Condons Aussage, daß die Erde in den nächsten zehntausend Jahren *nicht* von intelligentem Leben außerhalb des Solarsystems besucht würde, war ein wenig stichhaltiges Argument. Nach Ansicht des Untersuchungskomitees war es schwierig, die restlichen, gut dokumentierten UFO-Fälle zu ignorieren. Denn sie bilden den harten Kern der UFO-Kontroverse und wären Grund genug gewesen, die Untersuchungen *fortzusetzen,* statt abzubrechen. Entgegen Condons Aussage hätte genügend wissenschaftlicher Nutzen daraus gezogen werden können!

Der bekannte Astrophysiker Prof. Allen Hynek war über zwanzig Jahre wissenschaftlicher Berater des US-Luftwaffen-UFO-Geheimprojektes »Blue Book«!
Er veröffentlichte 1972 ein sehr objektives Buch unter dem Titel »The UFO Experience – a Scientific Inquiry« und kommt zum Ergebnis, daß UFOs Wirklichkeit sind.
Er empfiehlt: »... daß in diesem (USA) und anderen Ländern sich Gruppen grundsätzlich interessierter Wissenschaftler und Ingenieure in einem Institut etablieren sollten, um auf einfacher, aber ständiger Basis das UFO-Problem zu studieren ... Da dieses Phänomen den *ganzen Erdball* betrifft, sollten zwischenstaatliche Kontakte der einzelnen Länder untereinander gepflegt werden. Notwendig wäre irgendein Kommunikationsmittel, aus dem ein internationales Fachblatt entstünde, das sich mit dem Sudium der UFOs befaßt ...
Besonders empfehlenswert wäre, wenn ein Mitgliedstaat der Vereinten Nationen bei der Generalversammlung einen Vorschlag zur Bildung eines Komitees innerhalb der Vereinten Nationen einbrächte, um die Kommunikation dieser kleinen wissenschaftlichen Ländergruppen zu fördern und zu ermöglichen ...«
In einer Fußnote schreibt Prof. Hynek, daß am 18. Juni 1966 der damalige Generalsekretär der Vereinten Nationen, U Thant, gegenüber dem Autor John Fuller und ihm selbst, sein tiefgreifendes Interesse am UFO-Problem ausgedrückt habe. Während einer einstündigen Unterredung wies der Generalsekretär darauf hin, daß ihm auch in der Generalversammlung ähnliche Besorgnisse der Mitglieder verschiedener Länder vorgetragen wurden. Er sagte, daß die UN einer Aktion positiv gegenüberstehe, diese aber nur durch Anträge von Mitgliedsnationen ausgelöst werden könne.
Wie aus all dem hervorgeht, nimmt Prof. Hynek das UFO-

Phänomen sehr ernst. Und er sollte es schließlich wissen, da er sich seit mehr als 25 Jahren damit beruflich beschäftigen mußte.

Washington, 19. Juli 1952

Zwanzig Minuten vor Mitternacht »tanzten« acht UFOs in das Luftgebiet der amerikanischen Hauptstadt und wurden auf den Radarschirmen des zivilen Luftkontrollzentrums des »National Airport« beobachtet.

Nach diesem ersten Besuch setzte eine zehntägige Periode visueller und Radarschirm-Sichtungen ein. Am 20. Juli 0.40 Uhr zeigten sich sieben scharf umrissene Punkte auf den Radarschirmen. Die eigenartigen fremden Objekte bewegten sich mit irrsinniger Geschwindigkeit über die Schirme, um plötzlich das Tempo stark zu bremsen.

Vier Fluglotsen, Harry Barnes, Ed Nugent, Jim Ritchey und James Copeland trauten ihren Augen nicht. Sie setzten sich mit dem Kontrollturm in Verbindung und hörten vom dortigen Radaroperateur, Howard Cocklin, daß diese Objekte auch auf seinem Schirm zu sehen seien. »Eines sehe ich sogar mit bloßem Auge – keine Ahnung was das ist«, sagte er.

In seiner Unruhe setzte sich Barnes mit dem Oberkommando der Luftwaffe in Verbindung. Dann widmete er sich wieder seinem Radarschirm. Inzwischen hatten sich die unbekannten Flugobjekte getrennt. Zwei waren über dem »Weißen Haus« und eines über dem Capitol, beides verbotene Zonen.

Auch vom Luftwaffenstützpunkt »Andrew Field« aus, mit dem Barnes sich in Verbindung setzte, wurden die fremden Flugkörper beobachtet ...

Internationale Schlagzeilen, heilloses Durcheinander und am Ende ein offizielles Dementi war die Folge, damit die allgemeine Ruhe wiederhergestellt wurde.

Aber damit war das Rätsel nicht gelöst und zufriedenstellende Erklärungen nicht gegeben. Von überall her trafen die Anfragen ein, darunter auch vom Office des damaligen Präsidenten Truman.

Diesem Vorfall kommt deswegen besondere Bedeutung zu, weil Augenzeugen und Radarschirme gleichzeitige Beobachtungen machten. Unbekannte Flugobjekte zeigten sich über der amerikanischen Hauptstadt einzeln oder in Gruppen am 19., 20., 23., 26., 27., 28. und 29. Juli. Sie tauchten meistens zwischen Mitternacht und Morgengrauen auf. Ihre Geschwindigkeit wurde durch Berechnungen der Bewegungen über die Radarschirme zwischen 100–130 Meilen (etwa 160–200 Stundenkilometer) geschätzt. Manchmal flogen sie auch langsamer, um plötzlich zu beschleunigen. Die Geschwindigkeit eines UFO wurde dabei mit 7 200 Meilen die Stunde errechnet.

Die Zivilluftfahrt, Militärpiloten und Augenzeugen am Boden berichteten von diesen Sichtungen. Aus einer Zusammenfassung der Beobachtungen durch die Luftwaffe ergab sich, daß in grundsätzlicher Übereinstimmung die Farbe dieser fremden Flugkörper als von Orange zu Grün zu Rot wechselnd beschrieben wurde. Die Formationen der Objekte flogen nach keinem festgelegten Schema.

Schließlich entschloß sich die »Air Force« unter dem Druck der Öffentlichkeit, etwas zu unternehmen.

Am 29. Juli stellte sich Generalmajor John A. Samford, Direktor des Luftwaffen-Nachrichtendienstes im Pentagon, etwa 40 Journalisten, um Fragen über diese UFOs zu beantworten. Damit die Öffentlichkeit und internationale Neugier zufriedengestellt wurde, hob man zwei Punkte heraus:

Samford sagte, es bestehe keine Ursache, anzunehmen, daß diese Objekte für die USA eine Bedrohung darstellen.

Dann versuchte man, das Ereignis als »natürliches Phänomen«

wegzuerklären, obwohl unter anderem auch Fotobeweismaterial vorlag. Fachleute haben sich mit dieser Verlegenheitserklärung allerdings nie zufrieden gegeben . . .

Portugal, 4. September 1957

Um 19.21 Uhr steigen vier Düsenjäger vom Militärstützpunkt Ota zu einem Navigations-Nachtflug auf. Eine Routineübung, die über Granada in Spanien, zurück zu den portugiesischen Orten Portallegre und Coruche in 8 000 Meter Flughöhe durchgeführt werden soll. Flugkapitän Jose Lemos Ferreira leitet die Operation, an der die drei anderen Piloten teilnehmen. Die Nacht ist hell und sternenklar.

Der erste Flugabschnitt verläuft planmäßig und glatt. Von Granada drehen die Maschinen in Richtung Portalegre ab.

Da bemerkt Kapitän Ferreira linker Hand am Horizont ein ungewöhnliches großes Licht. Er beobachtet es für einige Minuten und macht dann über Bordfunk die anderen Maschinen darauf aufmerksam. Der linke Flügelpilot hat es bereits gesehen.

Der Kern des sonderbaren Objekts wechselt ständig die Farbe von Dunkelgrün zu Blau, Gelb und Rot. Plötzlich wird es größer – fünf- oder sechsmal so groß wie vorher. Und bevor die Piloten es richtig begreifen, ist es zu einem kaum mehr sichtbaren gelben Punkt geschrumpft. Das wiederholt sich ein paarmal.

Während der ganzen Zeit hat es aber seine Position zu den Düsenjägern nicht gewechselt. Der fremde Flugkörper steht etwa 40° links zu ihnen. Wie die Größenveränderung zustande kommt, kann Kapitän Ferreira nicht feststellen, ob in Bewegung oder im stationären Zustand. Nach 6 oder 7 Minuten ständigen Größenwechsels verschwindet das Objekt etwa 90° linker Hand der Düsenmaschinen am Horizont.

Kurz vor Portalegre, um 22.38 Uhr entschließt sich der Kapitän, Richtung Coruche einzuschlagen. Die Düsenmaschinen drehen etwa 50° links ab. Doch da ist der fremde Flugkörper wieder unverändert in einer 90°-Position. Nun ist Kapitän Ferreira überzeugt, daß es sich um kein stationäres Objekt handeln kann. Mittlerweile leuchtet es hellrot auf und steht weit unter der Flughöhe der Militärmaschinen.

Als die Piloten sich bereits einige Minuten auf ihrem neuen Kurs befinden, entdecken sie plötzlich, wie sich aus dem fremden großen Flugkörper ein kleinerer löst. Bevor sie sich von der Überraschung erholt haben, tauchen drei weitere, ähnliche Objekte an der rechten Seite des großen UFOs auf. Es bewegt sich mit seinen kleineren Begleitern mit ständig wechselnder Geschwindigkeit in der gleichen Position.

Trotzdem läßt sich die Entfernung zu den Düsenjägern nicht abschätzen und obwohl die fremden Flugobjekte weit unterhalb der eigenen Position ziemlich nah sind. Das große Objekt ist etwa 15mal größer als die kleineren und scheint das Kommando zu führen, da sich die kleineren um dies herum formieren.

Als die Militärmaschinen Coruche anfliegen, taucht das große UFO plötzlich in rasendem Sturzflug nach unten und steigt sofort wieder in der gleichen Geschwindigkeit auf, aber in Richtung der Düsenjäger.

Die Piloten geraten außer sich und brechen fast die Formation, um das fremde Objekt seitlich zu übersteigen. Sobald sie jedoch die Aufstiegsbahn des UFOs schneiden, zieht dieses sich mit seinen Begleitern zurück.

Der Vorfall hatte etwa 40 Minuten gedauert, und alle Piloten stimmten darin überein, daß es keine natürliche Erklärung dafür gab.

Kapitän Ferreira sagte, daß er darum bitten möchte, nicht

wieder eine der üblichen Routineerklärungen wie Venus, Ballon, Flugzeug oder ähnliches vorgesetzt zu bekommen, die nach jeder UFO-Sichtung der übliche Refrain seien.
Bei UFO-Sichtungen wird immer wieder ein bestimmtes Merkmal festgestellt: »Es ist, als tauchen sie als leuchtende Objekte ›aus dem Nichts‹ auf.
Nach ihrem plötzlichen Erscheinen werden sie dann als konkrete metallische Objekte beschrieben, die sich bei ihrem Verschwinden in ›Nichts‹ aufzulösen (in Energie umzuwandeln) scheinen. Denn so, wie sie aus dem ›Blauen‹ auftauchen, verschwinden sie auch wieder. Eine der typischen Beschreibungen einer UFO-Sichtung lautet, ›es verschwand, wie wenn man das Licht ausknipst‹.«
Auffällig ist, daß gerade solche Charakteristiken höchstwahrscheinlich bei einem Zeitreiseschiff auftreten würden. Denn eine solche Zeitreisemaschine müßte schneller als das Licht fliegen. Und darum müßte sie sich in Energie verwandeln, sozusagen entmaterialisieren. Aus diesem Grunde kann man hier auch in Erwägung ziehen, ob nicht einige dieser UFOs vielleicht Zeitreiseschiffe sein könnten, die sowohl von einem anderen Planetensystem stammen, als auch zukünftige irdische Zeitreisemaschinen sein könnten.

»Warum landen sie dann nicht und nehmen Kontakt mit uns auf?« ist die ständig wiederkehrende Frage.
Dafür könnten bestimmte physikalische Gesetze verantwortlich sein, die eine Landung und Kontaktaufnahme der Zeitreisemaschinen mit ihren Insassen nicht zulassen. Vielleicht wären aber auch soziologische Gründe die Ursache dafür.
Aber ganz davon abgesehen, gibt es viele Tausende von Berichten über angebliche Landungen. Sie sind allerdings mit Vorsicht zu genießen, da gerade hier Spinner viel Unheil ange-

richtet haben. Dennoch soll der folgende Fall berichtet werden, da er als authentisch gilt und keine Widersprüche nachgewiesen wurden.

1. Juli 1965: Valensole, Basses Alpes, Frankreich.
Während des Monats Juni hatten Monsieur Maurice Masse und sein Vater, Lavendelzüchter in Valensole, verschiedentlich mit wachsendem Ärger festgestellt, daß irgend jemand ihrem Lavendelfeld »l'Olivol« Pflanzensprößlinge entnommen hatte.

Am frühen Morgen des 1. Juli, etwa um 5.45 Uhr beendete Maurice Masse eine Zigarettenpause, um weiterzuarbeiten. Er stand neben einem Kieselsteinhaufen am Ende des kleinen Weingartens, der sich am Feld entlangzieht.

Plötzlich hörte er ein pfeifendes Geräusch. Er sah sich flüchtig um, da er einen Hubschrauber vermutete. Er staunte nicht schlecht, als er statt dessen eine »Maschine« erblickte, die aussah wie ein Ball und ungefähr so groß wie ein Dauphine-Auto war. Sie stand auf sechs Landefüßen und einem Zentralpivot. Daneben beugten sich zwei Gestalten über die Lavendelpflanzen. Aufgebracht beobachtete Masse sie durch das Weinlaub. Dann verließ er seine Deckung und rannte auf die fremden Geschöpfe zu. In etwa 15 Metern Entfernung drehte sich eine der Gestalten um und richtete ein bleistiftartiges Instrument auf Masse. Er stand auf der Stelle »festgenagelt«, unfähig sich zu rühren.

Bei der späteren Vernehmung schätzte Masse diese Kreaturen auf etwa 1,20 m. Ihre Kleidung sei enganliegend und aus einem Stück gewesen. Über weitere Vorfälle während der Begegnung selbst hüllt sich Masse in Schweigen.

Als sie nach einiger Zeit in ihre Maschine zurückkehrten, bemerkte Masse, daß sie ihn von innen beobachteten.

Die Landefüße wurden eingezogen, und mit einem dumpfen Schlag des Zentralpivot löste sich die »Maschine« vom Boden und hob sich lautlos in die Luft. Nach etwa 20 Metern war sie plötzlich unsichtbar, obwohl sie auf dem Feld Spuren hinterlassen hatte, die in Richtung Manosque wiesen.
Die sofort alarmierte lokale Polizei untersuchte den Fall, Eindrücke des Landegestells fanden sich im Boden.
Bei seinen Nachbarn gilt Monsieur Masse als nüchtern, vertrauenswürdig und von gesundem Menschenverstand.

England, Ende August/Anfang September 1968
Farmer George Graham stand nachts um halb elf geduldig am Rand des Gehölzes mit dem Gewehr in der Hand und wartete wieder einmal auf Füchse.
Plötzlich wurde seine Aufmerksamkeit auf ein sonderbares Leuchten, etwa 90 Meter vor ihm auf dem offenen Feld gelenkt.
»Ich glaubte zuerst, es sei ein Farmer, der an seinem Lastwagen hantierte und wartete weiter auf Füchse«, sagte der 75jährige, dem im Dorf Woodmanstone bei Banstead eine Farm gehört.
»Plötzlich hörte ich etwas wie ein ›whoosh‹, anders kann ich es nicht beschreiben. Ich drehte mich wieder zum Feld um und sah gerade noch die Umrisse einer dunklen Form, die sich lautlos in die Luft hob. Es beschleunigte und war in Sekunden im Nachthimmel verschwunden.
Am nächsten Tag suchte Mr. Graham das Feld ab, um vielleicht etwas zu finden, das auf den nächtlichen Besucher, der dort geparkt hatte, schließen ließ.
Er fand tatsächlich etwas – einen »schlüsselförmigen Eindruck«. »Wie ein riesiges Hufeisen mit Absatz, etwa 36 Meter lang und 18 Meter breit«, beschrieb er es. Die äußeren Umris-

se dieses Abdrucks waren in einer Breite von 20 Zentimetern bis auf die nackte Erde, wie von einem »gigantischen Staubsauger« mit Halmen und Wurzeln messerscharf »herausgesaugt«. »Ich denke, irgend jemand von woanders hat experimentiert«, meinte der alte Farmer. »Es war jedenfalls ein riesiges Ding, mindestens so groß wie ein Doppeldeckerbus. Wie konnten ›sie‹ es nur so geräuschlos in die Luft bringen?« fragt Mr. Graham.

Viele, die unvermittelt mit einem unbekannten Flugobjekt konfrontiert wurden, berichteten später, daß sie sich aus dem Flugkörper intensiv beobachtet fühlten.
Wenn die Zeitreisetheorie stimmt und sich in UFOs Zeitreisende befinden, wäre es nur zu verständlich, daß sie uns studieren möchten. –

Australien, 31. Oktober 1967, 21 Uhr.
Der Unternehmer Mr. Spargo setzte sich in seinen Wagen, um von Konjonup nach Boyup Brook zu fahren. Er hatte gerade eines seiner Schafschererteams ausbezahlt und wollte auch seinen Leuten in Boyup Brook ihren Wochenlohn bringen.
Die Strecke war wenig befahren und der Himmel sternenklar. Etwa 12 Meilen vor Boyup Brook stoppte der Wagen plötzlich. Kein Licht, kein Radio – das elektrische System war tot. Mr. Spargo ist außer sich. Er kann nicht begreifen, wie der Wagen, der gerade noch mit hundert Stundenkilometern die Landstraße entlang fuhr, von einem Moment zum anderen ohne das geringste Anzeichen eines Defekts und ohne daß er gebremst hätte, einfach mit einem Ruck stehenbleibt.
Er ist ratlos.
Es geht ihm nicht in den Kopf. Denn wenn man mit hundert plötzlich bremst, wird man nach vorn katapultiert. Er steht

ganz einfach da und weiß nicht einmal warum. Er weiß nur, daß er sich im Brennpunkt eines gleißenden Lichtstrahls befindet. Mitten in einer einsamen Hügellandschaft, in der hie und da ein Baum zwanzig Meter hoch aufragt.

Auf einmal merkt er, daß dieser Lichtstrahl aus einem pilzförmigen Flugkörper stammt, der etwa 35 Meter vom Boden über den Baumwipfeln schwebt, etwa einen Durchmesser von 10 Metern hat und von gleißendem Licht umgeben ist. Der auf ihn gerichtete Lichtstrahl hängt mit einer »Röhre« zusammen, die aus dem Boden des Flugobjekts, in etwa 45° dazu, heraussteht.

Dem Psychiater Dr. Paul Zeck, der ihn später über alles eingehend befragt, sagt er: »Ich weiß nicht wie weit diese Röhre von mir entfernt war, ich hatte den Eindruck, von ihr eingeschlossen zu sein. Ihr Durchmesser war etwa 90 cm und außen leuchtete sie. Ich konnte hineinsehen, aber es war nichts zu sehen, nicht einmal ein Leuchten innen. Meine Augen schmerzten nicht. Ich hatte zwar das Gefühl, daß mein Wagen innen hell davon ausgeleuchtet war, aber ich habe mich nicht umgesehen.

Ich hatte das Gefühl, aus dieser Röhre beobachtet zu werden. Aber außer den Umrissen des Flugkörpers konnte ich nichts unterscheiden. Ich mußte einfach in diese Röhre hineinschauen. Warum? Keine Ahnung. Ich habe, so weit ich mich entsinnen kann, nicht das Geringste gedacht. Angst hatte ich nicht. Ich saß da und starrte in diese sonderbare Lichtröhre.

Nach etwa fünf Minuten verlosch sie, wie wenn man das Licht ausknipst. Die Farbe des Flugkörpers schien sich zu verdunkeln, es beschleunigte plötzlich und entfernte sich mit sagenhafter Geschwindigkeit nach Westen. In ein oder zwei Sekunden war es außer Sicht.«

Doch für Mr. Spargo gab es noch eine zweite Überraschung.

Er stellte fest, daß er sich wieder in Fahrt befand. Sowenig er sich erinnern konnte, gestoppt zu haben, wußte er, wieso er plötzlich wieder fuhr, denn gestartet hatte er nicht.
Nun hielt er ganz bewußt am Straßenrand, stieg aus und suchte den Himmel mit den Augen ab.
Es gab nichts außer Sternen.
Er stieg wieder in seinen Wagen und fuhr nach Boyup Brook weiter. Sein erster Weg galt dem örtlichen Constable (Polizei), dem er den Vorfall meldete. Seiner Ansicht nach mußten die Autoritäten unterrichtet werden, er bat allerdings, seinen Namen in Zeitungsberichten aus dem Spiel zu lassen.
Von Dr. Zeck gefragt, ob er sich an Geräusche erinnern könne, stellte Mr. Spargo nachträglich zu seiner eigenen Verwunderung fest, daß kein Laut zu hören war. »Sonderbar«, meinte er, »wenn man sonst nachts im Busch anhält, quaken Frösche, Grillen zirpen, und alles mögliche ist zu hören.«
Der Zwischenfall mußte ungefähr fünf Minuten gedauert haben. In Boyup Brook angekommen, stellte Mr. Spargo fest, daß sein sonst sekundengenauer Omega-Chronometer fünf Minuten nachging. Die Armbanduhr mußte stehengeblieben sein, als er im Busch anhielt.
Über diese Sichtung wurde am 1. November 1967 im »West Australian« berichtet. Außer Mr. Spargo gab es eine Reihe anderer Augenzeugen unter den Farmern und Schafscherern.
Die Annahme, daß UFOs ein modernes Phänomen sind und »erfunden« wurden, um in einer erdrückend unpersönlich technologischen Welt eine kompensierende Ersatzreligion zu finden, ist falsch. Denn unbekannte fliegende Objekte wurden seit der Morgendämmerung der Menschheit aufgezeichnet.
Wenn UFOs Zeitreisemaschinen sind, wie hier angenommen wird, dann machen sie ein Argument zunichte, nämlich: daß Zeitreisende nicht am Geschehen der Vergangenheit teilneh-

men – oder sie etwa gar ändern können. Selbst wenn UFOs nicht in direktem Kontakt zu uns stehen, ändern sie den Lauf der Geschichte schon allein deswegen, weil sie sich uns zeigen.

Schon durch ihr Auftauchen wurde zum Beispiel ein neues Geschehen eingeleitet – sie aktivierten den Condon Report.

Wir müssen also feststellen, daß UFOs als Zeitreisemaschinen an der Geschichte teilnehmen und in mancher Beziehung darauf Einfluß haben.

Die ältesten Aufzeichnungen fliegender Objekte sind wahrscheinlich die in den Höhlenzeichnungen festgehaltenen. »Manche darunter gehen 20 000 Jahre zurück und sind unter anderen in Spanien, Frankreich und Südamerika entdeckt worden.

In einer 12 000 Jahre alten brasilianischen Höhle in der Nähe von Varzelândia wurden fliegende Objekte dargestellt, die sich einwandfrei mit den heutigen Beschreibungen von UFOs decken. In dieser Höhle fand man außerdem erstaunlicherweise auch unser Sonnensystem maßstabgetreu wiedergegeben!

Mythen, Sagen, Überlieferungen, Religionen, alle berichten von fliegenden Objekten.

Es gibt aber auch Berichte aus dem Mittelalter und zu Beginn der Neuzeit über derartige Ereignisse:

Am Nachthimmel des 1. Januar 1254 sahen Mönche in St. Albans, England, etwas wie ein Schiff in herrlichen Farben.

(Historia Anglorum)

Als der Abt der Abtei Durham 1320 zu Grabe getragen wurde, erschien ein riesiges Licht am Himmel, das über seiner Grabstätte zu leuchten schien. Später wurde beobachtet, wie es abwärts schwebte und sich von einer Stelle zur anderen bewegte.

(Historia de Statu Ecclesiae Dunelmensis)

Am 9. Juli 1686 berichtete der deutsche Astronom Gottfried Kirch aus Leipzig, er habe um 1.30 Uhr einen brennenden Ball mit einem Schweif beobachtet, der anscheinend $8^1/_2$ Grad von Aquarius aufgetaucht sei und dort für $^1/_8$ Stunde bewegungslos verblieben wäre. Sein Durchmesser sei ungefähr halb so groß wie der des Mondes gewesen. Er habe aber anfangs so stark gestrahlt, daß man ohne Kerzenlicht habe lesen können. Später jedoch verlosch er nach und nach an dieser Stelle, um schließlich ganz zu verschwinden.
Auch andere, darunter Schlazius, der etwa 15 km von Leipzig entfernt wohne, hätten das Objekt zur selben Zeit gesehen, berichtet Kirch weiter.

Am 17. Juni 1777 wurden von dem französischen Astronom Messier eine Anzahl dunkler, runder Objekte am Himmel gesichtet.

Frankreich
1790 wurde ein Polizeiinspektor namens Liabeuf von Paris nach Alençon geschickt, um einen sonderbaren Vorfall aufzuklären. Er berichtete folgendes:
»Am 12. Juni morgens um 5 Uhr hatten einige Bauern einen enormen ›Globus‹ beobachtet, der von Flammen umgeben schien. Zuerst glaubten sie, es sei ein Montgolfier-Ballon, der brannte. Aber seine große Geschwindigkeit und sein pfeifendes Geräusch verwunderte sie. Der Globus wurde langsamer, machte eine Schaukelbewegung und stürzte auf einer Hügelkuppe ab, dabei entwurzelte er die ganze Hangvegetation. Die dem Objekt entströmende Hitze war so groß, daß Büsche und Gras in Brand gerieten.
Es gelang den Bauern, den Brand, der sonst das ganze Gebiet vernichtet hätte, einzudämmen. Am Abend war der ›Globus‹

immer noch warm. Und dann passierte ein außergewöhnliches – man möchte sagen unglaubliches Ereignis: Augenzeugen waren zwei Bürgermeister, ein Physiker und drei andere lokale Autoritäten, die meinen Bericht bestätigen – nicht zu vergessen das Dutzend Bauern, die dabei waren.

Die Kugel, groß genug ein Fuhrwerk darin unterzubringen, war nach ihrem Absturz völlig intakt.

Es hatte sich schnell herumgesprochen, und die Neugier trieb die Leute aus allen Richtungen herbei.

Plötzlich öffnete sich eine Art Tür, und (das ist das Interessante) eine Person kam heraus, genau wie wir, nur seltsam angezogen. In Kleidern, die eng am Körper anlagen, und als dieser Mann all die Menschen sah, murmelte er etwas und rannte ins Gehölz.

Die Bauern zogen sich instinktiv furchtsam zurück, und das rettete sie. Denn kurz danach explodierte die Kugel lautlos, die Trümmer flogen in alle Richtungen und lösten sich dann in eine Art Pulver auf.

Nach dem mysteriösen Mann wurde ohne jeden Erfolg gesucht, er schien sich in Luft aufgelöst zu haben, denn bis jetzt wurde nicht die geringste Spur entdeckt. So, als sei er aus unserer Welt verschwunden, um keine Spur zu hinterlassen.

War es ein Wesen aus einer anderen Welt, das in so sonderbarer Weise auftauchte? Ich bin zwar kein Gelehrter, aber dieser Gedanke kam mir plötzlich in den Kopf . . .«

Der Bericht über diesen Vorfall ging anschließend der französischen Akademie der Wissenschaften zu und wurde von den namhaften Gelehrten mit entsprechendem Sarkasmus entgegengenommen. Sie erklärten mit absoluter Bestimmtheit, es sei unmöglich, daß ein Lebewesen auf solche Weise zur Erde kommen könne. Sie weigerten sich auch, die Stelle mit eigenen Augen zu inspizieren, um sich von dem Loch zu überzeugen,

das durch den Einschlag der Kugel entstanden war und für Jahre sichtbar blieb.
(Alberto Fengolio, »Clypeus« Anno III Nr. 3)

Ein unerklärlicher Schwarm fremdartiger Objekte wurde von einer Anzahl Beobachter während einer Mondfinsternis am 7. September 1820 gesehen. Die Objekte bewegten sich in einer genau ausgerichteten Linie, überflogen die Stadt Embrun, Frankreich, vollführten in ungebrochener Formation eine 90°-Wendung und setzten ihren neuen Kurs fort.
(Francis Arago »Annales de chimie et physique«)

Monsieur Trecul, Mitglied der französischen Akademie, beobachtete am 20. August 1880 ein glitzerndes, weißgoldenes, zigarrenförmiges Gebilde mit zugespitzten Enden. Ebenso sah er ein kleineres, rundes Objekt das größere verlassen.

Im Zacatecas Observatorium, Mexico, beobachtete der Astronom Bouilla am 12. August 1883 eine große Zahl runder Objekte gegen die Sonne.

Ein fremdartiges Luftschiff mit blaugrünen und weißen Lichtern erschien im April 1897 über Kansas City, Missouri. Zehntausende Menschen beobachteten es, als es für zehn Minuten über der Stadt schwebte, um schließlich aufwärts davonzuschießen. Um die gleiche Zeit wurden in vielen anderen amerikanischen Bundesstaaten ähnliche fremde Flugobjekte gesichtet.

Während verschiedener, aufeinanderfolgender Nächte wurde eine glühende, mit einem Strahlenkranz umgebene Scheibe über Cherbourg, Frankreich, gesehen (1905).

Am 31. Juli 1916, um 23 Uhr, wurde ein helles Objekt über Ballinasloe, Irland, am Himmel bemerkt. Es blieb für 15 Minuten sichtbar, bevor es sich in nordwestlicher Richtung fortbewegte.
(The Books of Charles Fort)

Am 5. August, morgens um 9.30 Uhr, entdeckte der weltbekannte Forscher Nicholas Roerich mit Mitgliedern seiner Expedition auf dem Weg in die Mongolei ein riesiges, ovales Objekt, das sich mit großer Geschwindigkeit fortbewegte. Seine leuchtende Oberfläche spiegelte das Sonnenlicht auf der einen Seite gleißend wider. Roerich und seine Begleiter verfolgten den Richtungswechsel des leuchtenden Flugkörpers durch ihre Feldstecher.

Der Kreuzer Tromp der königlich-niederländischen Marine befand sich am 26. Februar 1942 in der Timor-See. Plötzlich näherte sich dem Schiff eine große Aluminiumscheibe mit ungeheurer Geschwindigkeit, kreiste dann für drei bis vier Stunden in großer Höhe über dem holländischen Schiff und schoß schließlich mit 4 500 bis 5 300 Stundenkilometern davon. Der Offizier vom Dienst sah sich außerstande, den unbekannten Flugkörper zu identifizieren . . .

London, »Daily Express«, 11. September 1967.
Am Sonntag, dem 10. September, um 11 Uhr vormittags, begegnete eine DC-6 der »Air Ferry Lines« einem unbekannten fliegenden Objekt. Die DC-6 flog die Strecke Mallorca–Manston (England), befand sich in 16 000 Fuß Höhe und 65 Meilen nördlich von Reus in Nordwest-Spanien.
Die Sonne fiel leuchtend auf Backbord, aber es war leicht dunstig. Plötzlich bemerkte Captain Underhill etwa 60 Meilen in

Front einen »Schwarzen Fleck«, der seine Position von Backbord nach Steuerbord mit Überschallgeschwindigkeit veränderte, wie der Pilot schätzte. Als sich das Objekt etwa in Linie mit dem Flugzeug befand, schien es sein Tempo zu vermindern und wirkte länglich.

Captain Underhill vermutete eine Flugzeugformation und unterhielt sich darüber mit seinem Kopiloten, gleichzeitig rief er nach dem Flugingenieur Brian Dunlop. In diesem Moment drehte das Objekt mit weiter verringerter Geschwindigkeit in Richtung der DC-6 bei. Underhill ließ nun auch noch den Steward als weiteren Zeugen kommen. Als dieser den Cockpit betrat, nahmen die Umrisse des Objekts konische Form an. Es schimmerte oben silbrig und verlief an der Unterseite gebogen, war zweifellos aus metallischem Material und hinterließ einen soliden oder beinah soliden Eindruck. Es flog etwa eine halbe Meile unterhalb der DC-6 vorbei, ohne die geringste Spur zu hinterlassen und blieb für etwa zweieinhalb Minuten in Sicht.

»Es hat sich dabei in keinem Fall um einen Ballon oder einen uns unbekannten Flugzeugtyp gehandelt«, bestanden die vier Zeugen kategorisch auf ihrer Aussage.

Spanische Kontrollstellen wurden aufmerksam gemacht, zeigten aber nur geringes Interesse. Dagegen war die RAF in Manston an Captain Underhills Report sehr interessiert.

Seitdem der Mensch wieder einmal den ersten Schritt des Raumfahrtabenteuers gemacht hat, berichten auch einige Astronauten über UFO-Sichtungen.

Es scheint ziemlich verblendet, in Anbetracht des ungeheuren Beweismaterials über unbekannte Flugobjekte, sie als hirnverbrannten Blödsinn abzuschütteln oder dieses Thema zu belächeln, wie es vielfach Mode ist.

Man muß sich mit der Tatsache vertraut machen, daß anscheinend intelligent kontrollierte Flugobjekte unbekannten Ursprungs in unserem Luftraum auftauchen.

Abenteuer im Reich der Zeit

Es ist ganz einerlei,
ob man das Wahre oder das Falsche sagt:
beidem wird widersprochen.

Goethe

[illegible]

[illegible] diese Erlebnisse zeigen, wie wenig wir bis jetzt noch über Zeit, Bewußtsein und Dasein wissen.

Selbst wenn man diese Vorfälle nicht alle akzeptiert, muß man trotzdem zur Schlußfolgerung kommen, daß Möglichkeiten auf uns warten, die unsere Existenz im All zu einem ungeahnten Abenteuer im Reich der [illegible]

[illegible]

Beschränkungen, die uns durch die gebundene [illegible] – Wissenschaft und Technologie – auferlegt sind, existieren für diese uns noch verborgenen Dimensionen nicht, in denen weder Entfernung, Geschwindigkeit, Gestern und Heute [illegible]

[illegible]

Wir sind nur eine winzige Strecke auf einem der vielen Wege in der Landschaft der Zeit gemeinsam gegangen. Auf unserem Pfad trafen wir auf sonderbare Geschehnisse. Aber gerade diese Erlebnisse zeigen, wie wenig wir bis jetzt noch über Zeit, Bewußtsein und Dasein wissen.

Selbst wenn man diese Vorfälle nicht alle akzeptiert, muß man trotzdem zur Schlußfolgerung kommen, daß Möglichkeiten auf uns warten, die unsere Existenz im All zu einem ungeahnten Abenteuer im Reich der Zeit machen könnten.

Denn es sieht so aus, als sei unsere physische Existenz nur *ein* Daseinsaspekt. Wenn wir also voraussetzen, daß es eine universale schöpferische Urkaft gibt, der wir zugehören, dann zeigt diese Energie ihren ungeheuren Einfallsreichtum schon allein dadurch, daß sie uns *auch* die Möglichkeit und Anwendung einer materiellen Seite der Natur erlaubt.

Eigentlich hat die Erforschung der Materie eben erst begonnen, und schon deutet alles darauf hin, daß der Menschheit in Wissenschaft und Technologie ungeheure Potentiale zur Verfügung stehen, wenn sie vernünftig genutzt werden.

Trotzdem scheint es kurzsichtig, sich nur auf diese Aspekte zu konzentrieren. Denn in den Dimensionen des Geistes warten gleichfalls ungeahnte Möglichkeiten.

Allein schon die Fähigkeit des Geistes, sich über Raum und Zeit in Vergangenheit und Zukunft projizieren zu können, – wie aus Experimenten eindeutig hervorgeht – eröffnet Perspektiven, die der Mensch bisher ungenutzt ließ.

Beschränkungen, die uns durch die gebundene Welt der Materie – Wissenschaft und Technologie – auferlegt sind, existieren für diese uns noch verborgenen Dimensionen nicht, in denen weder Entfernung, Geschwindigkeit, Gestern und Heute, Vorher und Nachher ein Hindernis bedeuten.

Eines der größten Abenteuer, das auf den Menschen wartet,

ist die Erforschung des Kosmos, in der Suche nach anderem Leben. Dazu muß er Zeit- und Entfernungsprobleme überwinden lernen.

Einer der Wege zu den Sternen wäre die systematische Ergründung außersinnlicher Fähigkeiten. Die Fortentwicklung der Telepathie, Telekinese und geistiger Projektion könnte unter anderem auch zur Kommunikation mit anderen Intelligenzen führen.

Intensiveres Studium der »zweiten Natur« des Menschen würde wahrscheinlich auch das Todesdunkel erhellen, das heißt, offenbaren, ob es wirklich ein Leben nach dem Tode gibt.

Sollten wir entdecken – und viele Hinweise deuten in dieser Richtung –, daß unsere physische Existenz wirklich nur eine kurze Unterbrechung in einer anderen, permanenteren, vergeistigten ist, würde sich unsere Weltanschauung drastisch und vollkommen ändern müssen.

Es sollte uns nicht eigentlich überraschen, wenn wir nach dem Tode ein »Ich bin« finden. Denn wäre das nicht überhaupt die sinnvollste Rechtfertigung für die Existenz eines Universums? Sicherlich würden dadurch eine Reihe der hier behandelten Phänomene erklärt. Phänomene, die *auch* zeigen, daß wir auf zwei Ebenen in der Zeit reisen können; auf einer metaphysischen, parapsychologischen und einer physikalischen, technologischen.

Schon allein Reinkarnation würde uns in begrenztem Maße zu Zeitreisenden machen. Doch Hinweise deuten auf hervorstehende Persönlichkeiten, die im Verlauf der Geschichte allem Anschein nach volleren Gebrauch von Zeitreisen gemacht haben.

St. Germain ist einer unter ihnen. Kamen Leute wie er etwa aus der Zukunft? Wie sonst wären seine mysteriösen Beschreibungen einer kosmischen Reise und seine detaillierten Angaben über zukünftige Erfindungen zu erklären?

Die Bestätigung des Wheelerschen Superraums bzw. eines Parallel-Universums, Tachyonen oder des Raum/Zeit-Modells von Gödel und Entdeckungen neuer Aspekte in Wissenschaft und Technologie deuten auf eine weitere, aber ebenso aufregende Art von Zeitreisen. Und auch das wäre ein Weg zu den Sternen.

Zweifellos existieren in der Unendlichkeit von Raum und Zeit Zivilisationen, die bereits vollen Nutzen aus diesen Möglichkeiten ziehen. Daher ist die Annahme außerirdischer Besucher »Gestern und Heute« nicht abwegig.

Der Empfang biologischer Signale von Leben aus einem entfernten Planetensystem und registrierte Echosignale einer möglicherweise außerirdischen Raumsonde zeigen, daß auch »andere« daran interessiert scheinen, Kontakt mit uns aufzunehmen.

Wie ernst die Theorie über die »Sonde von Epsilon Bootes« genommen wird, zeigt sich daraus, daß eine der Aufgaben der »Skylab«-Astronauten darin besteht, nach dieser Sonde zu suchen.

Und schließlich sollte auch das UFO-Phänomen nicht unterschätzt werden. Es könnte ja tatsächlich bedeuten, daß wir von Zeitreiseschiffen außerirdischer Intelligenz aufgesucht werden.

Der egozentrische und überhebliche Gedanke, daß wir »Irdischen« die einzigen im Kosmos sind, entbehrt nach dem neuesten Erkenntnisstand jeder Grundlage.

Die Biochemie hat uns bewiesen, daß, wo immer bestimmte Voraussetzungen erfüllt sind, Leben schließlich entstehen muß. Leben wiederum entwickelt Intelligenz, um seine Um-

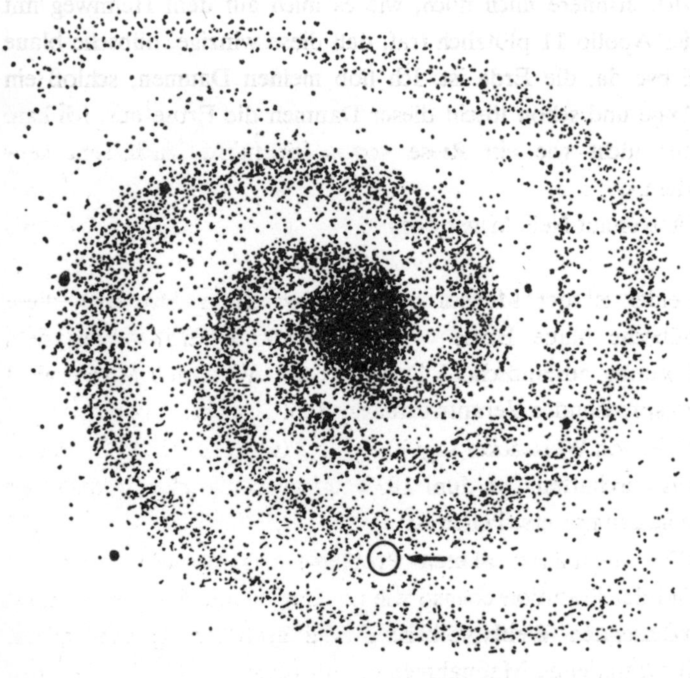

Der Kreis zeigt die Position unseres Sonnensystems in der Milchstraße.

welt zu bewältigen. So kann unsere Erde als Sprungbrett für Forschungsreisen zu anderen Welten und zu anderem Leben angesehen werden.

»Ich erinnere mich noch, wie es mich auf dem Heimweg mit der Apollo 11 plötzlich traf, daß diese winzige, hübsche blaue Erbse da, die Erde ist. Ich hob meinen Daumen, schloß ein Auge und schon löscht dieser Daumen die Erbse aus. Ich kam mir nicht wie ein Riese vor – ich fühlte mich sehr sehr klein.«
(Astronaut Neil Armstrong)

Leider ist der Mensch heute tatsächlich in der Lage, diese hübsche blaue Erbse – sein Raumschiff Erde – mit dem Daumen auszulöschen! Denn er hat mit seiner Macht nicht entsprechendes Verantwortungsgefühl erreicht.
C. F. von Weizsäcker sagt in einem Aufsatz, der in »Die Naturwissenschaften« im Juni 1973 unter dem Titel »Grenzen des Wachstums« erschienen ist:
»Die demnächst akuten Probleme des Ressourcenverzehrs und der Pollution ebenso wie die Ernährung einer ungehemmt wachsenden Weltbevölkerung sind groß genug, um radikal durchgreifende Maßnahmen zu erfordern . . . Die Umweltprobleme scheinen heute noch lösbar, aber nur mit einem sehr großen Einsatz von Verstand und Willen.«
Und schon vor Jahren schrieb der Philosoph Bertrand Russell:
»Die Welt bedarf einer Weisheit, die sie niemals vorher brauchte. Falls der Mensch sie erreichen sollte, würde ihm diese neue Macht über die Natur Aussichten des Glücks und Wohlergehens bieten, wie der Mensch sie noch nie erlebt hat und sich wohl auch kaum vorstellen könnte. Wenn der

Mensch nicht dahin kommt, wird ihn jede sich steigernde Tüchtigkeit nur in nicht wiedergutzumachendes Unglück stürzen. Der Mensch hat viel Gutes und viel Schlechtes getan. Manche der guten Dinge waren sehr gut. Alle diejenigen, denen das Gute am Herzen liegt, müssen mit aller Zuversicht hoffen, daß in diesem Moment der Entscheidung eine weise Wahl getroffen wird.«

Welcher Schritt wird es sein?
Ein Rückschritt oder ein Schritt in eine bessere Zukunft . . .?

Literaturverzeichnis
und
Quellennachweis

[illegible] (Bild der Wissenschaft [illegible] 1976)
[illegible] Frankfurt/Main 1969)
Ambarzumjan, V.: Die Tiefen der Galaxien (Bild der Wissenschaft Dez. 1971)
Asimov, I.: The Ultimate Speed Limit (Saturday Review, Juli 1972)
[illegible] (Dresden 1972)
[illegible]: The Problem of [illegible]
[illegible]
[illegible] Company LTD., London, [illegible]
[illegible] (The British Interplanetary Society [illegible])
[illegible]
[illegible] (Oxford University [illegible])
[illegible]
[illegible]
[illegible] (Bild der Wissenschaft [illegible] 1972)
[illegible]
[illegible] 1973)
Calder, N.: Cosmology (World Citizen [illegible])
[illegible]: The [illegible] (Pergamon Press 1956)
CETI (Questionnaire, (Spaceflight April 1973, The British Interplanetary Society, London)
Condon, E. U.: Scientific Study of unidentified flying objects (Bantam Books [illegible] Colorado 1969)

Ägyptisches Totenbuch (Otto Wilhelm Barth Verlag, Weilheim/Obb., 1970

Alfvén, H.: Kosmologie und Antimaterie (Umschau Verlag, Frankfurt/Main 1969)

Ambarzumjan, V.: Die Tiefen der Galaxien (Bild der Wissenschaft Dez. 1971)

Asimov, I.: The Ultimate Speed Limit (Saturday Review, Juli 1972)

Aurobindo, Sri: Die Synthese des Yoga (Verlag Hinder & Deelmann 1972)

Ayer, A. J.: The Problem of Knowledge (Penguin Books, Harmondsworth 1961)

Ball, Sir Robert Stawell: The Story of the Heavens (Cassell & Company LTD., London, Paris, Melbourne 1890)

Bond, A.: Problems of Interstellar Propulsion (Spacefiight, Juli 1971, The British Interplanetary Society)

Bondi, H.; Bonner, W. B.; Whitrow, G. J.: Rival Theories of Cosmology (Oxford University Press 1960)

Brouwer, D.; Clemence, G. M.: Methods of Celestial Mechanics (Academic Press, New York, London 1961)

Buttlar, J. v.: Schneller als das Licht (Econ Verlag, Düsseldorf/Wien 1972)

Cerminara, G.: Many Mansions (Neville Spearman, London 1971)

Charon, J.: Cosmology (World University Library 1970)

Camp van de, P.: Planetary Companions of Stars (Pergamon Press 1956)

CETI Questionnaire, (Spaceflight April 1973, The British Interplanetary Society, London)

Condon, E. U.: Scientific Study of unidentified flying objects (Bantam Book, by arrangement with the University of Colorado 1969)

Cordan, W.: Das Buch des Rates, Mythos und Geschichte der Maya (Diederichs 1962)

Drake, F. D.: Project Ozma (Physics Today Bd. 14 April 1961)

Drake, F. D.: Spacemen in the Middle Ages (Flying Saucer Review London, May/Juni 1964)

Drake, F. D.: Intelligent Life in Space (Macmillian, London 1962)

Dunne, J. W.: An Experiment with Time (Faber & Faber Ltd., London 1927)

Einstein, A.: Grundzüge der Relativitätstheorie (Vieweg 1963)

Einstein, A.: Ann. Physik 17 (1905)

Einstein, A.: Mein Weltbild (Amsterdam 1934)

Eliade, M.: Schamanismus und archaische Ekstasetechnik (Rascher Verlag, Zürich/Stuttgart)

Eliade, M.: Yoga, Unsterblichkeit und Freiheit (Rascher Verlag Zürich/Stuttgart 1960)

Eliade, M.: Das Mysterium der Wiedergeburt (Rascher Verlag Zürich/Stuttgart 1961)

Flying Saucer Review: Case Histories, Februar 1971 unter anderen

Ford, A.: Bericht vom Leben nach dem Tode (Scherz, Bern, München, Wien)

Foster, G. V.: Non-Human Artifacts in the Solar System (Spaceflight Dezember 1972, The British Interplanetary Society)

Foss, B. M.: New Horizons in Psychology (Penguin Books, Harmondsworth 1966)

Fowler, W. A. und *Hoyle, F.:* Nucleosynthesis in massive Stars and Supernovae (The University of Chicago Press 1964)

Fox, S. W.: Chemical Origins of Cells (Chemical & Engineering News Dezember 1971)

Freud, S.: Totem and Taboo (Routledge & Kegan Paul, London 1960)

Freud, S.: Two short accounts of Psycho-Analysis (Penguin Books, Harmondsworth 1910)

Freud, S.: The Interpretation of Dreams, revised ed. (London 1932)

Fulcanelli: Le Mystère des Cathédrales (Neville Spearman, London 1972)

Gallenkamp, Ch.: Maya, The Worlds of Sciences (Pyramid Publications Inc., New York 1959)

Gamow, G.: Matter, Earth and Sky (Macmillan & Co., London 1960)

Gilgamesch Epos (Reclam 1966)

Glob, P. V.: Die Schläfer im Moor (Winkler Verlag, München 1966)

Goodall-Lawick van, J.: Wilde Schimpansen (Rowohlt, Hamburg 1971)

Govinda, A. Lama: Grundlagen tibetischer Mystik (Rascher Verlag, Zürich/Stuttgart 1956)

Govinda, A. Lama: Der Weg der weißen Wolken (Rascher Verlag, Zürich/Stuttgart 1966)

Greening of the Astronauts, The (Time, Dezember 1972)

Grüsser, O.-J.: Informationstheorie und die Signalverarbeitung in den Sinnesorganen und im Nervensystem (Die Naturwissenschaften, Springer Verlag Berlin, Heidelberg, New York, Oktober 1972)

Guirdham, A.: The Cathars and Reincarnation (Neville Spearman, London 1970)

Heath, Sir Th.: Aristarchus of Samos, the Ancient Copernicus (Clarendon Press, Oxford 1913)

Hoyle, F.: Galaxies, Nuclei and Quasars (Heinemann, London 1966)

Hoyle, F.: Frontiers of Astronomy (Mercury Books, London 1963)

Huang, Su-Shu: Occurence of Life in the Universe (American Scientist 47 Nr. 3. 1959)

Hynek, J. A.: The UFO Experience, a Scientific Inquiry (Henry Regnery Company, Chicago 1972)

Interstellar Communications Signals (Ecola Institute 1972)

Is there life on Mars or beyond? (Time Dezember 1972)

Jacobson, N.-O.: Leben nach dem Tod? (Sven Erik Bergh im Econ Verlag Düsseldorf, Wien 1972)

Joachim, J. Plants – The Key to mental Telepathy? (Probe-Magazine Dezember 1972)

Jungk, R.: Hilfe aus dem All? (X-Magazin Dezember 1972)

Katchalsky, A.: Prebiotic Synthesis of Biopolymers on Inorganic Templates (Die Naturwissenschaften Mai 1973, Springer Verlag Berlin, Heidelberg, New York)

Klingmüller, W.: Genkonversion (Die Naturwissenschaften Februar 1973, Springer Verlag Berlin, Heidelberg, New York)

Kompanejez, A.: Quantenspiel der Gedankenfreiheit (Bild der Wissenschaft, DVA September 1972)

Kramer, S. N.: Geschichte beginnt mit Sumer (List 1959)

Lao-Tse: Tao-teh-King (Baum-Verlag Pfullingen/Württ. 1961)

Lawrence, L. G.: Electronics and the living Plant (Electronics World Okt. 1969)

Lucretius: The Nature of the Universe (Penguin Books, Harmondsworth)

Lunan, D. A.: Space Probe from Epsilon Boötis (Spaceflight April 1973, The British Interplanetary Society)

Maerth, O. K.: Der Anfang war das Ende (Econ Verlag Düsseldorf, Wien 1971)

Marcuse, F. L.: Hypnosis Fact and Fiction (Penguin Books Harmondsworth, 1963)

Meadows, D.: Die Grenzen des Wachstums (Deutsche Verlags-Anstalt Stuttgart, 1972)

Mijovic, P.: Decani, Medieval Art in Yugoslavia (Publishing House Jugoslavija, Beograd 1966)

Monod, J.: Le hasard et la necessité (Paris 1971)

Monroe, R. A.: Der Mann mit den zwei Leben (Econ Verlag Düsseldorf, Wien 1972)

Monthly Notices of the Royal Astronomical Society 1971–73, London

Morgan, J. W.: Superrelativistic Interstellar Flight (Spaceflight Juli 1973 The British Interplanetary Society)

Munitz, M. K.: Theories of the Universe from Babylonian Myth to modern Science (The Free Press 1957)

Negowskij: Reanimation (Econ Verlag, Düsseldorf, Wien 1969)

New worlds revealed by living transducers? (Electrical Review, London, Juni 1972)

Nielsen, E.: Das große Geheimnis (Wilhelm Langewiesche-Brandt, Ebenhausen)

O'Neill, J. J.: Prodigal Genius, The Life of Nikola Tesla (Neville Spearman, London 1968)

Oparin, A. J.: The Origin of Life on Earth (Academic Press 1957)

Oparin, A. J.: Origin of Life (Dover Publications New York 1953)

Ordway III., F. L.: Advances in Space Science and Technology (Academic Press, New York/London 1966)

Ostrander/Schroeder: PSI (Scherz Verlag Bern, München, Wien 1971)

Oswald, I.: Sleep (Penguin Books, Harmondsworth, 1966)

Ouspensky, P. D.: Auf der Suche nach dem Wunderbaren (Otto Wilhelm Barth Verlag, Weilheim/Obb. 1966)

Pauwels, L.; Bergier J.: Die Entdeckung des ewigen Menschen (Scherz Verlag Bern, München, Wien)

Pilbeam, D. R.: Man's earliest Ancestors (Science Journal Vol. 3 No. 2 Feb. 1967)

Powell, C.: Interstellar Flight and Intelligence in the Universe (Spaceflight, Dec. 1972 The British Interplanetary Society)

Prel du, C.: Das Rätsel des Menschen (R. Lönit, Wiesbaden)

Prokoshkin, Yu. D.: Particles of Antimatter (Die Naturwissenschaften, July 1972, Springer Verlag Berlin, Heidelberg, New York)

Rapaport, D.: Emotions and Memory (Science Editions, Inc., New York 1961)

Rhine, J. B.: The Reach of the Mind (Faber, London 1948)

Ringger, P.: Parapsychologie, die Wissenschaft des Okkulten (Werner Classen Verlag, Zürich 1957)

Rosenfeld, A.: Die zweite Schöpfung (Econ Verlag, Düsseldorf, Wien 1970)

Rosenzweig, R.; Bennett, E. L.; Diamond, M. C.: Brain Changes in Response to Experience (Scientific American, Feb. 1972)

Ruppelt, E. J.: The Report on Unidentified Flying Objects (Garden City, New York 1956)

Russell, Lord B.: The Expanding Mental Universe – Adventures of the Mind (Victor Gollancz Ltd., London 1960)

Shapley, H.: Of Stars and Men (Beacon Press, Boston 1958)

Smith, F. G.: Radio Astronomy (Penguin Books, Harmondsworth 1966)

Sudre, R.: Treatise on Parapsychology (Allen und Unwin, London 1956)

Schmegler, H.: Schneller als Licht (Bild der Wissenschaft DVA, April 1972)

Schrödter, W.: Neuer Ausflug ins Wundersame (Verlag Hermann Bauer KG, Freiburg i. B. 1967)

Starship Study: Progress Report (Spaceflight Juni 1973 The British Interplanetary Society)

Stearn, J.: Geheimnisse aus der Welt der Psyche (Ramòn F. Keller Verlag, Genf 1972)

Struve, O.: Stellar Evolution (Princeton University Press 1950)

Tabori, P.; Raphael, Ph.: Signale aus dem Unbekannten (H. M. Hieronimi Verlag, Bonn 1972)

Taylor, E. F.; Wheeler, J. A.: Spacetime Physics (W. H. Freeman & Co., San Francisco/London 1966)

Teilhard de Chardin, P.: The Phenomenon of Man (Fontana Books 1959)

Tibetanische Totenbuch, das (Walter Verlag Olten/Freiburg i. Br. 1971)

Tompkins, P. und *Bird, C.:* Love among the Cabbages (Harper's Magazine Nov. 1972)

Turner, B. E.: Interstellar Molecules (Scientific American März 1973)

Turning point in Life (Spaceflight Volume 14, No. 11, 1972, The British Interplanetary Society)

Tweedale, Ch. L.: Man's Survival after Death (Spiritualist Press, London 1909)

UFO Nachrichten Wiesbaden Juni/Juli 1973

Ulrici, W.; Nahm, W.: Eine neue Gravitationstheorie (Umschau 1969, Heft 8)

Visuddhi-Magga (Verlag Christiani, Konstanz 1952)

Walter Grey, W.: The living Brain (Penguin Books, Harmondsworth 1961)

Was ist der Tod? R. Piper & Co., Verlag München 1969)

Watson, J. D.: The Double Helix (The New American Library, Signet 1969)

Weidemann, V.: Relativistische Astrophysik (Die Naturwissenschaften, April 1973, Springer Verlag Berlin, Heidelberg, New York)

Weizsäcker von C. F.: Grenzen des Wachstums (Die Naturwissenschaften, Juni 1973, Springer Verlag Berlin, Heidelberg, New York)

Wells, H. G.: The Time Machine (Pan Books Ltd., London 1969)

West, D. J.: Psychical Research Today (Penguin Books, Harmondsworth 1962)

Wood, E.: Grundriß der Yogalehre (Hans E. Günther Verlag, Stuttgart 1961)

Namenregister

Sachregister